博雅对外汉语精品教材
报刊教材系列

 读报纸 学中文
——汉语报刊阅读 中级·上

Reading Newspapers, Learning Chinese:
A Course in Reading Chinese Newspapers and Periodicals

Intermediate · New Edition

I

吴成年◎主编

吴成年 马岚 薛萌 邓嘉琪◎编著

北京大学出版社
PEKING UNIVERSITY PRESS

图书在版编目(CIP)数据

新编读报纸学中文：汉语报刊阅读.中级·上/吴成年主编.—北京：北京大学出版社，2015.10
（博雅对外汉语精品教材）
ISBN 978-7-301-25644-2

Ⅰ.①新… Ⅱ.①吴… Ⅲ.①汉语–阅读教学–对外汉语教学–教材 Ⅳ.① H195.4

中国版本图书馆 CIP 数据核字 (2015) 第 066106 号

书　　名	新编读报纸学中文——汉语报刊阅读　中级·上
	XINBIAN DU BAOZHI XUE ZHONGWEN——HANYU BAOKAN YUEDU ZHONGJI·SHANG
著作责任者	吴成年　主编
责 任 编 辑	欧慧英
标 准 书 号	ISBN 978-7-301-25644-2
出 版 发 行	北京大学出版社
地　　址	北京市海淀区成府路 205 号　100871
网　　址	http://www.pup.cn　新浪微博：@北京大学出版社
电 子 信 箱	zpup@pup.cn
电　　话	邮购部 62752015　发行部 62750672　编辑部 62752028
印 刷 者	三河市北燕印装有限公司
经 销 者	新华书店
	889 毫米 ×1194 毫米　大 16 开本　16 印张　389 千字
	2015 年 10 月第 1 版　2024 年 6 月第 4 次印刷
定　　价	58.00 元

未经许可，不得以任何方式复制或抄袭本书之部分或全部内容。
版权所有，侵权必究
举报电话：010-62752024　电子信箱：fd@pup.pku.edu.cn
图书如有印装质量问题，请与出版部联系，电话：010-62756370

前 言

本书是专为中级汉语水平的学习者（掌握了 2500 个左右的词语、1000 个左右的汉字，已学习了 1000 学时的汉语，相当于在中国汉语教学环境中已学 1 学年左右的汉语）编写的报刊课教材。本教材的编写吸收了当前报刊课程的研究成果，借鉴了已有报刊课教材和其他类型课程教材的优点，以期切合报刊教学的需求。其特点如下：

一、选材注重趣味与新意。在编写这套教材之前，我们先后对 350 名中级汉语水平的来华留学生发放了有关报刊话题的调查问卷，对学生比较感兴趣的话题优先编入教材；同时又选入了一些反映中国近年出现的新事物的报道，如中国梦、人民币国际化、城镇化、中国大妈、网络新词语等，力求使教材内容既别具趣味又充满新意。

二、有意控制教材的难度。一是控制课文的篇幅，主课文篇幅控制在 700－1500 字。二是注重对超纲词比例的控制，全书纲内普通词占 92.3%，超纲词占 7.7%。三是每课词语表有英日韩三种语言的翻译，并配有生词的用例，便于学生理解和学习。四是设有"背景知识、课文导入、报刊长句"等版块，帮助学生学习课文和相关话题。

三、注重学生汉语报刊阅读能力的训练。每课课后的"快速阅读"是三篇标明字数、限时当堂阅读的文章。学生通过完成这些阅读任务，可以不断培养主动跨越阅读障碍的能力，并提高阅读速度。排序题、概括段意题主要训练学生的语篇组织能力和语篇概括能力。注重阅读能力培养的同时，兼顾听、说、写等能力的培养。课堂语言点的操练、话题讨论、每周的报刊发言、报刊摘要与观点的写作等，可使学生听、说、读、写四种能力得到综合的训练和全面的提高。

四、突出重要语言点的学习。每篇课文设有重要语言点 3－5 个，以变换字体、变色形式标出，便于教师和学生查找。重要语言点的例句，主要来源于报刊文章中的语料，解释力求简单、易懂，注意用法的介绍。

五、重视对课文内容的复习。练习一至七，紧扣课文，帮助学生复习课文、生词和重要语言点。共设四套测试题，可以检查学生对所学知识的掌握情况，了解他们所达到的阅读水平，并为教师编写阶段性考试试卷提供参考。

本教材课文部分配有录音，在"目录"右侧可扫描二维码获取材料，便于学生进行听力训练与朗读训练。

此外，为方便广大教师规范合理地组织教学，本教材还配有教师教学参考用书电子版与生动的PPT。欢迎大家免费下载，网址为 www.pup.cn 下载专区。

美国留学生魏宁，澳大利亚留学生任梦琪，日本留学生沟口景子、一条松园，韩国留学生郭素莲、张舒斌，分别参与了本教材部分生词的英文、日文和韩文翻译，李怡萱、长谷部佳惠、张舒斌则分别对生词的英文、日文和韩文翻译进行了校对。对于他们的热心帮助，在此深表谢意。

"读报纸学中文"系列教材于2012年荣获"北京师范大学教育教学成果奖"一等奖。《新编读报纸学中文——汉语报刊阅读》是北京师范大学"十二五"规划教材成果及北京师范大学教改项目"任务型汉语报刊课教学实践与教材建设研究"成果之一。教材编写过程中得到北京师范大学汉语文化学院领导、同事的鼓励和帮助，以及家人的大力支持；教材得以顺利出版，则有赖于北京大学出版社一如既往地热心支持，在此一并致谢。

最后，感谢国内外同仁、朋友对本教材的关注及指正。同时，欢迎使用本教材的老师和学生多提宝贵意见，如有问题，可直接发送邮件至 wucn2008@sina.com。

北京师范大学汉语文化学院　吴成年
2015年10月

目　录

第一课	走进休闲时代		1
	快速阅读	阅读一　机场也"休闲"	10
		阅读二　让人上瘾的休闲骑行	11
		阅读三　一起来享受休闲的快乐	13
第二课	健康新观念		15
	快速阅读	阅读一　成就健康3分钟	22
		阅读二　排名前六的长寿习惯	23
		阅读三　手机偷走了很多人的睡眠	25
第三课	学习制造两代人的战争		26
	快速阅读	阅读一　家长必读：与孩子之间的代沟越来越大怎么办	34
		阅读二　让孩子做家长	35
		阅读三　为和孩子沟通，家长"卧底"孩子微信"朋友圈"	36
第四课	给公用筷子留个位置		38
	快速阅读	阅读一　戒掉舌尖上的浪费　建立饮食文明	46
		阅读二　美式中餐的变化	47
		阅读三　旅游饮食注意事项	48
第五课	一朵带刺的玫瑰		50
	快速阅读	阅读一　网购改变生活方式	58
		阅读二　网络社交依赖症：网上无话不谈，见面无话可说	59
		阅读三　网络新媒体改变了世界	60
第一—五课测试题			62
第六课	学习型社会正在走来		70
	快速阅读	阅读一　互联网时代读书要"货真价实"	78
		阅读二　怎样算有学习能力	80
		阅读三　这些学习习惯让你受益一生	81
第七课	哪种求职方式最有效		83
	快速阅读	阅读一　大学生回乡就业的两个前提	91
		阅读二　三个故事告诉你求职关键	92
		阅读三　在硅谷面试：如何证明你是最优秀的	93
第八课	警惕电子垃圾的危害		95
	快速阅读	阅读一　中国将"水陆空"三位一体开展污染防治	104

| | | 阅读二 | 世界各国如何治理雾霾 | 105 |
| | | 阅读三 | 水污染或比雾霾更严重 雪山水源保护刻不容缓 | 106 |

第九课 日记的秘密被妈妈发觉之后 108
  快速阅读 阅读一 网络妈妈在南昌开设工作室关爱网瘾少年 118
       阅读二 分类高考的积极意义 119
       阅读三 高考改革的重点是尊重学生选择权 120

第十课 纳米技术：带给人类的是什么 122
  快速阅读 阅读一 信用卡消费：警惕便利背后的风险 130
       阅读二 照亮10亿人的希望之光 132
       阅读三 "刷脸"取现金 下一代ATM标配生物识别 133

第六—十课测试题 135

第十一课 如何对待特殊的面试 143
  快速阅读 阅读一 老爸手绘《囧在职场》受追捧 取材白领女儿苦乐经 151
       阅读二 25－33周岁的女性职场尴尬期，该如何度过 153
       阅读三 职场生活：与同事沟通注意的八个细节 154

第十二课 议论纷纷——克隆人 156
  快速阅读 阅读一 "第一夫人"的国家软实力 165
       阅读二 究竟是谁的黄金周 166
       阅读三 浙师大女生让"中国制造"走向南非 167

第十三课 中小成本影片屡出黑马 国产大片去哪儿了 170
  快速阅读 阅读一 李娜退役后办网球学校 180
       阅读二 电视综艺节目如何从引进步入原创 181
       阅读三 那些转行当老板的体育明星 182

第十四课 摆正自己的位置 185
  快速阅读 阅读一 梦想需要坚持 194
       阅读二 这些年，我租过的房 195
       阅读三 越忙，越要调整好心态 196

第十五课 生活在城里的农民工 198
  快速阅读 阅读一 农民进城仅是一道计算题 207
       阅读二 "人的城镇化"，究竟难在哪儿 208
       阅读三 社区干部赵晓春和他的农民工家长学校 209

第十一—十五课测试题 211

第一—十五课总测试题 220

参考答案 229

词语总表 241

第一课　走进休闲时代

背景知识　　旅游业与人们的生活水平关系很大。20 世纪 80 年代以前，中国喜欢旅游、能够旅游的人较少；进入 90 年代后，随着收入和生活水平的提高，中国国内游、出国游的人数增长很快；进入 21 世纪后，旅游休闲已经成为很多人一种必不可少的生活方式。

词语表

1　休闲　　　　xiūxián　　　　　　（动）
休闲生活 / 越来越多的中国人周末去郊区享受休闲生活。

休息；过轻松的生活
to have a leisurely life
休息, リラックスする
한가하게 지내다

2　圈　　　　　quān　　　　　　　（名）
一圈儿 / 吃完饭，我们去外面走几圈儿吧。

环形；环状的东西
circle (used when someone goes out for a walk or travels somewhere)
輪、丸、円
원, 동그라미, (양사) 바퀴

3　假期　　　　jiàqī　　　　　　　（名）
假期旅游 / 假期出去旅游是一个不错的选择。

假日期间
holiday
休暇期間
휴일기간

4　干吗　　　　gànmá　　　　　　（代）
你干吗不接电话？

为什么
why
なぜ、どうして
왜

5　暑假　　　　shǔjià　　　　　　（名）
放暑假 / 终于放暑假了，我打算和朋友去北京玩儿一圈儿。

学校夏季的假期，一般在七八月份
summer vacation
夏休み
여름방학

1

| 6 | 抱怨 | bàoyuàn | （动） | 因为事情不好而对相关的人或事物表示不满 |

抱怨生活 / 我们不应该总是抱怨生活，应该乐观一些。

to complain, to grumble

恨みを言う、不平をこぼす

원망하다

| 7 | 旅游 | lǚyóu | （动） | 旅行游览 |

喜欢旅游 / 我非常喜欢旅游，你呢？

to tour, to travel

旅行する

관광하다

| 8 | 竟然 | jìngrán | （副） | 没想到，意料之外 |

没想到他竟然答应了。/ 这篇文章他竟然只花了十分钟就看完了。

unexpectedly

思いがけなく、意外にも

뜻밖에

| 9 | 堵 | dǔ | （动） | 不能顺利通行 |

堵车 / 上下班时出行的人很多，路上容易堵车。

to be caught in a traffic jam

ふさぐ、さえぎる

막다, 가로막다

| 10 | 光 | guāng | （副） | 只，仅仅 |

这件事光靠你们两个人做可能不行。/ 孩子不能光学习，还要多锻炼身体。

only, merely, alone

ただ、だけ

다만, 오직

| 11 | 方式 | fāngshì | （名） | 说话做事所用的方法和形式 |

生活方式 / 健康的生活方式对身体好。

way, mode

方式、やり方、形式

방식

| 12 | 流行 | liúxíng | （动） | 广泛传布；盛行 |

流行音乐 / 最近几年，中国老百姓流行跳广场舞。

to be prevalent, to be popular

流行する、はやる

유행하다

| 13 | 实行 | shíxíng | （动） | 用行动来实现（计划等） |

实行计划 / 我从现在开始实行计划，争取早日达到目标。

to put into practice, to carry out

実行する

실시하다

| 14 | 调查 | diàochá | （动） | 为了了解情况进行具体的考察 |

调查情况 / 这件事情很复杂，我要调查一下情况。

to investigate

調査する

조사하다

15	显示	xiǎnshì	（动）	明显地表示

显示才能 / 这件事很好地显示了他的才能。

to demonstrate, to show clearly

（はっきりと）示す

뚜렷하게 나타내다

16	逐渐	zhújiàn	（副）	渐渐

逐渐变冷 / 秋天到了，北京的天气逐渐变凉。

gradually

次第に、だんだん

한걸음 한걸음，점차

17	富裕	fùyù	（形）	（财物）丰富充足

富裕的生活 / 富裕的生活需要自己去努力争取。

well-to-do, well off, wealthy

豊かである、裕福だ

부유하다

18	职工	zhígōng	（名）	职员和工人

公司职工 / 这家公司的职工工作都非常努力。

employee, worker and staff members

職員、労働者

직원，노동자

19	调整	tiáozhěng	（动）	改变原有的情况，使适应要求

调整心态 / 快考试了，我们需要调整好心态，轻松面对。

to adjust

調整する

조정하다

20	依据	yījù	（介）	根据

依据法律 / 依据法律，他应该受到严厉的惩罚。

according to

～によると～

～에 따르면

21	不下	búxià	（动）	不少于；不比某个数目少

不下一百人 / 今天来听课的不下一百人。

not less than

～を下らない、～以上だ

보다 작지 않다

专名

北戴河	Běidàihé		中国旅游景点

课文导入

1. 你喜欢哪些休闲生活？

2. 你知道中国人的休闲生活方式是什么吗？

走进休闲[1]时代

宋女士是一位大学老师,一家三口计划今年十一去日本游一圈[2]儿,早早儿就在旅行社报了名。"假期[3]这么长,干吗[4]不好好儿休闲一下呢?"和宋女士有同样想法的司机孟师傅,这个暑假[5]全家去北戴河玩儿了两天,一回来就抱怨[6]说:"真没想到去北戴河旅游[7]的人这么多,过收费站时竟然[8]有几百辆车堵[9]在了收费口,光[10]旅游大巴就有三百多辆。"近几年,到城市周边地区过周末,节假日到全国各地游山玩水或出国旅游成了不少人假日休闲的方式[11]。

"休闲"一词20世纪90年代开始在中国流行[12]。从1995年起,国家实行[13]五天工作制,1999年又实行春节、五一、十一三个7天长假日,全年节假日休息时间从7天增加到10天,加上双休日,全年假日时间已达114天,人们一年中可以有三分之一时间的休假期,中国人开始走进了"休闲时代"。2008年以后,中国又增加清明节、端午节、中秋节为法定节日,各放假1天;五一节由原来的3天减少为1天。

根据有关部门的调查[14],中国老百姓在节假日最想做的事情中,旅游休闲处在首位,达到46.46%。旅游正成为中国城市人休闲的新爱好。

改革开放以前,中国的旅游业几乎是专为外国游客准备的。国际经验显示[15]:只有当人们的收入达到一定水平时,才会产生休闲度假的想法。20世纪90年代以来,中国人民生活逐渐[16]走向富裕[17],城市里人年均收入已达到500－1000美元,旅游休闲走进人们的生活,并进入了一个快速发展期。中国在第十个五年计划中,第一次写进了人民的休假问题,并明确提出要实行职工[18]带工资的休假制度,合理调整[19]人们工作和休假的时间。

双休日去市郊或周边的景点旅游,春节、五一、十一的假日旅游,已经成为人们休闲的主要方式。依据[20]国家旅游局的调查,仅去年的"黄金周",中国旅游业总收入不下[21]1800亿元。

(全文字数:约750字)

(节选自《经济日报》,有改动)

注 释

1 没想到去北戴河旅游的人这么多,过收费站时竟然有几百辆车堵在了收费口,光旅游大巴就有三百多辆。

[解释] 竟然:副词,表示没想到。后接动词或形容词。

[例句] ① 他平时走路不快,但在运动会上短跑的速度竟然快得惊人。
② 那座房子看起来十分普通,它的历史竟然有那么长了。
③ 任先生说:"和女友相爱多年,感情一直很好。可一起看过电影《手机》后,

如果接她电话说在开会,她竟然问:'是不是真的啊?'所以以后接电话时我再忙也不会对她说在开会。"

❷ 20世纪90年代以来,中国人民生活**逐渐**走向富裕,城市里人年均收入已达到500－1000美元。

[解释] 逐渐:副词,渐渐,表示程度或数量逐步缓慢增减。

(1) "逐渐"+动词。"逐渐"后一般带双音节动词,如"改变、转变、认识、减少、适应、形成"等。

[例句] ① 家长往往不习惯逐渐长大的孩子有自己的秘密,有不想说的心事。
② 从那以后,他逐渐喜欢上了电子游戏。开始仅在周末玩儿,后来逐渐发展到整日整夜地玩儿。
③ 这几年用手机看小说逐渐流行了起来。

(2) "逐渐"+形容词。形容词后常带"了、起来、下去"等,表示动态变化。

[例句] ① 这些年,他的生活逐渐好起来了。
② 天气逐渐冷起来了,可他仍然坚持每天锻炼身体。
③ 利用周末到周围景点旅游的人逐渐多了起来。

[比较] 逐渐—逐步

(1) 自然而然的变化一般用"逐渐",有意识而又有步骤的变化用"逐步"。

① 天气逐渐变冷了。(此句不能用"逐步")
② 他希望通过自己的努力,让自己的公司逐步成为国内有名的企业。(此句用"逐渐"不如"逐步"好)

(2) "逐渐"可修饰形容词,"逐步"不能。

他的心情逐渐好了起来。(此句不能用"逐步")

③ 中国旅游业总收入**不下**1800亿元。

[解释] 不下：动词，不少于；不比某个数目少。

[例句] ① 他常常出国旅游，去过的国家不下15个。
② 今年北京的大学毕业生总数估计不下10万人。

报刊长句

春节、五一、十一的假日旅游，已经成为人们休闲的主要方式。
　　　　假日旅游　　　成为　　　　主要方式。

读报小知识

如何选读中文报刊？

中文报刊种类很多，可以根据自己的兴趣或需要来选读。读者较多的报纸有：一是全国性或专业性的报纸，如《人民日报》《人民日报（海外版）》《光明日报》《环球时报》《参考消息》《中国青年报》《经济日报》《科技日报》《健康报》《中国教育报》《中华读书报》等；二是地方性报纸，如北京的《新京报》《北京青年报》《北京日报》《北京晨报》《北京晚报》《京华时报》等，广州的《南方周末》《南方都市报》《羊城晚报》等，上海的《文汇报》等，南京的《新民晚报》等。较受读者欢迎的刊物有《三联生活周刊》《读者》《青年文摘》《凤凰周刊》等。

练 习

一　课外阅读近期中文报刊上的文章，把你喜欢的一篇剪贴在笔记本上，阅读后写出摘要，并谈谈你的观点。下面以一位学生的作业为例，说明如何写摘要和观点。

原文：【作为中级阶段初期的学生，开始多选篇幅较短的文章（300—500字），随着汉语水平的提高，选文的篇幅可逐渐增大。选文要注明出处（如报纸、刊物、网站等）与日期。】

研究显示：女人藏不住秘密
《新民晚报》2010 年 09 月 19 日

秘密能在女人的肚子里藏多久？最新的一项研究显示，不超过两天。

研究人员发现，通常女人在知道一个秘密 47 小时 15 分钟之后，她就会将这件事情告诉他人。这项针对 3000 名年龄在 18－65 岁的女性的研究显示，每 10 位女士中，就有 4 位无法保守秘密，不管是多么私人或是绝对的秘密。

超过半数的人承认，喝酒会促使她们说出别人的秘密。而男朋友、丈夫、闺密和妈妈则通常是第一个听到秘密的人。

赞助这项研究的 Wines of Chile 的英国地区负责人 Michael Cox 说："众所周知，女人藏不住秘密。"他表示进行这项研究的初衷是为了弄清楚女性会向他人说出多少秘密，"不过我们没有想到的是，秘密竟然传播得如此之快"。研究中指出，女人通常会向与秘密没有任何关系的人透露。Cox 说："不管这条资讯多么珍贵，通常都会在 48 小时之内公布于众。"

研究还显示，每位女士一周会听到 3 条秘密，她们通常会将这些秘密说给另外至少一个人听。不过，三分之二的女士也表示，她们说出秘密后会感到后悔。

生 词

1.	每……中	měi…zhōng	in every...
2.	保守	bǎoshǒu	to hold/keep (a secret)
3.	私人	sīrén	private/personal
4.	承认	chéngrèn	to admit
5.	促使	cùshǐ	to impel/spur
6.	闺密	guīmì	girls' close friends
7.	赞助	zànzhù	to sponsor
8.	众所周知	zhòng suǒ zhōu zhī	as everyone knows
9.	初衷	chūzhōng	one's original intention
10.	弄清楚	nòng qīngchu	to clarify/get clarity
11.	传播	chuánbō	to spread
12.	任何	rènhé	any/whatever
13.	透露	tòulù	to tell/reveal
14.	资讯	zīxùn	information
15.	公布	gōngbù	to announce/proclaim
16.	后悔	hòuhuǐ	to regret

摘要：【用尽可能简洁的语言概括出原文的主要内容，字数一般在100字左右。】

　　一项调查显示，通常女人藏不住秘密，女人保守秘密的时限是47小时。超过半数的人认为喝酒会促使她们说出别人的秘密，而三分之二的女士在说出秘密后会感到后悔。

观点：【针对文章内容谈谈自己的看法，角度不限，可以将文章内容与个人的情况或自己国家的情况进行对比。字数一般在100字左右。】

从我自己的经验来看，我知道跟朋友聊天儿时很容易说出别人的秘密。众所周知，喜欢聊天儿的大多是女人，可是我很想知道要是调查男人，结果会怎么样？谁有更多的秘密呢？

问题：【对于安排在课堂上作报刊发言的同学，需要准备两个同学们感兴趣的问题进行讨论；对于没有安排在课堂上作报刊发言的同学，可以不准备问题。】

1. 你会守住别人的秘密吗？
2. 你认为，男人会不会像女人一样说出别人的秘密？

二 给下列动词搭配适当的词语

实行_____　　　　调整_____

不下_____　　　　抱怨_____

调查_____　　　　显示_____

流行_____　　　　堵_____

三 选词填空

竟然	实行	逐渐	调整	依据
不下	流行	显示	抱怨	调查

1. 他到中国才短短半年，但他去过的中国城市_____三十个。

2. 3月1日一些新的交通规则开始_____。

3. 大学毕业生应积极_____自己的心态，勇敢地面对市场的发展变化。

4. _____结果_____，不少年轻人在春节期间打算出门旅游。

5. 他来中国留学后，_____适应了新的生活。

6. 政府应该_____法律来进行管理。

7. 当手机开始_____时，他_____父母没给他买。

8. 他_____把这么重要的事情忘记了。

四 根据课文内容判断正误

1. 孟师傅不想去北戴河旅游。（   ）
2. 20世纪90年代中国开始流行"休闲"一词。（   ）
3. 早在20世纪80年代，旅游就已经成为很多中国人的休闲爱好。（   ）
4. 从1995年起，中国全年假日时间已达114天。（   ）

五 根据课文内容回答问题

1. 宋女士今年十一有什么计划？
2. 孟师傅对什么有抱怨？
3. 中国从哪一年开始实行春节、五一、十一三个7天长假日？
4. 人们休闲的主要方式是什么？

六 根据课文内容选择最合适的答案

1. 宋女士和孟师傅的例子说明_____。
   A 中国人的生活水平提高了   B 中国人休闲的时间增加了
   C 中国人的生活方式发生了变化   D 出门旅游成了不少中国人假日休闲的方式

2. 走进"休闲时代"必须要有足够的_____。
   A 旅游景点   B 休假时间
   C 旅游者   D 旅行社

3. 根据有关部门的调查，中国老百姓在节假日最想做的事情中，旅游休闲处在首位，这是因为_____。
   A 收入水平提高了   B 中国有很多旅游景点
   C 中国的旅游景点很美   D 中国旅游业的服务质量提高了

4. "黄金周"对中国旅游业收入的影响_____。
   A 不大   B 一般
   C 很大   D 很小

七 尽量使用以下词语进行话题讨论

竟然	实行	逐渐	调整	依据	不下
流行	显示	休闲	调查	假期	富裕

1. 你们国家一年主要有哪些节假日？人们度过节假日的方式主要有哪些？
2. 你喜欢什么样的休闲方式？你去过中国哪些地方？

快速阅读

阅读一（字数约1300字；阅读与答题参考时间15分钟）

机场也"休闲"

从美丽的花园到瑜伽室和健身房，世界上许多机场都引进了有助于旅客身心健康的各种设施。曾几何时，在机场候机对旅客来说就意味着要花上几个小时坐在冰冷的座椅上，或是独自喝着咖啡，无聊地盯着航班显示屏。单调、无趣，是多年来旅客为机场打上的标签。而如今，许多机场候机区变得越来越有趣，到机场候机已成为许多旅客期待的事情。

花园休闲区

新加坡樟宜机场是世界上最先建设机场花园的机场，其第一个机场花园于1981年建成。2013年，又结合科技概念推出了第五个主题花园：只要旅客经过设在花园两边入口的红外线感应器，音响系统将会播放在婆罗洲热带雨林特别录制的虫鸣和鸟叫声，而人造机械花也会亮起和绽放，让旅客宛如置身大自然的怀抱中。这个梦幻花园位于新加坡樟宜机场2号航站楼，24小时全天开放，供机场旅客免费参观。

而在迪拜国际机场的3号航站楼内，有一座种有松树等植物的美丽花园，其中还配有喷雾机。阿姆斯特丹史基浦机场则有一个机场公园，在其公园的中心有一棵130年的古树。公园为旅客提供了野餐桌、咖啡馆和阳光露台，而在其墙壁上还投射有各种蝴蝶的图像。

运动场

目前，针对那些必须通过运动才能恢复活力的旅客，许多机场都为中转旅客提供了打一场高尔夫球或健身的机会。香港国际机场投资800万美元建成的高尔夫球场，位于机场客运大楼的东面，绿色景观非常宜人，人工湖和沙堆散布其中，这也是香港机场第一个9洞的高尔夫球场。此外，香港机场附近的球场设施还包括设备出租、行李寄存的专业商店以及夜间照明设备等，这让许多"夜猫子"也能够玩儿得尽兴。

与此同时，韩国仁川国际机场还为旅客建造了一个18洞的高尔夫球场。

在北京首都国际机场3号航站楼，国际候机厅一层数码港对面有一间瑜伽室。在这个80平方米的瑜伽室里，放置了行李架，还有宽叶的绿色植物，以及4块红色的瑜伽垫，所有持有飞机票的旅客都可以进入瑜伽室练习，这里是24小时免费开放的。2012年1月，旧金山机场2号航站楼内也开设了机场瑜伽室。同样，该瑜伽室向所有持有飞机票的旅客开放。

而瑞士苏黎世机场的健身俱乐部则设在雷迪森酒店内，配有健身房、私人教练、土耳其浴室和带有水床的休息室。

文化娱乐

在杭州萧山国际机场，旅客可以观看5D电影，享受无与伦比的视觉体验。5D是在4D动感电影的背景和效果上，让观众从听觉、视觉、嗅觉、触觉和动感五个方面来达到身临其境的效果。

比如，屏幕上，过山车以飞快的速度经过了火山、山洞等地，在播放的同时座椅也会不停地摇动，灯光一会儿明，一会儿暗；经过火山时，身体好像突然被烧了一下；经过瀑布时，感觉袖子淋湿了……在这里，电影的种类很多，旅客可以根据自己的兴趣进行点击播放。

北京首都国际机场的儿童活动区、新加坡樟宜机场的儿童乐园，都让随同父母出行的孩子忘记了旅行的辛苦。

除固定的娱乐设施外，许多机场还会不定期地推出一些娱乐活动，带给旅客不小的惊喜。去年底，在杭州萧山国际机场候机楼内便出现了一些街头老艺人，使得当日乘坐飞机的旅客与民间工艺进行了一次"亲密接触"。而今年春节前夕，南京禄口机场、昆明长水国际机场、沈阳桃仙机场航站楼内的快闪舞，不但给旅客带来新春欢乐的气氛，也为旅客提供了精彩的视觉享受。

（节选自《中国民航报》2014年2月17日第8版空港驿站，有删改）

回答问题：
1. 为什么现在的机场候机区变得越来越有趣了？
2. 你更喜欢机场里的哪一种休闲方式，为什么？
3. 除了文章中介绍的休闲方式，你觉得还有什么可以作为机场候机区的休闲方式？

阅读二（字数约1200字；阅读与答题参考时间14分钟）

让人上瘾的休闲骑行
撰文／李胜南　摄影／任国强

夜骑、刷街、复古骑行，关于自行车的一些新鲜词汇，越来越多地被人们提及。自行车在这个城市中的功能正在发生转变：过去，它是代步工具，慢慢地，它成了很多人的健身工具；现在，它在担当健身器材的同时，还是达人的时尚装备。因为骑行成为了一种运动，聚集了多种人群，越是多样，越显出这座城市的包容。

骑车成为个人表达方式

牛二是个自行车爱好者，10公里以内的地方都会骑车去，因为爱好，还开了一家以组装复古单车为特点的Tweed店。他觉得，自行车运动这些年已经从开始的流行一窝蜂，变成了追求与众不同，在注重健身、追求车子性能的同时，自行车也越来越时尚，比如，会有时尚达人考虑自行车的款式与衣服的搭配。在低碳环保、有益健康的同时，自行车成为个人表达的一种渠道。

新加入骑车爱好者行列的James说，他选择骑车，一方面是为了健身，另一方面，是因为现在车子外观好看，设计非常不同，完全改变了以往对自行车的概念。他记得有一次在五原路上看到一个老外，骑着辆普通的"永久"，但是一脸阳光灿烂。这个场景，让他印象特别深，他觉得，骑车也意味着对生活的一种态度。后来，他了解到，骑车这个圈子，最开始是老外带动起来的。那时候骑车的人中老外多，交流多用英语；现在，参加骑行的，中国人越来越多，基本上是中国人和外国人各一半。他参加过一次夜骑，到场的有200多人，因为规模大，每个路口都安排了专门的志愿者引路。

除了这样的时尚骑行，在城市的角落里，还散布着很多老年人骑行队。他们不讲究装备与穿着，只是大家聚在一起，安全地健身。在杨浦区大桥街道就有一支这样的队伍，每周选择一天清晨，从平凉路出发，骑到和平公园或者新江湾，然后再原路返回。老人们说，他们参加这样的活动，是为了健康，更为了有同伴可以交流，感觉身心愉快。

大叔骑行队骑车很上瘾

仇灵山是最近才开始玩儿自行车的，他说，其实他们这些人少年时代都是骑自行车的，后来改开车了。现在过了不惑之年，发现再不运动人就废了，而且，也需要增加新的爱好，正好朋友圈中有人玩儿户外，自己就重新开始骑自行车。

仇灵山的这个骑行团队，基本是40岁上下的中坚力量，他觉得，这个年纪的人来运动，更多的是寻找快乐，而不会去一味追求速度和成绩。他自己通过参加这项运动，感觉体力、精神状态都比以前好。

仇灵山觉得，自己参加的这个运动圈子与其他的社交圈不同，在这里，大家不会交流各自的背景和工作，更没有什么利益接触，在一起就是为了运动。而且，运动过程中，大家互相帮助，很有团队意识。本来，今年十一，他们打算到安徽骑行，中巴车开到当地，骑了十几分钟，一个队友因为车子爆胎，摔骨折了，为了急救，全车人马上返回了上海，没有一句怨言。

现在，仇灵山骑车很上瘾，上班的路途基本坚持一半开车，一半骑行。如果哪天没有骑过车，即使下班回家，他也会出去骑上十几二十公里。因为住得离大宁绿地较近，所以他的路线基本是大华—万里—大宁绿地，到延长路再折返。安全性和路况，是他夜骑首要考虑的问题。

（节选自解放网《新闻晚报》2013年10月21日，有删改）

回答问题：

1. 自行车在城市中的功能正发生着怎样的转变？
2. 年轻人和老年人选择骑行的相同点和不同点是什么？
3. 中年人仇灵山选择骑行的原因是什么？

阅读三（字数约1100字；阅读与答题参考时间11分钟）

一起来享受休闲的快乐

新春开始，《国民旅游休闲纲要》的发布实施，更是为全国人民带来了温暖的春意。从假日制度的实施到休闲纲要的出台，国家顶层设计对于民生的关注进入了更加深入的阶段。

休闲是人类产生以来的生活目标，是人类创造力的重要来源。早在古希腊文明时期，亚里士多德就第一个对休闲作了系统的解释，他认为"休闲才是一切事物围绕的中心"，并把休闲看成是哲学、艺术和科学产生的基本条件之一。中国道家思想也早就把逍遥于天地之间，与自然共呼吸的休闲作为了人生的最高境界。

休闲是衡量人们幸福生活的标志。古典休闲学派一致认为休闲与幸福紧密相连，只有休闲的人才是幸福快乐的。有钱有闲的生活是社会给予人们的共同福利和显示社会进步的标准。休闲是社会进步的目的和推进社会持续发展的手段。马克思对于休闲的概括更是上升到对未来理想社会的描述和概括，他指出："我们的目的是要建立社会主义制度，这种制度将给所有的人提供健康而有益的工作，给所有的人提供富有的物质生活和闲暇时间，给所有的人提供真正的充分的自由。"

《纲要》立足于社会和谐与国民生活质量的高度对休闲的价值进行了定位，围绕全面提升国民旅游休闲服务质量的目标，从确保休闲时间、改善休闲环境、推进设施建设、加强活动组织、完善休闲公共服务等方面提出了具体的指导意见和推进措施。这为每一位公民争取和享受休闲的权利，全面推动休闲产业的健康发展提供了全面的保证。

休闲与人的全面解放与发展紧密联系，西方当代休闲学者认为："休闲是一种解放性的活动，能使个体从功利与现实中解放出来，给予个体时间，以获得新的消息、发展新的观点，或增强个体自身的能力。"当我们还在为都市的吵闹而困扰、为PM2.5的严重污染难以解决而担忧、为工作缺乏激情而苦恼、为桌子上堆积如山的文件而烦心、为人际关系的复杂而没有办法处理的时候，放下手中的一切，去休闲吧！

我们一直在远离自然，而自然一直在等待着我们回去。

我们一直为走出了乡村成为城里人而自豪，但是乡村才是培养滋润我们心田的沃土，才是自我的心境与天地自然交流的场所，回到乡村，纯朴的乡音最养心，天然的菜蔬最养生，自然的田野最养性，乡里的亲情最养人。

我们一直认为在健身房中跑步机上挥汗如雨就是锻炼和健康，而人的最大健康问题是心理的疲劳形成的精神疾病，只有漫步绿道、信步海滩、登高望远才能体会到人与自然交融的快感，才能在充满绿意的田野、溪流低吟的河滨中与自然交流，解除跑步机上无法释放的心理疲劳。总之，休闲是人生最好的心理良药。

休闲时间是社会发展的共同福利，休闲是我们心里一直追寻的目标，还犹豫什么，让我们一起去休闲吧！

（节选自《齐鲁晚报》2013年02月21日，有删改）

判断正误：
1. 休闲只能作为一种放松的方式，不能作为人类的生活目标，更不能激发人们的创造力。（　　）
2. 不论在西方还是东方，都有人认为休闲对于人类的生活和发展具有较为重要的影响。（　　）
3. 作者认为，休闲对消极的心理状态是有帮助的。（　　）
4. 作者认为，人的最大健康问题是生理健康问题，而不是精神健康问题。（　　）
5. 作者认为，相比走进自然和乡村，去健身房才是更好的休闲方式。（　　）

第二课　健康新观念

背景知识　随着生活水平的不断提高，中国人的健康意识逐渐加强，人们对健康的理解更加全面、合理，由只重视身体健康转变为身体健康与心理健康都重视，由重视有病治病转变为重视预防疾病、加强保健。

词语表

1　观念　　　guānniàn　　　（名）
健康观念 / 健康观念对我们的生活很重要。

思想意识
idea, concept
観念
관념

2　基石　　　jīshí　　　（名）
生命的基石 / 人民群众是一个国家的基石。

比喻基础或重要力量
foundation
礎石、礎（比喩）
초석, 주춧돌

3　财富　　　cáifù　　　（名）
拥有财富 / 拥有健康的身体比拥有财富更加重要。

有价值的东西
wealth
財産
재산

4　权利　　　quánlì　　　（名）
基本权利 / 我们要学会维护自己的基本权利。

依法在各方面享受的权力和利益
(legal) right
権利
권리

5　决　　　jué　　　（副）
决不 / 在困难面前他决不低头。

一定（用在否定词前面）
definitely, certainly
決して、絶対
결코, 절대로

6	允许	yǔnxǔ	（动）	许可

得到允许 / 公司不允许职工在大楼里吸烟。

to allow, to permit

許す、許可する

허용하다

7	损害	sǔnhài	（动）

损害健康 / 吸烟损害身体健康。

使事业、利益、健康等受到损失

to damage, to harm

損害を与える

손해를 입히다

8	则	zé	（连）

这件事对你来说是好事，对他来说则是坏事。/ 如果孩子们是花朵，老师则是培育花朵的园丁。

就，却，表示承接、对比等

so, but, yet

～してから、しかし

곧，바로

9	所谓	suǒwèi	（形）

所谓健康 / 所谓健康，不仅指生理健康，还包括心理健康。

所说的

so-called

いわゆる

소위

10	生理	shēnglǐ	（名）

生理结构 / 人的生理结构和动物有很大的区别。

生物体的生命活动和体内各器官的机能

physiology

生理機能、生理活動

생리

11	心理	xīnlǐ	（名）

心理健康 / 心理健康和生理健康一样重要，不能忽视。

泛指人的内心活动

psychology

心理

심리

12	人际关系	rénjì guānxì	

建立人际关系 / 建立良好人际关系的能力对于大学生来说很重要。

人与人之间的关系

interpersonal relations

人間関係

인간관계

13	孤立	gūlì	（形）

孤立的事情 / 这件事情不是孤立的，和其他事情的发展有一定关系。

同其他事物不相联系

isolated

孤立させる、孤立する

고립되다

14	套	tào	（动）

环环相套 / 这部小说的情节环环相套，很有意思。

互相连接或重叠

to interlink

重なってる

겹치다，연결하다

15	密切	mìqiè	（形）	关系近

关系密切 / 我和他的关系越来越密切了。

close, intimate

密接である、親しい

밀접하다

16	相互	xiānghù	（副）	彼此同样对待的关系

相互照顾 / 出国学习同学们要相互照顾。

mutual, reciprocal, each other

相互に

서로

17	即	jí		就是

非上即下 / 张老师即你要找的人。

exactly, precisely

すなわち

곧，바로

18	范围	fànwéi	（名）	周围界限

活动范围 / 这个不属于他的工作范围。

scope, limits, range

範囲

범위

19	状况	zhuàngkuàng	（名）	事物表现出来的现象和形势

身体状况 / 他的身体状况还不错，快出院了。

condition, state, situation

状況

상태

20	疾病	jíbìng	（名）	病的总称

预防疾病 / 坚持运动可以预防一些疾病。

disease

病気の総称

질병

21	保健	bǎojiàn	（动）	为保护健康而采用的预防方法

生活保健 / 生活保健需要从一件件小事做起。

to protect/maintain health

保健

보건，건강관리

22	预防	yùfáng	（动）	事先防备

预防疾病 / 注意个人卫生可以在一定程度上预防疾病。

to prevent

予防する

예방하다

23	伤害	shānghài	（动）	使身体组织或思想感情等受到损害

伤害感情 / 你这句话伤害了他的心。

to harm, to hurt

傷つける

손상시키다，해치다

24 人文 rénwén （名） 指人类社会的各种文化现象
人文知识／多阅读历史、地理、文学等课外书可以 humanities
丰富我们的人文知识。 人文
인문，인류의 문화현상

25 同步 tóngbù （动） 指互相协调，步调一致
同步发展／科技和社会能够同步发展才是真正的 to keep step with, to synchronize
进步。 同时に
서로 진행 속도를 맞추다. 함께 발맞추다

课文导入

1. 你觉得健康的标准是什么？
2. 怎样才能做一个健康的人？

健康新观念[1]
葛 炜

一、健康是"石""金""权""力""1"

1. 健康是"石"——健康是生命的基石[2]。
2. 健康是"金"——健康是最大的财富[3]，健康的身体超过百万金钱！
3. 健康是"权"——健康是人最基本的权利[4]，决[5]不允许[6]损害[7]！
4. 健康是"力"——健康对工业、农业和商业等而言是生产力，对军队而言则[8]是战斗力。
5. 健康是"1"——健康是1，其他都是1后面的0，1没有了，后面的0再多也是0。

二、健康的四个圆圈

1. 所谓[9]健康的四个圆圈，指的是生理[10]（身体）健康、心理[11]（精神）健康、社会健康（人际关系[12]正常）和道德健康。

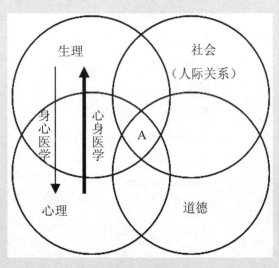

健康的四个圆圈

2. 一个真正的或完全意义上的健康人，应该是生理、心理、社会和道德四个方面都健康，即四个圆圈一个都不能少。

3. 如图所示，四个圆圈（四种健康）不是各不相关和分离孤立[13]的，而是圈圈相套[14]，关系密切[15]，不是相互[16]帮助，就是相互损害。

4. 图中的A是四个圆的相交处，A为最佳状态，即[17]生理、心理、社会和道德都健康，所以我们每个人都应该使自己进入到A范围[18]。

5. 目前越来越重视心理健康已成为主要发展方向，图中向下的细箭头是表示生理健康状况[19]

对心理健康的影响（即所谓"身心医学"），而向上的粗箭头则表示心理健康状况对生理健康的影响（即所谓"心身医学"）。研究证明，许多疾病[20]的发生、发展和变化都与心理方面相关，心身疾病越来越受重视，心身医学正在发展。

6. 打针吃药能解决多少健康问题呢？目前看只能解决一个圆圈（指生理健康）的问题，所以把健康的希望全部放在打针吃药上是行不通的，打针吃药的作用是必须肯定的，但是比打针吃药更为重要的是：（1）努力学习健康知识，提高自我保健[21]能力，预防[22]疾病和各种伤害[23]发生，保护生理健康；（2）加强人文[24]与社会知识的学习，提高自身文化素养，处理好人际关系，在任何环境中都保持一种积极向上的阳光心态，做到心理、社会、道德和生理四者同步[25]健康。

（全文字数：约800字）

（选自《健康报》，有改动）

注 释

1 健康对工业、农业和商业等而言是生产力，对军队而言**则**是战斗力。

   [解释] 则：连词，表示对比。

   [例句] ① 有的人记忆力非常好，看过一遍的东西全能记下来，而有的人则不行。
   ② 这双鞋子太大，那双鞋子则又太小。
   ③ 这套房子环境不好，那套房子则又太远。

2 健康是1，其他都是1后面的0，1没有了，后面的0**再多也是**0。

   [解释] 再A也（是）B：表示B的情况不受A影响。

   [例句] ① 公路上堵车了，再急也是没用的。
   ② 如果孩子不愿听父母的话，父母说得再多也是不起作用的。
   ③ 不加强保健意识，再强壮的身体也是会生病的。

3 四个圆圈（四种健康）不是各不相关和分离孤立的，而是圈圈相套，关系密切，**不是**相互帮助，**就是**相互损害。

   [解释] 不是A，就是B：表示A与B之间存在选择关系。

   [例句] ① 他的休闲方式比较少，不是读书，就是看电影。
   ② 不是你去，就是我去，今天必须有一个人陪她去逛街。

报刊长句

一个真正的或完全意义上的健康人，应该是生理、心理、社会和道德四个方面都健康，即四个圆圈一个都不能少。

读报小知识

中文报纸的版面

中文报纸的版面是按照文章类别进行分布编排的，具体版面的名称与序号一般放在报纸的最上方。而报纸的第一版（又叫头版）通常会告诉读者当日有几版，一些报纸在头版上还有"今日导读"，提示读者一些重点文章分布在第几版。读者可以根据版面的类别来寻找自己希望阅读的文章。

练习

一 课外阅读近期中文报刊上的文章，把你喜欢的一篇剪贴在笔记本上，阅读后写出摘要，并谈谈你的观点。

二 给下列动词搭配适当的词语

损害_____　　预防_____

伤害_____　　允许_____

超过_____　　重视_____

解决_____　　进入_____

三 选词填空

损害	则	再……也（是）……	保健
预防	伤害	不是……就是……	权利

1. 人们越来越重视身体的_____，疾病的_____。

2. 既然你_____了女朋友的感情，就应该向她赔礼道歉。

3. 公民的合法_____决不能_____。

4. 明天的天气，_____晴天，_____阴天，不必担心会下雨。

5. 你平时不认真学习，现在快考试了，_____着急_____没用的。

6. 大学最后一年，大家都忙着找工作，他_____准备考研究生。

四 根据课文内容判断正误

1. 作者认为健康非常重要。（　　　）

2. 一个真正的或完全意义上的健康人，主要是生理方面要健康。（　　　）

3. 目前的主要发展方向是，心理健康越来越受重视。（　　　）

4. 为了健康，作者反对打针吃药。（　　　）

五 根据课文内容回答问题

1. 作者认为健康应包括哪几个方面的内容？它们之间存在什么关系？

2. 为什么说"心身医学"很重要？

3. 作者是怎样看吃药打针的？

4. 比吃药打针更重要的是什么？

六 根据课文内容选择最合适的答案

1. 作者从_____个方面说明健康的重要性。

   A 三　　　　　B 四　　　　　C 五　　　　　D 六

2. 本文所谈论的健康不包括_____方面。

   A 心理　　　　B 道德　　　　C 社会　　　　D 经济

3. 作者认为吃药打针对健康的作用_____。

   A 很大　　　　B 有限　　　　C 很小　　　　D 几乎没有

4. 本文认为比打针吃药更为重要的有_____个方面。

   A 两　　　　　B 三　　　　　C 四　　　　　D 五

七 尽量使用以下词语进行话题讨论

| 损害 | 则 | 再……也（是）…… | 不是……就是…… | 预防 |
| 伤害 | 允许 | 保健 | 权利 | 决 | 生理 | 心理 |

1. 你认为健康的标准有哪些？
2. 为了健康，你会怎么做？

快速阅读

阅读一（字数约800字；阅读与答题参考时间8分钟）

成就健康3分钟

每次刷牙3分钟

刷牙要把牙齿的里外等各个牙面都刷干净。这个工作量不算小，大约有80多个牙面需要清洁。要常常改变牙刷的位置，慢慢地在每个牙齿的所有牙面上转动，一把牙刷在同一时间里只能刷到2－3颗牙齿，因此每次刷牙刷3分钟才能把所有牙齿都刷干净。

水沸后再烧3分钟

自来水经加氯消毒后，氯与水中残留的有机物相互作用，可形成多种有害化合物，有致癌作用。实践证明，把水煮沸后再烧3分钟是将这些有害物质降至安全范围的好办法。可见，这是人们日常防癌的必要方法。

开水泡茶3分钟

饮茶应当注意时间差，泡茶3分钟，茶中的咖啡因基本上都泡出来了，这个时候喝茶，能使人清醒。如果人们想避免茶后兴奋，只要将泡的第1道茶水在3分钟内倒掉，然后再冲泡品尝，便可以养神了。

吃热喝凉间隔3分钟

吃完热菜、喝下热汤之后立即吃凉的东西，血管会快速地收缩，使血压升高，可出现头晕、恶心等症状。所以专家建议吃完了热的想喝点儿冷饮解渴，最好间隔3分钟，以减少对胃部的刺激。

睡醒后养神 3 分钟

有高血压、心脏病的中老年人，睡醒后应先在床上闭目养神 3 分钟后再起床。这是由于刚睡醒时，大脑处于不清醒的状态，血液浓度很高，脑部缺氧缺血，容易跌倒，是最危险的时刻。据说起床方式这么稍微改变一下，即可减少发生脑中风的概率，全世界每年可以少死 300 万人。

运动间隙 3 分钟

经常运动的人都有运动时上气不接下气的经历，这时应稍微歇歇。运动间通过短暂的 3 分钟休息，人的肌肉就能完成足够的能量补充，以备接下来的运动。

蹲厕不超过 3 分钟

蹲厕时间过长，会引起很多健康问题，尤其不要边上厕所边看书。

生气不超过 3 分钟

按中医理论，"怒伤肝"。为小事而生气的人，生命是短促的。好心情比什么都重要，生气不该超过 3 分钟。凡事无所谓，什么事情都不要放在心上，即使有气也要来得快去得快，尽快发泄出去，竭力保持情绪的稳定。

（节选自《家庭医生报》2014 年 3 月 17 日第 10 版《生活与健康》，有改动）

回答问题：
1. 文章中提到了哪些成就健康的方法？
2. 用开水泡够了 3 分钟的茶喝了以后有什么作用？
3. 什么样的起床方式可以减少中老年人发生脑中风的概率？

阅读二（字数约 1000 字；阅读与答题参考时间 11 分钟）

排名前六的长寿习惯

想长寿，日常习惯可能比基因更重要。《美国退休人员协会杂志》最新载文，刊出美国多位专家总结出的"排名前六的长寿习惯"。

1. 多接触动物

宠物能带给老人友谊和温暖，让老人拥有倾诉对象，从而释放压力，或起到稳定血压等作用。普度大学人类与动物关系研究中心主任阿兰·贝克博士表示，除了猫和狗，在家中设立水族箱、养一只小鹦鹉等都有帮助。如不愿在家中养宠物，去动物园、水族馆多接触小动物，做动物收容所的志愿者，或者经常遛遛邻居家的狗，也有同样的效果。

2. 每天必听音乐

加州大学戴维斯分校认知神经科学家皮特尔·加纳塔博士表示，听音乐有助于排解心里的担忧，改善睡眠，增强记忆，还能促进伤口愈合，减轻压力，从而增强免疫力。对老人来说，每天听音乐，还可以降血压、缓解关节炎疼痛和有助中风后康复，甚至能防止认知障碍症病情的进一步发展。美国迈阿密大学医学院库马尔教授表示，音乐能帮助你拥有积极的情感和态度，尤其在清晨，选择快节奏、愉快的音乐能让你维持一天的好心情。

3. 经常笑出声来

马里兰大学医学院心脏病学家麦克尔·米勒博士表示，笑声能促使人体发生变化，改善身体的功能。因此米勒博士的长寿处方是，找到让自己快乐的事，笑出声来，并把这快乐传递给别人。

4. 周末回归大自然

耶鲁大学社会生态学家斯蒂芬·凯勒特博士表示，多去户外，重新回到大自然，有助于提升情绪和自信心。英国埃塞克斯大学研究发现，经常接触自然界的人更少生气和紧张。户外散步和骑自行车等低强度有氧运动可降低患心脏病的风险。快走、钓鱼、划船和种花种菜等都是很好的户外运动方式。不用担心居住的附近没有山脉或者海洋，利用周末去当地公园、植物园等"绿色地带"也有同样的效果。

5. 每周花2小时帮助别人

研究发现，与从来不帮助别人的老人相比，经常帮助朋友、家里人或邻居的老人明显感觉更快乐，身体也更健康。美国预防医学教授史蒂芬·波斯特博士表示，70岁以上老人每年参加志愿者活动100小时（每周只需2小时）就可获得多种保健受益，包括缓解不好的情绪、减轻体重、减少失眠和增强免疫力等。

6. 练太极

美国塔夫茨大学医学中心风湿病学专家王晨晨博士最新研究发现，太极拳动作轻柔，冲击力小，几乎是人人都适合的运动，尤其是老人。常练太极拳可缓解不好的情绪，改善睡眠质量，降低高血压和缓解慢性疼痛。

（节选自《生命时报》2014年3月14日，有改动）

回答问题：
1. 这篇报道中提到的排名前六的长寿习惯有哪些？
2. 选择一个对你来说最容易坚持的习惯，并说说养成这个习惯的好处。
3. 练太极对身体有哪些好处？

阅读三（字数约800字；阅读与答题参考时间10分钟）

手机偷走了很多人的睡眠

日前，中国医师协会发布的睡眠指数报告显示，六成人在睡前玩儿手机、平板电脑，很多人玩儿的时间超过一个小时。最近在北京同仁医院和北京朝阳医院等医院的"世界睡眠日"活动现场，多名睡眠专家指出，睡前玩儿手机正成为影响许多人睡眠的新因素。

"到了睡觉时间，却躺在床上拿着手机刷屏，很多人的睡眠都被手机偷走了。"说起现代人的睡眠障碍问题，北京朝阳医院睡眠呼吸科主任郭兮恒表示，睡前玩儿手机对睡眠非常不利。这是因为睡眠应该是一个安静的过程，睡前玩儿手机，一方面手机内容会让人兴奋，这就导致即使放下手机，也不能保证躺下就能入睡，另一方面，光线对睡眠的影响非常大，手机显示屏发出的蓝白光会破坏我们机体内的白天黑夜的节奏，造成入睡困难。很多人一玩儿手机就容易忘了时间，导致入睡时间向后推迟，可第二天又要早起上班，造成睡眠时间缩短。长期如此，就打乱了睡眠规律，失去了正常睡眠。

中国医师协会发布的睡眠指数报告显示，中国人从准备入睡到睡着，平均需26分钟。北京同仁医院睡眠医学中心主任叶京英指出，因为很多人睡前过度关注手机，会不由自主陷入一种对周围环境非常敏感的状态中，内心难以平静，即使是睡眠中，也不能完全放松。

"如果是精神压力、疾病等影响了睡眠，这是没有办法的，但因为玩儿手机影响睡觉确实不是聪明的选择。"两位专家都建议，临睡前一小时不要玩儿手机，让自己处于一个安静的状态。在睡觉前，最好把手机调成静音状态，不要放在枕头边，因为人体在睡眠状态下若被手机来电或短信等声光刺激便会导致多次醒来，人体就很难再次进入深睡状态，从而导致睡眠质量下降。

睡觉前可以用热水泡脚，促进血液循环。有睡眠障碍的人临睡前还可以尝试做一下放松训练，如进行深呼吸，深深吸气，默数4秒，然后憋气1秒，再深深呼出，反复多做几次，基本上就可以放松心情。

（节选自《健康时报》2014年3月24日第2版，有改动）

判断正误：
1. 多名专家认为睡觉之前玩儿手机会对睡眠产生影响。（   ）
2. 只有手机的光线会对睡眠产生影响，睡前用手机看什么内容对睡眠质量几乎没什么影响。（   ）
3. 睡前过度关注手机会使人内心难以安定，但睡着以后人就可以完全放松下来。（   ）
4. 有专家建议，为了保证睡眠质量，睡前应该把手机调成静音状态，放在离枕头比较远的地方。（   ）
5. 有睡眠障碍的人可以在睡前试着做一些放松活动，如泡热水脚，深呼吸等，通过这些方法来改善睡眠。（   ）

第三课　学习制造两代人的战争

背景知识　现在中国的父母非常重视孩子的教育，而孩子希望在学习之外，有自己的爱好和玩儿的时间，于是在学习与玩儿的问题上，父母和孩子的看法常常不一样，有时甚至会发生矛盾冲突。

词语表

1 压力　　　　yālì　　　　　　　（名）

学习压力／运动有助于减轻学习压力。

承受的负担
pressure, mental burden
压力
부담，스트레스

2 来自　　　　láizì　　　　　　　（动）

来自内心／真正的幸福来自内心。

从某处或某方面来
to come from
〜から来る〜
〜로부터 오다

3 补习　　　　bǔxí　　　　　　　（动）

补习学校／很多学生假期选择去补习学校学习。

为了补充或增加某种知识，在课外或业余学习
to take supplementary classes after school or work
補習する
보충 학습을 하다

4 炎热　　　　yánrè　　　　　　　（形）

炎热的夏天／我不喜欢炎热的夏天。

（天气）很热
blazing, scorching, burning hot
熱い
무덥다，찌는 듯하다

5 引起　　　　yǐnqǐ　　　　　　　（动）

引起好奇／这个现象引起了同学们的好奇。

引发，使出现
to bring about, to lead to
引き起こす
일으키다

6. 反而 fǎn'ér （副）
雨不但没停，反而越下越大。/ 太看重学习成绩反而不好，有可能会带来压力。

表示跟上文意思相反或出乎意料，在句中起转折作用

instead, on the contrary

かえって

오히려, 도리어

7. 升级 shēngjí （动）
战争升级 / 我们要做些准备，防止他们的矛盾升级。

程度加深

to escalate

拡大する

확대되다, 확대되어 가다

8. 冲突 chōngtū （动）
时间冲突 / 对不起，电影时间和我的上课时间冲突了，所以我明天不能去看了。

互相矛盾；不协调

to conflict

衝突する、ぶつかる

충돌하다

9. 幼儿园 yòu'éryuán （名）
幼儿园的环境 / 这家幼儿园的环境很好，孩子们很喜欢这里。

对幼儿进行教育的机构

kindergarten

幼稚園

유치원

10. 强迫 qiǎngpò （动）
强迫实行 / 我们不能强迫孩子做他们不喜欢的事。

施加压力使服从

to force, to compel

脅迫する、強いる

강요하다, 강제로 시키다

11. 甚至 shènzhì （连）
我们这儿的人，甚至三四岁的小孩儿都会游泳。

强调突出的事例

even, to the extent that…

～さえ，～すら

심지어, ～까지도

12. 美术 měishù （名）
美术课 / 他最喜欢的课是美术课。

造型艺术；专指绘画

industrial arts, painting

美術

미술

13. 布置 bùzhì （动）
布置工作 / 今天是他第一天上班，老板给他布置了一些工作。

对工作或活动做出安排

to decorate, to arrange

手配する、しつらえる

안배하다, 배치하다, 계획하다

14. 不然 bùrán （连）
明天我要出差，不然可以陪你去看看老师。/ 快点走吧，不然要下雨了。

表示如果不是上面所说的情况，就出现或可能出现后面的情况

if not, otherwise

そうでなかったら、さもなければ

그렇지 않으면

15 交换　jiāohuàn　（动）
交换意见 / 他们互相交换了意见，最终做出了决定。

双方都把自己的给对方
to exchange
交換する
교환하다

16 埋怨　mányuàn　（动）
埋怨他人 / 他今天加班，妻子埋怨他回来太晚了。

表示不满
to complain, to blame
不満を言う
불평하다

17 非　fēi　（副）
非……不可 / 他非去不可。

一定要，必须
must, have to
どうしても
반드시 ~ 해야 한다

18 督促　dūcù　（动）
督促别人 / 妈妈一下班就回家督促他写作业。

监督催促
to supervise and urge
催促する
독촉하다

19 本来　běnlái　（副）
我本来不知道，今天刚听说这件事。/ 他本来身体就不好，天气一冷就更容易生病了。

原先；先前
originally, at first
もともと、本来
본래

20 善于　shànyú　（动）
善于学习 / 我们要善于学习别人的优点。

在某方面具有特长（后多跟双音节动词）
to be adept in (often used with a disyllabic word or a verb phrase)
～することができる、上手である～
~를 잘하다, ~에 능숙하다

21 充满　chōngmǎn　（动）
充满欢乐 / 这个大家庭充满了欢乐。

充分具有
to be full of, to be filled with, to be imbued with
充満する、満たす
가득 차다, 충만하다

22 好奇　hàoqí　（形）
好奇心 / 年轻的秘诀是像孩子一样保持一颗好奇心。

对自己不了解的事物觉得新奇而感兴趣
curious, feeling novelty and interest from things one doesn't understand
好奇心がある
호기심을 갖다, 궁금하게 생각하다

23	讲究	jiǎngjiu	（动）	讲求；重视
	讲究卫生 / 讲究卫生是良好的习惯。			to be particular about, to pay attention to
				重視する、重んずる
				중시하다

24	愿望	yuànwàng	（名）	希望将来能达到某种目的的想法
	一个愿望 / 我的愿望是能够成为一名优秀的教师。			desire, wish, aspiration
				願望
				희망，바람

25	寄托	jìtuō	（动）	把理想、希望、感情等放在（某人身上或某种事物上）
	寄托情感 / 他把自己的情感寄托在了画画儿上。			to place one's hopes, aspiration, etc. on somebody or something
				託する
				맡기다，걸다

26	需求	xūqiú	（名）	由需要而产生的要求
	生活需求 / 超市里丰富的产品可以满足人们的生活需求。			demand, requirement
				需要
				요구

27	感受	gǎnshòu	（名）	接触外界事物得到的影响；体会
	生活感受 / 在中国生活的这几年带给他的感受很深。			impression, experience
				影響を受ける
				느낌，체험

专名

1	孙晓薇	Sūn Xiǎowēi	人名
2	金淞	Jīn Sōng	人名
3	张金金	Zhāng Jīnjīn	人名
4	唐洪	Táng Hóng	人名

课文导入

1. 在你们国家，小孩儿放暑假一般做什么？
2. 你觉得小孩儿应该去上特长班或补习班吗？为什么？

父母：最关心孩子的学习成绩　孩子：学习最大压力(1)来自(2)父母

学习制造两代人的战争

本报记者　蓝燕

暑假就要结束了，可对于很多孩子来说，这个暑假并不比上学轻松。他们要学英语，参加各种各样的特长班、补习(3)班。在这个炎热(4)的夏天，很多家庭里，学习引起(5)的家庭战争不仅没有因为假期的到来而停止，反而(6)升级(7)了。据一项北京市未成年人状况调查显示，父母和子女经常在10个方面发生冲突(8)，而冲突最大的就是学习方面。

唐女士朋友的女儿刚3岁，每天从幼儿园(9)回到家里，最重要的事就是学英语。为了让女儿能有标准的英语发音，当妈妈的不仅给女儿报了幼儿英语口语班，而且每天都让女儿一遍遍跟着录音、照着镜子练口型。"每次一打开录音机，小女孩儿就立刻眼泪汪汪。"

3岁的孩子因为母亲的强迫(10)而害怕学习，13岁的孩子则因为父母的强迫而讨厌学习，甚至(11)讨厌父母。

六年级的孙晓薇上小学前，妈妈给她报了美术(12)班，还让她学音乐。可上学以后，课余时间妈妈除了让晓薇上数学班，还要让她学英语。晓薇想做的，妈妈都不让她做。

晓薇告诉记者："我妈是英语教师，她布置(13)的英语课文必须背下来，不然(14)其他书都不让看。我想继续学画画儿、学音乐，她就是不让。就连打篮球也得用背课文来做交换(15)。"

另一个六年级学生金淞埋怨(16)："我妈也是这样，她非(17)让我每天和她练口语，练完口语再做她给我留的数学题，就是不想让我玩儿。她最常说的就是'你怎么还不学习'。"

一些孩子埋怨，父母不仅每天督促(18)学习，而且还常常指导自己学习，非要按他们的方法学习才行。

女生张金金说："我妈总认为我考不好是因为我的学习方法没有她的好。非要我按她的方法背各种课文不可，连数学都要背。我不按她的方法学，她就打我。"

"孩子本来(19)是善于(20)学习的动物，即使你不强迫他，他们也会对世界充满(21)好奇(22)。"中国科学院心理研究所的唐洪告诉记者，现在许多父母不考虑孩子的特点，不讲究(23)方式方法。还有的父母把自己的愿望(24)寄托(25)在孩子身上，而不考虑孩子的需求(26)和感受(27)。"如果从小就让孩子觉得学习是件可怕的事情，以后等他（她）长大了，还能对学习有兴趣吗？"

（全文字数：约900字）

（节选自《中国青年报》，有改动）

注 释

1 在这个炎热的夏天,很多家庭里,学习引起的家庭战争不仅没有因为假期的到来而停止,**反而**升级了。

[解释] 反而:副词。表示跟上文意思相反或出乎意料,在句中起转折作用。一般与"不仅""不但"等词呼应。

[例句] ① 她一遇到困难就换工作,结果是困难不仅没有减少,反而一直在重复。
② 他们不仅不厌烦,反而热情欢迎他。
③ 一个年轻职员对公司提出了批评,总经理不仅没有生气,反而接受了他的意见。

2 我妈是英语教师,她布置的英语课文必须背下来,**不然**其他书都不让看。

[解释] 不然:连词。如果不这样;否则。引出表示结果或结论的小句。

[例句] ① 你应该多陪陪孩子,不然就不算个好爸爸。
② 我上大学后一有空就给家里写信,不然我爸和我妈会不放心的。
③ 他明天不能去开会了,不然你代替他吧。

3 我妈也是这样,她**非**让我每天和她练口语,练完口语再做她给我留的数学题,就是不想让我玩儿。

[解释] 非:副词。一定要,必须。

[例句] ① 要做好这件事非你不可。
② 不管我怎么说,他都非要去别的城市工作。
③ 他非让我借给他200块钱,我没办法,只好答应了。

报刊长句

学习引起的家庭战争不仅没有因为假期的到来而停止,反而升级了。
　　　　家庭战争　　没有　　　　　　停止,　　升级了。

读报小知识

如何理解报刊文章的标题？

新闻类报刊文章的标题常常含有这篇文章最重要的信息内容。所以阅读文章前，首先要学会看标题，从标题中得出这篇文章的话题和主要内容。然后调动自己过去所了解到的与这个话题和主要内容有关系的一切背景知识来阅读，阅读完后根据文章的具体内容来判断自己对标题的认识是否准确，进一步加深对标题的理解。

练 习

一 课外阅读近期中文报刊上的文章，把你喜欢的一篇剪贴在笔记本上，阅读后写出摘要，并谈谈你的观点。

二 给下列动词搭配适当的词语

埋怨_____   督促_____

充满_____   引起_____

布置_____   善于_____

讲究_____   补习_____

三 选词填空

| 反而 | 不然 | 埋怨 | 非 |
| 督促 | 充满 | 压力 | 寄托 |

1. 父母常常把自己的希望_____在孩子的身上。
2. 小张住得最远，但他不但没迟到，_____先到了。
3. 孩子_____学习_____太大，简直受不了。
4. 他对未来的生活_____希望。
5. 小王_____让我陪他打球，_____他就不理我了。
6. 老师_____他们做完了作业。

四 根据课文内容判断正误

1. 很多孩子认为这个暑假比上学轻松多了。（　　　）
2. 唐女士朋友的女儿刚 3 岁，很怕学英语。（　　　）
3. 六年级的孙晓薇在课余时间还上了美术班。（　　　）
4. 六年级学生金淞埋怨他妈妈不让他玩儿。（　　　）

五 根据课文内容回答问题

1. 唐女士的朋友是怎么教女儿学英语的？
2. 孙晓薇的妈妈现在是怎么要求她学习的？
3. 一些孩子埋怨父母什么？
4. 女生张金金的妈妈是怎么要求她学习的？

六 根据课文内容选择最合适的答案

1. 本文举了＿＿＿＿＿＿个孩子学习的事例。

   A 三　　　　　　　B 四

   C 五　　　　　　　D 六

2. 本文对这些父母教育孩子的方式是＿＿＿＿＿＿的态度。

   A 肯定　　　　　　B 称赞

   C 支持　　　　　　D 反对

3. 作者对这些孩子的感受是＿＿＿＿＿＿的态度。

   A 批评　　　　　　B 称赞

   C 同情　　　　　　D 否定

4. 中国科学院心理研究所的唐洪认为很多父母的教育方式＿＿＿＿＿＿。

   A 不对　　　　　　B 正确

   C 很好　　　　　　D 有作用

七 尽量使用以下词语进行话题讨论

| 反而 | 不然 | 埋怨 | 非 | 督促 | 充满 |
| 压力 | 来自 | 寄托 | 甚至 | 强迫 | |

1. 你认为文中父母教育孩子的方式存在哪些问题？
2. 你认为父母教育孩子有哪些好方式？

快速阅读

阅读一（字数约1000字；阅读与答题参考时间11分钟）

家长必读：与孩子之间的代沟越来越大怎么办

现在的家长年龄不大，但与孩子之间的代沟却越来越大，这种现象产生的原因，并不是因为家长与孩子年龄的差距，而是因为思想上的代沟。由于思想上的代沟，从而出现了许多难以解决的问题。要解决这些问题，关键在于这些问题是暂时性的还是连续性的，有些问题虽然解决了，但是由此所产生的其他问题或许更严重。

学校除了举办家长会和家长学校之外，还通过多种方法，如网络平台、短信支持等，让家长能够与学校多沟通，了解孩子在校内外的情况，并及时反映出现的问题，通过收集返回来的信息，学校与家长一起沟通、商量解决办法。

针对当今社会大环境，家长与学校的教育责任变得更重，因为孩子并不仅仅是家庭所有，也是社会所有。李长富副校长认为家长的作用应是助推剂，家长要学会领导孩子去分析问题，使孩子向阳光的一面发展。所谓"领导"，领是示范，导是引导。无论是家长还是老师都要尽力做到这样的"领导"，才能共同管理好孩子。

在家长会中，学校也要有意识地将正确的德育观念传递给家长，并请一部分家长做示范者，将成功的经验在下次家长会中与其他家长分享，通过有效的实际例子，正确的教育观念就如同一粒健康的种子，一点点生长起来，学校所期望看到的是一个个阳光健康的孩子快乐地生活着。

李长富副校长说："培养新时代的好学生，好像盖一座坚固、宏伟的大楼，如果地基不扎实，那么就会破坏大楼的稳定性。"地基不扎实的原因有两个：一个是地基的使用材料，另外一个是地基的建设技术。

培养优秀学生的地基也有两个：一个是学生自身的条件，另外一个是德育方法。然而并不是每一个学生的自身条件都是优秀的，但可以假设每一个学生都是优秀的，那么不足的地方学校就要用技术（德育方法）来弥补。

俗话说，好孩子是夸出来的。当有一天没有被夸奖的时候，孩子就会思考自己的思想和行为哪里不好。李长富副校长也是一位家长,他用他的亲身经历讲了一个故事。他说:"我儿子每天放学回家都要数一数老师当天给他盖了几个'你真棒'的图章,假如有一天少了一个'你真棒',那么儿子就会想到底哪里没有做好,从而在今后的生活中就会注意自己的不足。"

所以李长富副校长倡导家长要时刻注意这个问题,学习不能死学,学校期望男孩儿通过学习变得更加阳光,女孩儿则通过学习变得更有气质。

(节选自"中国教育在线"2014年3月11日14:03,有改动)

回答问题:
1. 现在的家长与孩子之间代沟越来越大的原因是什么?有哪些方法可以帮助解决家长和孩子之间的问题?
2. 根据文章内容,请你说说家长和老师怎样才能共同管理好孩子。
3. 李副校长认为培养优秀学生的地基是什么?家长应该怎样帮助孩子学习和成长?

阅读二(字数约1000字;阅读与答题参考时间12分钟)

让孩子做家长

女儿上初二时,有一天晚上,我跟老公吵架生气,互相不说话。第二天,女儿放学回来,见我俩仍无和好的可能,就故意叹口气说:"唉!咱家现在又多了两个小孩儿。这两个小孩儿是越来越不懂事了!"老公在一旁忍不住偷笑,女儿就学着大人的模样对他说:"还笑呢!爸爸你到书房来,我找你好好儿谈谈。"之后,又对我说:"妈妈,你别偷听哦!你去做饭吧。"

女儿把老公拉进书房,把门关了起来。我忍不住在门外竖着耳朵偷听。女儿继续用大人的口吻对她爸说:"小朋友,要不要来根棒棒糖?"她爸说:"我才不要。我又不是小孩儿,吃它干吗?"女儿见老爸被自己忽悠了进去,"咯咯"地笑出了声,"哈哈!爸爸,你知道自己不是小孩儿就好。不是我说你,身为男人,干吗要对妈妈那么小气呢?她说你几句,你不做声,不跟她争论,架不就吵不起来了吗?你啊,一点儿也不聪明。现在,妈妈不理你,难受吧……"

听了一会儿,我去厨房炒菜。菜还没炒好,女儿又把我请进了书房。刚坐下,女儿就批评我说:"妈妈,现在只有我们两个人。说你笨,你还真不要生气。兔子急了还会咬人呢!外婆经常说'骂人不揭短',你跟爸爸吵架,总爱提他的痛处,爸爸当然会跟你闹脾气了。以后,我不允许你再这样欺负爸爸了,听到了吗?"我笑了起来,赶紧点头。女儿接着说:"等会儿爸爸会跟你道歉。妈妈你也有不对的地方,给爸爸一个台阶下,你也向爸爸道个歉吧,嗯?"女儿那口气不允许有质疑,我就像个做错事的孩子,连连答应。

很快,我和老公握手和好。这件事让我和老公觉得女儿有了非常大的进步,不能再用老的眼光去看她了。我们总认为她还小,不管学习上还是生活上,不论事情是大是小,我们总爱具体地指导她。可事实证明,我们小看女儿了。女儿正慢慢长大,她既然能处理好别人的事情，那么也能处理好自己的事情。

这以后，我们开始试着改变教育方法，对女儿放手而不放任，我们不再扮演家庭管理者的角色，有什么事都喜欢找她"商量"，充分肯定女儿的家庭地位。有时，我们还会在女儿面前故意犯些小错误，让女儿发现错误并且帮助我们改正。而每次女儿也都能采取合适的方法批评我们，我们会一边虚心接受，一边大加赞赏她教育的方法很好。

隔了一段时间，我们惊喜地发现，女儿身上很多总是改不掉的坏毛病都改掉了。我更加确定，孩子是一个独立的个体，有思想有主见。尊重孩子，相信孩子，给孩子一定的空间和时间，她才能在成长中不断锻炼自己，让自己成熟起来。

（节选自《乌鲁木齐晚报》2013年6月20日，有改动）

回答问题：
1. 为什么"女儿扮演家长"这件事会让作者和她丈夫对女儿刮目相看？
2. 作者将教育女儿的方法做了什么样的改变？
3. 作者改变教育方法以后，女儿有了什么改变？在作者看来，家长应该怎样做才能使孩子在成长中得到锻炼，成熟起来？

阅读三（字数约800字；阅读与答题参考时间10分钟）

为和孩子沟通，家长"卧底"孩子微信"朋友圈"

昨天本报刊发的《六岁娃"朋友圈"呼朋唤友》一文在读者中引起反响。记者接到多位家长来电反映，他们的孩子同样热心于"虚拟朋友圈"，一些心事宁可告诉不认识的网友，也不愿与家人分享。为了了解孩子的所思所想，有些父母干脆"卧底"孩子朋友圈。

南开区的王先生最近很犯愁：刚上初中的儿子整天聊微信、更新朋友圈。他想加儿子为好友，可提交了好几次申请，都被孩子拒绝了。前两天，当他再一次提交好友申请的时候，看见孩子的个性签名上写着"不作死就不会死"这样一句话。"我当时不知道那是句网络流行语，还以为孩子遇到什么事想不开呢。"开始，王先生没有直接批评儿子，而是从其他方面入手找儿子谈心，换来的却是孩子的白眼。忍不住的老爸终于爆发了："你肯定遇上事了，还以为我不知道？你那朋友圈签名都写出来了！"一下子就感到隐私被侵犯的孩子和老爸大吵一架，至今没有找到机会修复。

"我女儿倒是加我为微信好友了，开始还能看到孩子的朋友圈更新，后来我担心孩子总玩儿微信影响学习，就忍不住微信留言劝她别把时间都浪费了，没想到几次下来就被孩子屏蔽了。"肖女士无奈地说，"我换了一个陌生号码加女儿好友，'潜伏'进去关注她。没过多久，我看她在微信上和同学没完没了地探讨春游的事而非常生气，因此就被她发现了。这下直接被她拉进了黑名单。"

天津青少年心理学研究中心主任王虹翔教授表示，家长关注孩子的社交圈子本没有什么不对的，但是过分干预易造成孩子产生反感心理，甚至严重影响亲子关系。孩子不愿意让父母关注自己的微信微博，跟以前用带锁的日记本防止父母偷看是一样的。"要想和孩子交朋友，父母首先要明确自己的身份，不能总板着面孔，利用长辈的地位去教训孩子。对孩子的虚拟社交，过分关注并不可取。家长加入孩子微信圈或QQ，应做分享者。"

（节选自天津北方网 http://www.enorth.com.cn 2014-04-01 13:55，有改动）

判断正误：

1. 一些家长为了了解孩子的所思所想，在自己孩子的"朋友圈"里当"卧底"。（　）
2. 王先生看到孩子的个性签名以后找孩子谈心，父子关系很好。（　）
3. 王虹翔教授认为家长关注孩子的社交圈是不对的，会影响亲子关系。（　）
4. 现在的孩子不愿意父母看自己的微信微博，就像以前的孩子不愿意让父母看日记，想法是一样的。（　）

第四课　给公用筷子留个位置

背景知识　现在中国人越来越重视饮食卫生，当众人一起就餐时，有人开始使用公筷，或采用分餐、自助餐的形式，对传统的一些就餐形式加以改进。

词语表

1　公用　gōngyòng　（动）
公用筷子 / 大家一起吃饭，如果使用公用筷子会更卫生。

公共使用；共同使用
to be shared (to express something for public use)
공용、공공
공동으로 사용하다

2　外贸　wàimào　（名）
外贸经济 / 近几年来，中国的外贸经济发展很快。

对外贸易的简称
foreign trade
外国貿易
대외무역, 국제무역

3　企业　qǐyè　（名）
企业家 / 他把资本投给了几家有希望的企业。

从事生产、运输、贸易、服务等经济活动的组织
corporation, enterprise
企業
기업

4　经历　jīnglì　（动）
经历战争 / 这位作家经历过两次战争。

亲身见过、做过或遭受过
to undergo, to come through
経歴、経験する
겪다, 체험하다, 경험

5　华侨　huáqiáo　（名）
海外华侨 / 海外华侨和国内人民一起庆祝春节。

旅居国外的中国人
overseas Chinese
華僑
화교

6	洽谈	qiàtán	（动）	跟人联系进行商谈

洽谈生意 / 他们现在正在酒店洽谈生意。

to hold talks, to hold discussion

面談する、協議する

협의하다

7	项目	xiàngmù	（名）	事物分成的门类

活动项目 / 这次他们洽谈的项目是合作办学。

item

項目

항목

8	宴请	yànqǐng	（动）	设宴招待

宴请宾客 / 今天是他们结婚的日子，他们选择在全聚德宴请宾客。

to entertain to dinner, to fete

宴席を設けて招待する

잔치에 손님을 초대하다

9	气氛	qìfēn	（名）	某种特定环境让人感受的精神表现或景象

热烈的气氛 / 今天讨论会的气氛很热烈。

atmosphere

雰囲気

분위기

10	神秘	shénmì	（形）	使人摸不透的；高深莫测的

神秘的地方 / 很多人认为中国是一个神秘的地方。

mysterious, mystical

神秘的な

신비하다

11	自始至终	zì shǐ zhì zhōng		从开始到最后

他自始至终没有放弃过自己的梦想。

from start to finish, from beginning to end

初めから終わりまで、終始一貫

시종일관

12	优惠	yōuhuì	（形）	比一般的便宜

优惠券 / 使用优惠券买东西会更便宜。

discounted

特恵の

특혜의，할인의

13	合资	hézī	（动）	双方或多方共同投资

合资企业 / 这是一家中外合资的企业。

to joint venture

資本を出し合う

합자하다

14	经营	jīngyíng	（动）	指商业、服务业出售某类商品或提供某方面服务

经营生意 / 这家店主很会经营生意，挣了不少钱。

to manage, to run, to engage in

経営する

경영하다

| 15 | 起初 | qǐchū | （名） |

我起初不知道这件事，后来是同学告诉我的。

最初
originally, at first
初め、最初
처음

| 16 | 较真儿 | jiàozhēnr | （形） |

较真儿的人 / 他办事很较真儿。

非常认真
conscientiously, earnest, serious
とことんまで突き詰める
진지하다

| 17 | 为难 | wéinán | （形） |

感到为难 / 这件事情让我感到非常为难，请你帮帮我吧！

感到难办，不好应付
feel awkward, feel embarrassed, feel unable to cope with
困る、困らせる
곤란하다, 난처하다

| 18 | 夹 | jiā | （动） |

夹菜 / 中国人吃饭习惯用筷子夹菜。

从两个相对的方面用力，使物体固定不动
to press from both sides, to pinch, to squeeze
はさむ
끼우다, 집다

| 19 | 恭敬 | gōngjìng | （形） |

恭敬的态度 / 这个学校的学生对老师十分恭敬。

对尊长或宾客尊重有礼貌
respectful
敬う
공손하다, 예의바르다

| 20 | 就餐 | jiùcān | （动） |

就餐环境 / 这家餐馆的就餐环境很好。

吃饭
to have a meal, to dine
ご飯を食べる（書き言葉）
밥을 먹다

| 21 | 进而 | jìn'ér | （连） |

先学好第一外语，进而再学习第二外语。

进一步
and then; after that
さらに、その上に
나아가

| 22 | 大脑 | dànǎo | （名） |

大脑结构 / 人的大脑结构非常复杂。

脑的一部分
brain
大脳
대뇌

23 宴席　　　　yànxí　　　　　　　　（名）
十桌宴席 / 今天是奶奶80岁的生日，我们准备了
了五桌宴席来庆祝她的生日。

丰盛的酒席
banquet, feast
宴席
연회석

24 传统　　　　chuántǒng　　　　　（名）
优良传统 / 过春节是中国的传统。

世代相传、具有特点的社会因素，如文化、思想等
tradition
伝統
전통

25 人性化　　　rénxìnghuà　　　　　（动）
管理人性化 / 这种人性化的设计更加满足了人们的需求。

设法使符合人性发展的要求
to humanize
人間的、人間化
인성화

26 在于　　　　zàiyú　　　　　　　（动）
保持好心情在于有一个乐观的心态。

指出事物的本质所在
to depend on, to lie in
〜によって決まる〜
〜에 있다, 〜에 달려있다

27 克服　　　　kèfú　　　　　　　　（动）
克服困难 / 成功需要克服很多困难。

战胜或消除不利因素
to overcome, to conquer (cannot have a person as object)
克服する
극복하다

28 当然　　　　dāngrán　　　　　　（形）
你说应该早做准备，那是当然。

应当这样
certainly, of course
当然である
당연하다

29 敬　　　　　jìng　　　　　　　　（动）
敬茶 / 今天家里来了几位客人，小王正在向他们敬酒。

有礼貌地送上（饮食或物品）
to toast
すすめる、差しあげる
공손히 드리다

30 标志　　　　biāozhì　　　　　　（名）
交通标志 / 春游时，同学们穿的校服就是我们学校的标志。

表明特征的记号或事物
sign, symbol
標識、しるし、マーク
표지, 상징

课文导入

1. 你了解中国的餐桌文化吗?
2. 如果你和朋友一起吃中餐,你觉得应该使用公用筷子吗?为什么?

给公用⁽¹⁾筷子留个位置

刘明德

在外贸⁽²⁾企业⁽³⁾工作期间,一件亲身经历⁽⁴⁾的事情改变了我对使用筷子这一再平常不过的生活习惯的看法。

去年下半年,一位华侨⁽⁵⁾来洽谈⁽⁶⁾项目⁽⁷⁾,公司宴请⁽⁸⁾他,席间气氛⁽⁹⁾热烈,项目也顺利谈成,于是这位华侨成了公司的合作者。一次,他神秘⁽¹⁰⁾地对我说:"你知道我们项目谈成的秘密吗?不是别的,就是筷子。"他说他去了很多地方,到过不少企业,只有我们公司在宴请时自始至终⁽¹¹⁾都在使用公用筷子。其实我们公司的条件并不比别人优惠⁽¹²⁾,但这位华侨说既然合资⁽¹³⁾经营⁽¹⁴⁾,就得常来,来了得吃饭,用起公筷来,吃得放心。

起初⁽¹⁵⁾还觉得这位华侨挺较真儿⁽¹⁶⁾的,但细想起来,还真是有些道理。平时大家在工作和生活当中,不管是愿意的还是不愿意的,认识的还是不认识的,少不了会共同进餐。席间那一双双筷子,转动于碟碗之间。有时更使人为难⁽¹⁷⁾的是,别人,特别是不太熟悉的人给自己夹⁽¹⁸⁾菜,不吃吧,显得不恭敬⁽¹⁹⁾,吃吧,还真是不卫生。

实际上,中国人的就餐⁽²⁰⁾工具——筷子,不仅简单实用,而且据说还有锻炼手指,进而⁽²¹⁾锻炼大脑⁽²²⁾的作用。所以,筷子的发明和使用,可以说是中国人对世界的一个贡献。如果在宴席⁽²³⁾每盘美味边都放上一双公筷,是不是既展现了我们千百年来的传统⁽²⁴⁾,又显示了我们在生活习惯上更加人性化⁽²⁵⁾的一面?使用公筷,好处是不用说的,关键在于⁽²⁶⁾克服⁽²⁷⁾我们长期以来形成的习惯。

改革开放以来,人们的生活水平不断提高,大家对生活质量也有了更高的要求,许多原本是"想当然⁽²⁸⁾"的事情也引起了我们的重新思考。像上海规定街上马路上不准晒衣服;有些地方已经明确表示,请客吃饭不能强行敬酒⁽²⁹⁾。这些过去习惯的事情,现在不得不改,这是时代进步的标志⁽³⁰⁾。我想,使用公筷,也是这个道理。

(全文字数:约700字)

(选自《人民日报》,有改动)

注 释

1. 在外贸企业工作期间，一件亲身经历的事情改变了我对使用筷子这一**再**平常**不过**的生活习惯的看法。

    [解释] 再……不过：表示"没有比……更……"。"再"后接形容词。

    [例句] ① 他终于在外贸企业找到了满意的工作，这是再好不过的事了。
    ② 我觉得你穿这件衣服真是再合适不过了。
    ③ 明星也是人，也有基本的权利，对爱情的追求是再正常不过的事了。

2. 实际上，中国人的就餐工具——筷子，不仅简单实用，而且据说还有锻炼手指，**进而**锻炼大脑的作用。

    [解释] 进而：连词。表示在已有的基础上进一步。用于后一小句。前一小句先说明完成某事。"进而"前面可以用"又、再、才、并"等。

    [例句] ① 许多人来中国是为了学习汉语，进而了解中国文化。
    ② 人们应该试着相互理解，进而避免不必要的问题和麻烦。
    ③ 许多人学习是为了进一个好学校，进而找到好工作，并不是真的想获取知识。

3. 使用公筷，好处是不用说的，关键**在于**克服我们长期以来形成的习惯。

    [解释] 在于：动词。所在；正是，就是。必须带名词、动词或小句。

    [例句] ① 去不去在于他自己。
    ② 我们之间的问题在于缺少沟通。
    ③ 取得成功的关键在于不断地努力。

报刊长句

改革开放以来，人们的生活水平不断提高，大家对生活质量也有了更高的要求，许多原本是"想当然"的事情也引起了我们的重新思考。

　　　　　　　　生活水平　　提高，大家　　　　有　更高的要求，
　　　　　　　事情　引起　　　重新思考。

读报小知识

如何利用网络阅读中文报刊？

现在中国大多数较有影响力的报刊都有了自己的网站。假如读者不知道所要查找的报刊的网址，可以通过百度（www.baidu.com）、新浪（www.sina.com）、搜狐（www.sohu.com）、网易（www.163.com）、腾讯（www.qq.com）、凤凰（www.ifeng.com）等网站（这些网站也会及时发布大量的中文资讯）的检索窗口，直接输入所要查找的报刊的名称，就可找到该报刊的网址，再根据具体日期或关键词，找到所要阅读的文章。

练 习

一 课外阅读近期中文报刊上的文章，把你喜欢的一篇剪贴在笔记本上，阅读后写出摘要，并谈谈你的观点。

二 给下列动词搭配适当的词语

洽谈_____   经营_____

克服_____   经历_____

宴请_____   夹_____

思考_____   规定_____

三 选词填空

| 再……不过 | 洽谈 | 经营 | 进而 | 在于 |
| 克服 | 宴请 | 经历 | 夹 | 敬 |

1. 在重大社会经济问题上，某些学者仅仅形成个人认识和见解还不够，应该主动影响决策者，使之成为决策者的共识，_____成为全社会的共识，才能使人民受益和社会进步。

2. 以往内地电脑厂商的优势_____价格，但是这个优势也发生了改变。

3. 这次双方_____贸易的气氛，是_____友好_____了。

4. 他在_____时，不断地给客人_____菜_____酒。

5. 他_____公司时遇到了很多困难，但都_____了。

6. 尽管对于大多数民众来说，高耀洁仍是个不太熟悉的名字，但那些_____过苦难的人们会永远记住她、感谢她。

四 根据课文内容判断正误

1. 那位华侨很愿意使用公用筷子。（　　　　）

2. "我"一开始就觉得那位华侨说得很有道理。（　　　　）

3. "我"希望宴席上能有公筷。（　　　　）

4. "我"认为使用公筷很容易做到。（　　　　）

五 根据课文内容回答问题

1. 那位华侨为什么愿意和这家公司合作？

2. 作者为什么认为那位华侨说得有道理？

3. 作者认为筷子的作用有哪些？

4. 宴席上使用公用筷子有什么好处？

六 将下列各句组成一段完整的话

1. A. 关键在于克服我们长期以来形成的习惯

   B. 好处是不用说的

   C. 使用公筷

   正确的语序是：（　　　）（　　　）（　　　）

2. A. 这是时代进步的标志

   B. 这些过去习惯的事情

   C. 现在不得不改

   正确的语序是：（　　　）（　　　）（　　　）

七 尽量使用以下词语进行话题讨论

| 再……不过 | 洽谈 | 经营 | 进而 | 在于 |
| 克服 | 宴请 | 经历 | 夹 | 敬 |

1. 你认为在宴席上有必要使用公用筷子吗？为什么？
2. 当你的朋友用自己的筷子夹菜给你时，你吃还是不吃？为什么？

快速阅读

阅读一（字数约1000字；阅读与答题参考时间13分钟）

戒掉舌尖上的浪费 建立饮食文明

只有从我做起，珍惜粮食，避免浪费，才能真正走向"关心粮食和蔬菜"的合理生活。

饮食中国，有舌尖上的美味，就有舌尖上的浪费。最近有关中国人粮食浪费的数据，读来让人非常吃惊。有统计说，中国人一年在餐桌上浪费掉的粮食，能养活两亿人。抽象数字化为现实，我们目力所及之处，处处可见吃喝成风、浪费无度：大家喝过酒之后，几乎没有动过的螃蟹、整只鸡、整条鱼……常组成刺眼的"剩"宴，被当作垃圾倒掉。而这枚硬币的另一面，是乡村里很多贫困人群连饭都吃不饱，是城市里打工的母亲带客人的剩菜给儿子却惨遭开除的悲情故事。

中国人爱吃，是因为中国有着历史悠久的"饮食文化"。随着社会经济的发展，人们生活水平不断提高，"吃文化"更是流行。不过，饮食既然是一种文化，那么它的起点就应该是文明，而不是被简单地理解为大吃大喝、铺张浪费。

著述《随园食单》的清朝才子袁枚谈到饮食文明时就说，一个食客，应具备的饮食文明是要做到合理饮食，表达了反对浪费、暴食的鲜明观点和饮食审美追求。

200年前古人倡导的饮食文明，是今日现实生活的镜子。如今中国政府正在倡导避免"舌尖上的浪费"：要求今年元旦春节期间改进工作作风、加强廉洁自律，严禁公款宴请等拜年活动。这样的制度规定，无疑将有助于杜绝各种浪费现象，建立真正文明、简朴、节约的饮食文化。

很显然，减少和控制舌尖浪费，建立饮食文明，需要制度给力。中央改进工作作风的八项规定出台后，各地酒店出现年会退订潮就是证明。但规则要真正起作用，避免公款吃喝或"转战"内部餐厅，或在酒店公务宴请中"隐姓埋名"，就不能对"舌尖上的浪费"过度宽容，而是必须把它放进监管地带，该处理、该问责的，就必须按规定进行处置。

建立饮食文明，也需要将反浪费加入到公共议题当中，建立相应规则。需要看到，舌尖浪费并不是只有中国才有的现象，其他国家同样也有浪费的烦恼。比如法国在谈到粮食浪费时就说："每位法国人平均每年扔掉的粮食在20千克至30千克之间，其中有7千克是连包装都未拆开就直接被扔掉了。"他们也于近日向粮食浪费"开战",推出的反浪费计划,从细节着手,提供节约粮食的好政策与好方法,并将在实践经验的基础上,签订全国反浪费公共条约。

对舌尖上的中国来说,要戒掉"舌尖上的浪费",除了建立规则与文明,确定制度与监督管理,当然也离不开每个个体"起而行之"。只有从我做起,珍惜粮食,避免浪费,才能真正走向"关心粮食和蔬菜"的合理生活。

(节选自人民网 2013 年 01 月 26 日 09:31,有改动)

回答问题:
1. 文章里,中国城市和乡村的饮食状况有什么区别?
2. 中国政府是如何倡导避免"舌尖上的浪费"的?
3. 对于当代的中国来说,应该如何戒掉"舌尖上的浪费",建立饮食文明?

阅读二(字数约 1300 字;阅读与答题参考时间 14 分钟)

美式中餐的变化

李珍妮(Jennifer Lee)的父母年轻时从中国台湾移民到美国。她在纽约长大,曾留学北京大学,哈佛大学毕业后在《纽约时报》当记者。她的畅销书《签语饼春秋》(The Fortune Cookie Chronicles)从一个谜团写起。2005 年 3 月 30 日,美国彩票史被重写:共有 110 人同时赢得 Powerball 彩票大奖(8400 万美元),而一般每次最多三四人同时获奖。原来,这些中奖者不约而同地都根据他们在中餐馆所得签语饼提供的幸运数字购买了彩票。

签语饼是美国绝大多数中餐馆为顾客免费提供的饭后小点心,有点像蛋卷或华夫饼干,小巧,元宝状,里头有张印有"圣人言"或预测凶吉的小纸条,包括一串"幸运数字"。美国人对签语饼非常熟悉,中国人恐怕就说不出其中的妙处了。书中,李珍妮横穿美国,从东向西拜访了各州的大奖获得者,品尝当地中餐,也寻找签语饼的发明者和发展史。部分历史,部分旅游的记录,部分美食评论,部分人物小传,这本书不仅为读者展现了中餐馆在美国的发展演变,而且描绘了华裔们的生活。

书的前几章轻松有趣,例如她提到"杂碎"(chop suey)被 19 世纪的美国人当成中国"国菜",传说这是李鸿章发明的,其实更有可能是加州的华裔淘金客随便做出来糊弄白人的。在"左宗鸡"一章中,作者从这道她最爱的"中国菜"(鸡胸肉裹上面粉炸成金黄,加上酱油、糖与西兰花同煮,味道甜酸)说起,讲到纽约唐人街两位台湾大厨同时开办湖南菜餐馆,互相竞争。其中一位大厨借用湖南将军左宗棠的名号,做出了"左将军鸡"(General Tso Chicken),而另一位则用曾国藩的名头,发明了"曾将军鸡"(General Tseng Chicken)。美国食客更喜欢后者的味道,但前者的名字却张冠李戴地被保留了下来。故事曲折精彩,但美国中餐馆供应的"左宗鸡"显然不是地道的中国菜,更别说是湖南菜了。难怪作者到左宗棠老家拜访时多次遇到挫折,当地人对此从来没有听说过。

这本书的最大看点是把"美式中餐"作为一扇窗户,展现了美国人饮食习惯、思维方式和种族关系的方方面面。

例如，美国犹太人特别喜欢中餐，有些不信犹太教的犹太人甚至觉得中餐比他们逾越节的食品更亲切熟悉。这不但因为中餐馆是唯一在圣诞节开门的饭店，而且对犹太人来说，中餐曾经代表异国情调，可以证明他们不再是不见世面的东欧移民、乡巴佬，而是放眼世界的"美国人"。

作者还说，地道的中餐不容易被主流社会接受有以下几个原因。历史上，美国清教徒认为食物是生存需要，而不是享受，反对使用"招人"的香料，他们用的材料要么没有什么味道，要么咸死人。现代社会，美国人习惯动物去皮、拆骨、分割后在超市出售，避免食用内脏、脚爪、舌、耳、眼珠，不愿正视盘中的食物曾是活物的现实。他们不喜欢透明食物，所以海蜇不能上桌。他们对食物质量带给人的感觉的要求比较单一，虽然他们觉得海参、牛百叶之类的食物口感很好，但是却不吃。他们对食物的颜色也讲究：原材料不可太黑（不吃香菇、紫菜），面粉制品不能太白。

说到底，这本书不但是对美式中餐的具体描绘，更是作者对华裔美籍身份的反思。美国真是各民族融和的"大汤锅"（melting pot）吗？李珍妮却说：我们其实是炒菜，每种食物的材料都保持了自己的样貌，但大家的味道融合在一起，无法分离。

（节选自中国新闻网 2013 年 09 月 16 日 16:38 摘编自香港《大公报》，有改动）

回答问题：
1. 什么是签语饼？李珍妮在她的书中是如何介绍签语饼的？
2. 李珍妮的书最大的看点是什么？试结合例子说明。
3. 在美国，地道的中餐不容易被主流社会接受的原因有哪些？

阅读三（字数约 900 字；阅读与答题参考时间 10 分钟）

旅游饮食注意事项

旅游饮食的地方特色和季节性

多数旅游景区都有特殊风味的名菜名点。旅游者如要"饱口福"，可选择相应旅游景区。当然，现在全国各大中城市，都有八大菜系的菜点供应，粤菜、川菜更是遍地开花，问题是这些菜点为了适应不同城市人的口味，结合本地人口味的需要，被不同程度地作了改变。所以要品尝到地道的川菜、粤菜还是要去重庆、广东。旅游饮食要注意季节性，不同的季节有不同的美食。如金秋时节，菊花金黄螃蟹肥美，到阳澄湖品尝清水大闸蟹，非常实惠。这大闸蟹是青背、白肚、金爪、黄毛，而且身体强壮，做熟后揭开背壳绝无一壳水现象。那橘红色的蟹黄、白玉似的膏脂、洁白细嫩的蟹肉，将使人回味无穷。

选择价廉物美的特殊风味菜点

供应当地的特殊风味菜点的，往往是不起眼的中小饮食店，在当地却是名牌店，例如成都的著名菜点夫妻肺片、赖汤圆、担担面等。另外，各地的特色菜点品种多，短短两三天决不可能都品尝到，要选择自己最喜爱而又价廉物美的特色菜点。

旅游中注意饮食卫生

在外旅游不要贪食特殊风味菜肴，用餐不要饱一顿饥一顿；为避免"生火"，少吃大鱼大肉等肥腻的食物，多吃蔬菜和水果，多饮绿茶或白开水；少吃生冷食品，尤其不要吃生鱼片、毛蚶之类食物；吃海鲜不要过多，多吃点蒜醋、喝点酒，以防腹泻，肠胃不好的人要特别小心；对于当地吃不惯的调料和食物，宁可少吃或不吃，以免肠胃不适，影响整个旅游行程。在卫生条件较差的饭店就餐，最好使用一次性筷子和碗具，饭前饭后洗手。

饮食礼仪

旅游时，用餐要注意礼仪。集体用餐时，一个团队总要拼台，这时，要听从领队安排，不要抢座位；用餐前当菜尚未送上，不要用筷子敲打碗盆，或将筷子竖在碗盆上，这是不能做的事情，因为祭先人的祭品碗盆上方才竖插筷子；用餐时要讲究"吃相"，集体用餐时，不顾他人的感受吃得又快又多，当然属于难看的"吃相"；"吃饭伸腰，天打不饶"，是说吃相要端正；咀嚼饭菜时，尽量减少声响；吃饭时要一手扶着饭碗，喝汤时要先放下手中筷子再拿勺舀汤，不要两手一起上。总之，吃相要雅，要讲文明。

（节选自天津北方网 http://www.enorth.com.cn 2014-04-01 13:55，有改动）

判断正误：
1. 现在全国各大中城市，都有八大菜系的菜点供应，粤菜、川菜更是遍地开花，因此即使不去粤、川当地，也可以品尝到地道的粤菜、川菜。（　　）
2. 供应当地的特殊风味菜点的，往往是不起眼的中小饮食店，在当地这些店也不是名牌店。（　　）
3. 作者认为一次性筷子和碗具不卫生，不推荐在用餐时使用。（　　）
4. 享受中餐的同时也需要注意用餐礼仪，讲究用餐文明和卫生。（　　）
5. 旅游者如果想要在旅行中"饱口福"，可以选择在旅游景区品尝当地美食。（　　）

第五课　一朵带刺的玫瑰

背景知识　　随着网络的快速发展和逐渐普及，网络对人们的生活影响越来越大，有不少人利用网络来谈恋爱。网络这一虚拟的空间，在产生浪漫爱情的同时，也制造了不少生活悲剧。越来越多的人认为不要轻易相信网恋。

词语表

1. 网恋　　wǎngliàn　　（动）
开始网恋 / 网恋是否真实长久，是一个值得思考的问题。
通过网络来谈恋爱
cyber love, to talk love on internet
ネット恋愛
인터넷을 통해 연애하다

2. 玫瑰　　méigui　　（名）
红玫瑰 / 白玫瑰
指玫瑰花
rose
薔薇
장미

3. 意味着　　yìwèizhe　　（动）
拥有金钱并不意味着幸福。
含有某种意义
to signify, to mean, to imply
（〜を）意味している、〜の意味を含んでる
의미하다

4. 虚拟　　xūnǐ　　（形）
虚拟的环境 / 网络聊天室是一个虚拟的环境。
不符合或不一定符合事实的；假设的
fictitious
虚構の、仮想の
가상의, 가정의

5	欢乐	huānlè	（形）	快乐（多指集体的）

欢乐和悲伤 / 人生既有欢乐的时刻，也有悲伤的时刻。

happy, joyful

喜んでる、嬉しい

기쁘다, 행복하다

6	悲剧	bēijù	（名）	内容悲伤的戏剧，比喻不幸的遭遇

悲剧和喜剧 / 莎士比亚是一位著名的作家，他一生创作出了很多伟大的悲剧和喜剧。

tragedy

悲劇

비극

7	狂热	kuángrè	（形）	一时激起的极度热情（多含贬义）

狂热的神情 / 世界杯足球赛马上就要开始了，球迷们脸上流露出狂热的神情。

fanatical, enthusiastic

熱狂

열광적이다

8	婚礼	hūnlǐ	（名）	结婚仪式

一场婚礼 / 中西方婚礼有许多不一样的地方。

wedding

結婚式

결혼식

9	愤怒	fènnù	（形）	因极度不满而情绪激动

感到愤怒 / 她欺骗了他，这让他感到非常愤怒。

indignant, angry, wrathful

怒る、憤怒する

분노하다

10	相似	xiāngsì	（形）	相像

这两个人年龄、身高很相似。

similar, analogous

似ている

닮다, 비슷하다

11	扩大	kuòdà	（动）	使（范围、规模等）比原来大

扩大市场 / 这家公司发展得很好，正在进一步扩大市场。

to expand, to enlarge

拡大する

확대하다, 넓히다

12	个体	gètǐ	（名）	单个儿的人或生物

独立的个体 / 我们要接受孩子是一个独立的个体的事实。

individual

個体

개체, 개인

13	缩小	suōxiǎo	（动）	使由大变小；减少

缩小范围 / 这些动物的活动范围缩小了。

to reduce, to lessen, to narrow

縮小する

축소하다, 줄이다

14	交往	jiāowǎng	（动）	互相往来

交往方式 / 网络交往是人类一个新的交往方式。

to contact, to associate with

交際する、付き合う

왕래하다

15 同事 tóngshì (名)
同事关系 / 他是我的同事。

在同一个单位工作的人
colleague
同僚
동료

16 显然 xiǎnrán (形)
问题很显然 / 这种观点显然是错误的。

容易看出或感觉到；非常明显
obvious, evident, clear (often used as an adverbial)
明らかに、はっきりと（多くは状況語に用いる）
명백하다, 분명하다

17 场合 chǎnghé (名)
公共场合 / 在公共场合，我们要有礼貌。

一定的时间、地点和情况
occasion, situation
場合、場所
상황, 장소

18 普及 pǔjí (动)
普及知识 / 我们需要开办更多讲座，为大家普及知识。

普遍推广，使大众化
to propagate, to spread
普及する、普及させる
보급하다

19 谈论 tánlùn (动)
谈论事情 / 大家都在谈论昨天开会的事情。

用谈话的方式表示对人或事物的看法
to discourse, to talk about
談論する
논의하다

20 暴露 bàolù (动)
暴露身份 / 他一不小心暴露了自己警察的身份。

显露出来
to reveal, to expose
暴露する
폭로하다

21 身份 shēnfèn (名)
真实身份 / 谁也不知道她的真实身份。

指自身所处的地位
identity
身分
신분

22 浪漫 làngmàn (形)
浪漫的爱情 / 那是一段浪漫的爱情。

富有诗意，充满幻想
romantic
ロマンチックである
낭만적이다

23 彼此 bǐcǐ (代)
彼此关心 / 因为彼此间的交流，我们成为了很好的朋友。

那个和这个；双方
each other, one another
両方、互いに
상호, 피차

24	性别	xìngbié	（名）	通常指男女两性的区别

性别差异 / 男女之间存在性别差异。

gender, sex

性別

성별

25	凭	píng	（介）	表示凭借、根据

凭票入场 / 演唱会马上就要开始，请大家凭票入场。

according to, on the basis of

〜によると、〜によれば〜

~ 에 근거해

26	设想	shèxiǎng	（动）	想象；假想

无法设想 / 他对未来的生活进行了大胆的设想。

to assume, to imagine

想像する

상상 , 가상

27	盲目	mángmù	（形）	比喻认识不清，考虑不慎重，目标不明确

盲目相信 / 我们不能盲目相信他人的看法。

blind, without clear understanding

盲目の

맹목적이다

28	遗憾	yíhàn	（名）	遗恨

表示遗憾 / 我对他的失败表示遗憾。

regret

遺憾である、遺憾

유감

专名

1	黑龙江省	Hēilóngjiāng Shěng	中国省名
2	大庆市	Dàqìng Shì	城市名
3	丛绍坤	Cóng Shàokūn	人名
4	湖南省	Húnán Shěng	中国省名
5	衡阳市	Héngyáng Shì	城市名
6	龙艳	Lóng Yàn	人名

课文导入

1. 你或你身边的人有过网恋吗？

2. 你对网恋有什么看法？

网恋[1]——一朵带刺的玫瑰[2]

王志振

据新浪网的调查结果显示，有43.5%的网民承认有过网恋的经历。如果网上调查的结果可信的话，那么就意味着[3]在中国曾有450－500万网民在网上寻找过自己的虚拟[4]爱情。但是，网恋真的都是鲜花和欢乐[5]吗？

网恋悲剧[6]不断

由网恋引起的人间悲剧很多。黑龙江省大庆市22岁的丛绍坤是一个狂热[7]的网民。在网上他与家在湖南省衡阳市20岁的女青年龙艳聊天儿，后来两人逐渐发展为网恋，并在网上举行了婚礼[8]。婚礼后不久，两人相约在衡阳见面。但当他赶至衡阳时，却发现"爱人"已经爱上他人。非常愤怒[9]的他，用一把尖刀刺向龙艳，使龙艳因失血过多而死去。相似[10]的例子还很多。

网恋为什么吸引人

首先，人类的活动范围在不断地扩大[11]，但就多数个体[12]而言，人的活动空间却在不断缩小[13]。这是因为当前人们的交往[14]，由于物质水平的提高反而减少了。而且在人们交往中，最普遍的人际关系是亲友关系、同事[15]关系，其范围显然[16]不能满足人们交往的需要。所以，人们非常希望在工作和家庭之外，有一些合适的交往场合[17]。而互联网的普及[18]正好满足了人们这种需要。在那里，人们可以自由地谈论[19]各种话题。

其次，在生活压力逐渐增大的现代社会，人们需要表达自己的感情，同时又不想暴露[20]自己的身份[21]，而网络正好提供了这样一种环境。

再次，网上爱情满足了一部分人对浪漫[22]的追求。与现实中的爱情相比，网恋不需要你考虑房子、票子、工作的好坏等对婚姻起重大影响的多种因素。这样，去掉了这些现实的影响，两个人全身心地投入到浪漫的爱情之中，尽管彼此[23]未曾见面，但在感情的交流上也许比现实生活中的夫妻要深刻得多。这也使得许多人明知这种恋爱没有结果，却乐意这样做。

网恋为什么容易失败

网恋之所以容易失败，是因为你对对方并不真正了解。在网上，网友大多使用假的名字、身份甚至性别[24]，与人交流，免不了会有许多假的成分。网恋更多的是要凭[25]个人的想象和感觉来完成对恋人的设想[26]。这种盲目[27]的爱情显然是不现实的。

如果我们仅仅把网络看作是一个虚拟的世界，那么就不会有那么多遗憾[28]了。但问题是，人们的情感并不会满足于网络的虚拟形式，当这种不满足的状况需要面对面来解决时，麻烦也就出现了。

（全文字数：约900字）

（节选自《中国教育报》，有改动）

注 释

1 在人们交往中，最普遍的人际关系是亲友关系、同事关系，其范围**显然**不能满足人们交往的需要。

[解释] 显然：形容词。容易看出或感觉到；非常明显。多做状语。

[例句] ① 对于学生来说，把恋爱看得太重显然不对。
② 显然，他的行动已经表明了他的态度。
③ 虽然她很漂亮，也很受欢迎，但很显然，她并不适合你。

2 网恋**之所以**容易失败，**是因为**你对对方并不真正了解。

[解释] 之所以……是因为……：表示因果关系。结果放在"之所以"的后面，原因放在"是因为"的后面。表示强调原因。

[例句] ① 他今天之所以没来，是因为他昨晚喝了太多的酒。
② 你之所以会觉得汉语难学，是因为汉语和你的母语完全不一样。
③ 一些招聘会之所以热闹，是因为很多毕业生都希望在大城市找工作。

3 网恋更多的是要**凭**个人的想象和感觉来完成对恋人的设想。

[解释] 凭：介词。表示凭借、根据。

[例句] ① 如果没有政府支持，仅凭个人的力量来做环保工作，太难了！
② 你凭什么这么说我？
③ 他凭着他的努力和聪明，29岁就开了一家自己的餐厅。

报刊长句

1. 与现实中的爱情相比，网恋不需要你考虑房子、票子、工作的好坏等对婚姻起重大影
　　　　　　　　　　网恋不需要　考虑
响的多种因素。
　　多种因素。

2. 两个人全身心地投入到浪漫的爱情之中，尽管彼此未曾见面，但在感情的交流上也许
　　两个人　　　投入到　　爱情之中，尽管　未曾见面，但　　交流
比现实生活中的夫妻要深刻得多。
　　　　　　　　深刻得多。

读报小知识

读报的方式分为精读和泛读

根据读报的目的与要求，读报的方式一般分为精读和泛读两种。精读要求对文章的字词句篇都要尽量掌握，并深入理解；泛读只要求读懂主要的内容，或根据要求读懂文章中的某一部分的内容。从掌握内容的比例来看，精读应读懂或掌握文章90%的内容，泛读只要求读懂或掌握文章70%的内容。从阅读的速度来看，精读比泛读慢得多，一般只有泛读速度的一半或不到一半。我们应该根据读报的不同目的与需求，学会运用精读和泛读这两种方式，比如，报刊教材中的课文用精读方式，报刊教材练习中的阅读材料或课外的阅读材料可用泛读方式。

练 习

一　课外阅读近期中文报刊上的文章，把你喜欢的一篇剪贴在笔记本上，阅读后写出摘要，并谈谈你的观点。

二　给下列动词搭配适当的词语

普及＿＿＿＿＿＿＿＿＿＿　　谈论＿＿＿＿＿＿＿＿＿＿

暴露＿＿＿＿＿＿＿＿＿＿　　设想＿＿＿＿＿＿＿＿＿＿

缩小＿＿＿＿＿＿＿＿＿＿　　承认＿＿＿＿＿＿＿＿＿＿

举行＿＿＿＿＿＿＿＿＿＿　　扩大＿＿＿＿＿＿＿＿＿＿

三　选词填空

| 显然 | 普及 | 谈论 | 暴露 | 凭 |
| 意味着 | 之所以……是因为…… | | 遗憾 | 网恋 |

1. 既然有你没你都一样，他＿＿＿＿＿＿什么要留着你多发一份工资呢？

2. 他＿＿＿＿＿＿没来参加考试，＿＿＿＿＿＿对自己没有信心。

3. 但在现实的社会生活中，问题＿＿＿＿＿＿比理想要复杂得多。

4. 随着电脑的＿＿＿＿＿＿，有不少年轻人开始了＿＿＿＿＿＿。

5. 记者们在_____环境污染所_____的问题。

6. 如果我公司没有机会与您洽谈合作，那对我们来说，_____一个很大的_____。

四 根据课文内容判断正误

1. 丛绍坤曾在网上和龙艳举行了婚礼。（　　　）

2. 由网恋引起的悲剧并不多。（　　　）

3. 本文认为网恋吸引人的原因有四个方面。（　　　）

4. 网恋容易失败，是因为并不真正了解对方。（　　　）

五 概括下面这段话的主要内容

　　由网恋引起的人间悲剧很多。黑龙江省大庆市22岁的丛绍坤是一个狂热的网民。在网上他与家在湖南省衡阳市20岁的女青年龙艳聊天儿，后来两人逐渐发展为网恋，并在网上举行了婚礼。婚礼后不久，两人相约在衡阳见面。但当他赶至衡阳时，却发现"爱人"已经爱上他人。非常愤怒的他，用一把尖刀刺向龙艳，使龙艳因失血过多而死去。相似的例子还很多。

六 将下列各句组成一段完整的话

1. A. 人的活动空间却在不断缩小

   B. 人类的活动范围在不断地扩大

   C. 但就多数个体而言

   正确的语序是：（　　　）（　　　）（　　　）

2. A. 麻烦也就出现了

   B. 当这种不满足的状况需要面对面来解决时

   C. 人们的情感并不会满足于网络的虚拟形式

   正确的语序是：（　　　）（　　　）（　　　）

七 尽量使用以下词语进行话题讨论

| 显然 | 谈论 | 普及 | 暴露 | 之所以……是因为…… |
| 凭 | 意味着 | 遗憾 | 网恋 | 悲剧 | 盲目 |

1. 你周围的人是否有网恋的经历？你打算网恋吗？为什么？
2. 你认为网恋会带来哪些社会问题？如何避免或解决这些问题？

快速阅读

阅读一（字数约900字；阅读与答题参考时间9分钟）

网购改变生活方式

说到电子商务，很多市民可能会觉得跟自己没啥关系，如果说网购，大家就很熟悉了。其实网购就是电子商务的一种。那么电子商务在我们的生活中，到底扮演了什么样的角色呢？从今天起本栏目推出"电商在身边"系列报道。

"逛街狂人"变成"网购达人"

刘小姐是一名舞蹈老师，工作之余，她喜欢坐在图书馆安安静静地看会儿书，或者拿起平板电脑选购自己喜欢的衣服。

市民刘小姐："逛街的话，它的限制比较大。你要去买衣服，要专门到商场里面逛，却不一定能挑选到你自己喜欢的。在网上，你坐在家里，你要什么类型一搜就能出来。"

5亿网民带动网上购物繁荣

几年前，刘小姐还是一只不懂网购的菜鸟，老老实实地遵守着"一手交钱一手交货"的交易规则，现在她已经习惯在网上买各种生活用品。目前我国网民规模已经突破5亿，越来越多的网民开始喜欢在网上购物消费。

市民："衣服啊，食品啊，还有家里用的家电什么东西都可以网购。因为网店里种类比较多，还有价格比较优惠，所以不去实体店买。"

电子商务讲师王金全："第一个可能是比较方便，第二个就是物美价廉。在网上东西全种类多，比如说衣服的样子非常多，而且很新潮，适合我们这些年轻人。"

团购在短时间里大量出现，消费者更实惠

"没有人上街，不代表没有人逛街。"在电子商务时代，用鼠标和银行卡就可以挑选喜

爱的商品。最近两年，网络团购的兴起，则让年轻人们找到了更为实惠的生活方式。

大学生："因为网上的价格会比较实惠，团购可以省不少钱，就想着用各种方法去省钱啊，然后玩儿更多的东西，吃更多的东西，团购是一个比较实惠的方法。"

东莞团购市场上半年总成交额1.6亿元

6月份，东莞团购市场在售团单数约5000个，平均打折率是4.3折，成交额达2904万元，排名全国第24位。上半年，东莞团购市场总成交额达1.6亿元，和去年的同一个时期相比增加65.5%。

团购网负责人赵笠仲："团购改变了我们的生活，最根本的优势就是带给我们消费者一个便利和实惠，让消费者最终实现了一个抱团取暖。我们十个人可能争取的就是一个分销商的大客户价格，那么我们一百个人争取的就是一个分销商的批发价格。"

（节选自东莞阳光网—东莞电视台 2013 年 08 月 14 日 19:15，有改动）

回答问题：
1. 刘小姐为什么会从"逛街狂人"变成"网购达人"？
2. 请结合本文举例说明人们喜欢网上购物的原因。
3. 团购的优势有什么？试结合大学生和团购网负责人的观点谈谈自己的看法。

阅读二（字数约1000字；阅读与答题参考时间9分钟）

网络社交依赖症：网上无话不谈，见面无话可说

人人网、"漂流瓶"、微信"摇"出有缘人——网络社交成为当下最时髦的交友方式，不少内地青年因长期喜欢在网络上交友得了"网络社交依赖症"，他们通过网络交友、恋爱，在网上无话不谈，见面时却感觉没有话可以说。

中国互联网络信息中心（CNNIC）发布的《中国互联网络发展状况统计报告》显示，2012年，中国网民规模达到5.64亿，手机网民达到4.2亿，网络已成为人们尤其是年轻人生活的一部分。

记者通过采访了解到，不少内地青年对网络产生了强烈的依赖感，一打开电脑就习惯性登入QQ、微信等社交工具，根据自己的心情变化更换个性签名，在网上与朋友无话不说，见面时却无话可说……这种现象被一些心理学家称为"网络社交依赖症"。

在南昌市一家公司上班的曹俊权告诉记者，除了上班时间电脑办公外，下班后也是不离手机、电脑。即使是在一个办公室办公，与同事沟通也大都是通过QQ或者微信。"网上聊天观察不到对方的表情和动作，就不会担心聊天的内容。"曹俊权说。

"我和前任女友是通过网络认识的，但交往一年就分手了。"说起已分手的网恋对象，南昌市民陈亚方依然有点悲伤。

陈亚方说："和前任女友在网上聊天时可以没完没了说个不停，但见了面却不知道要说什么，总感觉不自在，表情也显得不自然。"

"我暗恋一个女生，在网上跟她聊天儿感觉比较随意，但一见面却怎么也开不了口。"江伟飞是南昌市一家房产中介公司的置业顾问，他告诉记者，因长期用网络和电话与客户沟通，在现实中与人接触，经常有种不知道该怎么办才好的感觉，总是词不达意。

通过采访记者了解到，不少网民因过度依赖网络，长时间面对电脑，而出现了视力下降、思维迟缓、情绪低落、精力不足等问题，不少青年因习惯了键盘打字，常常拿起笔来写字却忘了字应该怎么写。

华东交通大学心理咨询中心主任舒曼4日接受记者采访时表示，多数情感空虚、性格奇特怪异、心理不成熟、身心容易受到打击的年轻人比较容易得"网络社交依赖症"，此外，部分长期依靠网络工作的人也较容易产生网络社交依赖。

舒曼认为，"网络社交依赖症"并非心理疾病。正确认识网络，是走出"网络社交依赖症"的有效方法。

心理专家建议，过度依赖网络社交的人首先要严格控制自己的上网时间，找到适合自己的情感宣泄方式。与此同时，在现实生活中，应当多与亲人、朋友沟通，在工作中，努力让自己获得更多成就。

（节选自中国新闻网 2013 年 03 月 05 日 21:42，有改动）

回答问题：
1. 结合本文中的例子，试着谈谈什么是"网络社交依赖症"，并反思一下自己有没有这种症状。
2. 什么样的人比较容易患上"网络社交依赖症"？
3. 如何解决"网络社交依赖症"？

阅读三（字数约 800 字；阅读与答题参考时间 8 分钟）

网络新媒体改变了世界

即使你并不知道什么是微博或微信，但你可能正在发着短信、浏览微信。这就是当下很多人一种常有的状态。网络新媒体已经逐渐成为生活的一部分，并改变着我们的生活方式、工作方式，甚至是思维方式。

一家比萨店给顾客送餐，不仅时间送晚了数量也送错了。顾客投诉后，该送餐人在网络新媒体上向顾客真诚道歉，及时改正，随后还引来了国际主流媒体的报道。这家比萨店迅速走红，变得几乎每家每户都知道。

一群芝加哥的戏剧爱好者，把网络新媒体当成了世界舞台，通过即兴表演交流技艺，网络新媒体走进了他们的日常生活。

不要以为网络新媒体就是订餐、交友等，企业、政府及领导者也是网络新媒体的忠实"粉丝"。可口可乐公司在网络新媒体上有 170 万粉丝。作为沟通客户和危机管理的工具，网络新媒体让公司变得更加友好，能实时帮客户解决问题。

更令人吃惊的是，网络新媒体传播爆炸性新闻、财经新闻等快速而"猛烈"。在芝加哥期货交易所，英镑期货的最新表现、全球经济大事都会在网络新媒体上传播，甚至有人提前透露股东大会等内幕消息。网络新媒体也在改变着传统的商业活动方式。

　　以上这些故事都来自纪录片制作人陈惜惜的作品《Twitter-mentary》。陈惜惜把镜头对准了网络新媒体人群，从中收集了200个故事，由此入手，游历世界采访拍摄普通人的网络新媒体生活，引起了广泛关注。正因为网络新媒体的迅速崛起，本届夏季达沃斯论坛专门给了陈惜惜一个小时，和与会嘉宾分享其作品和对社交媒体的认识。实际上，网络新媒体还改变了纪录片的拍摄方式，在镜头中呈现的是双画面，一个是正在进行的故事，一个是网络新媒体上粉丝的及时评论和提问。这种交互的方式也许就是未来新闻的一种呈现方式。

　　不管你是否喜欢网络新媒体，不可否认的是，网络新媒体已经改变了我们所在的世界，而且还将深刻地影响未来。

（节选自中国网新闻中心 2013-09-13，有改动）

判断正误：

1. 网络新媒体正在逐渐改变着人们的生活、工作甚至是思维方式。（　　）
2. 网络新媒体主要是用来订餐、交友等，企业、政府及领导者不会利用网络新媒体进行工作。（　　）
3. 网络新媒体传播爆炸性新闻、财经新闻等快速而"猛烈"，正改变着传统的商业活动方式。（　　）
4. 网络新媒体改变了纪录片的宣传方式，但纪录片的拍摄方式还是和原来一样的。（　　）
5. 如果一个人不喜欢网络新媒体，那么网络新媒体就不会改变他所在的世界，也不会影响他的未来。（　　）

第一——五课测试题

答题参考时间：100 分钟　　　　　　　　　　　　　　　分数：_____

一　给下列动词搭配适当的词语（10 分）

实行 _____　　　调整 _____

流行 _____　　　抱怨 _____

损害 _____　　　预防 _____

伤害 _____　　　允许 _____

埋怨 _____　　　督促 _____

充满 _____　　　引起 _____

洽谈 _____　　　经营 _____

克服 _____　　　宴请 _____

普及 _____　　　谈论 _____

暴露 _____　　　设想 _____

二　选词填空（10 分）

竟然	逐渐	则	再……也是……	再……不过
不然	进而	显然	之所以……是因为……	反而

1. 她对你没意思，你_____怎么追她_____没用的。

2. 很多领域的腐败行为，其对公众利益的损害方式可能更为间接，如林业部门的腐败行为可能引起植物品种的毁灭性开采，_____引起生态恶化。

3. 他今天_____不能参加你的婚礼，_____他们公司派他出差了，赶不回来。

4. 我感到奇怪的是，我多次来这儿逛街，_____从来没有发现那家书店。

5. 很_____，专业水平是用人单位重视的条件，它是大学生所有就业能力的基础。

6. 一个人要想成才，就必须在生产实践中锻炼，真要是有本事，毕业后即使当工人，也能_____走上管理岗位。

7. 幸亏你来得及时，_____就赶不上这趟火车了。

8. 公司老板听了他的抱怨后，不仅没有生气，_____表扬了他。

9. 你要是能帮我照顾好孩子，那真是_____好_____了。

10. 目前高校所收学费，大约只占培养成本的20%－30%，其余部分_____由国家承担。

三 判断A、B两句意思是否相同（10分）

1. A. 改革开放以前，中国的旅游业几乎是专为外国游客准备的。
   B. 改革开放以前，中国的旅游业是只为外国游客准备的。

2. A. 目前的主要发展方向是人们越来越重视心理健康。
   B. 目前人们最重视的是心理健康。

3. A. 暑假就要结束了，可对于很多孩子来说，这个暑假并不比上学的时候轻松。
   B. 暑假就要结束了，可很多孩子觉得，这个暑假过得并不比上学的时候轻松。

4. A. 筷子的发明和使用，可以说是中国人对世界的一个贡献。
   B. 中国人对筷子的发明和使用，可以说是对世界的一个贡献。

5. A. 人类的活动范围在不断地扩大，但就多数个体而言，人的活动空间却在不断缩小。
   B. 人类的活动范围在不断地扩大，但个人的活动空间却在不断缩小。

四 将下列各句组成一段完整的话（7分）

1. A. 只有当人们的收入达到一定水平时
   B. 才会产生休闲度假的想法
   C. 国际经验显示

   正确的语序是：（　　　）（　　　）（　　　）

2. A. 不仅简单实用
   B. 而且据说还有锻炼手指
   C. 中国人的就餐工具——筷子
   D. 进而锻炼大脑的作用

   正确的语序是：（　　　）（　　　）（　　　）

五 根据下面各段内容回答问题（10分）

1. 去年三个黄金假日，全国共有旅游者18269.6万人次，旅游收入达到735.8亿元。今年"十一"黄金周，全国共有旅游者8071万人次，实现旅游收入306亿元。调查的结果还显示，三年七个"黄金周"，中国旅游业总收入不下1800亿元。

   问题：去年三个黄金假日，全国旅游收入达到多少？三年七个"黄金周"，全国旅游业总收入是多少？

2. 一个真正的或完全意义上的健康人，应该是生理、心理、社会和道德四个方面都健康。研究证明，许多疾病的发生、发展和变化都与心理方面相关，心身疾病越来越受重视，心身医学的发展越来越受重视。

   问题：心身医学的发展为什么会越来越受重视？

3. 唐女士朋友的女儿刚3岁，每天从幼儿园回到家里，最重要的事就是学英语。为了让女儿能有标准的英语发音，当妈妈的不仅给女儿报了幼儿英语口语班，而且每天都让女儿一遍遍跟着录音、照着镜子练口型。"每次一打开录音机，小女孩儿就立刻眼泪汪汪。"

   问题：唐女士朋友的女儿愿意学英语吗？

4. 一次，这位华侨神秘地对我说："你知道我们项目谈成的秘密吗？不是别的，就是筷子。"他说他去了很多地方，到过不少企业，只有我们公司在宴请时自始至终都在使用公用筷子。其实我们公司的条件并不比别人优惠，但这位华侨说既然合资经营，就得常来，来了得吃饭，用起公筷来，吃得放心。

   问题：这位华侨为什么愿意和我们公司合作？

5. 当前人们的交往，由于物质水平的提高反而减少了。而且在人们交往中，最普遍的人际关系是亲友关系、同事关系，其范围显然不能满足人们交往的需要。所以，人们非常希望在工作和家庭之外，有一些合适的交往场合。而互联网的普及正好满足了人们这种需要。

问题：互联网的普及可以满足人们的什么需要？

六 概括下面各段话的主要内容（字数不超过 30 个）（9 分）

1. 中国科学院心理研究所的唐洪告诉记者，现在许多父母不考虑孩子的特点，不讲究方式方法。还有的父母把自己的愿望寄托在孩子身上，而不考虑孩子的需求和感受。"如果从小就让孩子觉得学习是件可怕的事情，以后等他（她）长大了，还能对学习有兴趣吗？"

2. 改革开放以来，人们的生活水平不断提高，大家对生活质量也有了更高的要求，许多原本是"想当然"的事情也引起了我们的重新思考。像上海规定街上马路上不准晒衣服；有些地方已经明确表示，请客吃饭不能强行敬酒。这些过去习惯的事情，现在不得不改，这是时代进步的标志。我想，使用公筷，也是这个道理。

3. 网上爱情满足了一部分人对浪漫的追求。与现实中的爱情相比，网恋不需要你考虑房子、票子、工作的好坏等对婚姻起重大影响的多种因素。这样，去掉了这些现实的影响，两个人全身心地投入到浪漫的爱情之中，尽管彼此未曾见面，但在感情的交流上也许比现实生活中的夫妻要深刻得多。这也使得许多人明知这种恋爱没有结果，却乐意这样做。

阅读：（44分）

阅读一（22分）

什么是健康

尽管人人都在追求健康，究竟健康的标准是什么？这可以从两种尺度上来分析。

从大尺度看，很多人会把长寿作为健康的标准。据资料记载，建国初期，中国人均期望寿命仅有35岁，到1999年，中国人的平均期望寿命达到70.5岁，现在又上升到71.5岁，北京市2003年时人均期望寿命达到了79.43岁。

但是，人不仅要活着，而且要活得有价值。不仅要长寿，而且生命要有质量。甲乙两个人都活了70岁，但是甲多年生病在床，而乙可以正常地工作和运动，乙就很健康，乙的生命质量就高。中国人现在的期望寿命有71.5岁，但是中国人的健康寿命至多只有50多岁。我们应该让老百姓追求健康寿命，相互比较的是个人的健康生命有多少年。应该让政府追求健康寿命，今后政府投资购买的，不是卫生系统盖的大楼，不是这个活动那个活动，而是所服务的这个人群健康寿命提高多少年。

那么，从小尺度上看什么是健康呢？

据介绍，20世纪40年代有人提出，健康是身与心的完全安宁的状态。从这个意义上说，健康应该是一个动态的过程。画一个死亡点，它的左边是健康，从死亡向左移是疾病，疾病再向左是亚健康，亚健康再向左是健康。它们之间不可能完全分开，而有连续性。只是现代医学人为地在健康和疾病之间画了条线。左边是健康，右边是疾病。

从疾病到健康大致可分为几种情况。一种是有病，自己感觉不舒服，检查也能查出来问题；再一种就是自己不舒服，但怎么都查不出来，于是医生说，你这是精神疾病；还有一种是心理疾病，比如说抑郁症，这个病很严重，在全世界的疾病谱上排在第二位。但我们过去回避这个东西。因为按照传统的生物医学的检查办法，查不出来有病。再有一种不健康状态是社会功能适应性不良。这个人身体也正常，心理也正常，但就是怕上班，怕那个环境。休息的时候没有症状，周末特别高兴。一上班就有症状，看着对面的同事就烦，就想和他吵架。所以说，健康不是个简单的概念，要想真正维护健康的话，要从这四个层面上分析问题，而不仅仅是生物医学的层次。

（节选自《中国青年报》，有改动）

（一）判断正误（16分）

1. 建国初期，中国人均期望寿命只有30多岁。（　　）
2. 现在中国人的平均期望寿命超过了70岁。（　　）
3. 北京市2003年时人均期望寿命超过了80岁。（　　）
4. 现在中国人的健康寿命不到50岁。（　　）
5. 我们应该让老百姓追求健康寿命。（　　）
6. 健康与疾病之间不可能完全分开。（　　）
7. 抑郁症在全世界的疾病谱上排在第一位。（　　）
8. 应该从生物医学的层次上维护健康。（　　）

（二）回答问题（6分）

1. 在死亡和健康之间，存在哪些状态？（3分）

2. 从疾病到健康大致可分为哪几种情况？（3分）

阅读二（22分）

北京家政服务人员流动性大

一项刚刚完成的调查显示：目前在北京从事家政服务的农村女性，由于工作时间偏长，收入水平偏低，承受的心理压力较大，她们的工作往往很难保持稳定，从而造成了该行业从业人员较大的流动性。

该项调查是由联合国教科文组织"东亚青年农民进城反贫困"项目——北京项目点实施的，共调研访谈了7家在京家政服务公司，对109位家政服务员进行了问卷调查。

调查发现，这些专门在京从事家政服务的农村女性年龄主要集中在2个年龄段：15－19岁占22%，30－34岁占24%；具有初中文化程度的人最多（占64%），其次为小学程度（占23%）。对于这些文化程度相对较低，又没有掌握什么专门技能的农村女性来说，想要外出打工挣钱，最可能做的工作，当属家政服务。毕竟，对于绝大多数的农村女性来说，从小做到大的家务劳动是她们最熟练的。

从受访者的家庭经济情况来看，家庭年收入在3000元以下的占到了将近一半（44%）。可见，家庭经济状况差是她们外出打工的主要原因。

正是因为这群人的文化素质较低、社会生存能力较差，家中又急等钱用，一旦权益受侵害，她们很难自我保护。当被问到"当遇到侵害时你会怎么办"时，虽然有82%的人知道要寻求帮助，但仍有17%的人员选择"不吭声忍着"，她们欠缺自我保护能力和法律意识的状态令人担忧。

调查发现：目前北京的家政服务人员的工作条件相对较差。31%的人1个月休息2天，休息3天的占14%，完全没有休息日的高达到38%，只有11%的受访者1个月能有4天的休息。

与这种长工时的工作状态相对应的，却是北京家政服务员较低的工资水平。其中，有43%的家政人员工资收入在400元以下，32%收入在400－500元间，即不论有无经验，北京市家政服务员工资均在300－500元之间（共占69%），这基本上与北京市的最低工资标准（465元）相当。

而实际上，她们对工资的期望要高出实际情况100－500元不等。在她们心目中，最低的工资水平为400元，最高的工资水平可达到1000元左右。这种期望值与实际所得的落差，以及家政服务人员由于工作特性，与雇主长期近距离接触，容易产生一定的心理压力，造成了这一行业人员流动性较大的情况。在调查中，尽管有超过半数的人（53%）预期自己会干3年，但据非正式统计，大部分的家政服务员在1个雇主家中待的时间一般不超过6个月，只有极少数人能在一个家庭中工作1年以上。

（节选自《中国青年报》，有改动）

（一）判断正误（16分）

1. 该项调查，是对100多位家政服务员进行了问卷调查。　　　　　　（　　）
2. 调查发现，这些专门在京从事家政服务的农村女性年龄主要集中在30-34岁。　　　　　　（　　）
3. 这些专门在京从事家政服务的农村女性中，具有初中文化程度的人最多。　　　　　　（　　）
4. 这些受访者外出打工的主要原因是家庭经济状况差。　　　　　　（　　）
5. 当被问到"当遇到侵害时你会怎么办"时，她们中的多数人不知道要寻求帮助。　　　　　　（　　）
6. 调查发现，目前北京的家政服务人员的休息时间很少。　　　　　　（　　）
7. 目前北京市家政服务员工资不高。　　　　　　（　　）
8. 目前北京市家政服务员对自己的工资很满意。　　　　　　（　　）

(二) 回答问题（6分）

1. 为什么目前北京市家政服务人员的流动性较大？（3分）

2. 当北京市这些家政服务人员的权益受侵害时，为什么她们很难自我保护？（3分）

第六课　学习型社会正在走来

背景知识　在知识发展和更新越来越快的当今社会，人们普遍感觉到不断学习的重要性，即使在大学毕业后，人们也将会根据工作和社会发展的需要，不断补充新的知识，努力做到"活到老，学到老"。

词语表

1　聚　　jù　　（动）
聚会 / 下周末我们高中同学聚会。

集合
to assemble, to gather (for a meating or a party)
集まる
모이다, 집합하다

2　硕士　　shuòshì　　（名）
硕士研究生 / 我现在是一名心理学专业的硕士研究生。

学位的一级，高于学士，低于博士
Master's degree
修士，マスター
석사

3　采用　　cǎiyòng　　（动）
采用技术 / 神舟九号采用了世界先进技术。

认为合适而使用
to adapt, to use
採用する
사용하다, 채용하다

4　匆匆　　cōngcōng　　（形）
匆匆离开 / 昨天他好像有什么急事，会议还没结束就匆匆离开了。

急急忙忙的样子
hurry, in a hurry
慌ただしい
분주한 모양

5　前往　　qiánwǎng　　（动）
前往某地 / 他正开车前往北京。

前去；去
to leave for, to proceed to
行く、向かう
나아가다, 가다

6	差距	chājù	（名）	事物之间的差别程度

有差距 / 成绩单发下来了，我终于知道我和别人之间是有差距的。

gap or disparity (between the more advanced and those lagging behind)

格差

차이

7	胜任	shèngrèn	（动）	能力足以担任

胜任工作 / 我相信自己有能力胜任这份工作。

to be qualified, to competent

担当する能力がある

감당하다

8	加紧	jiājǐn	（动）	加快速度或加大强度

加紧完成 / 这份文件明天就要用，请加紧完成。

to intensify, to speed up

強める、速度を速める、力を入れる

박차를 가하다, 강화하다

9	充电	chōng diàn		比喻通过学习补充知识、提高技能等

给自己充电 / 年轻人需要不断充电，以适应这个快节奏的社会。

used metaphorically to describe using spare time to study

充電する

충전하다 (여가를 이용해 지식을 보충하는 것을 비유함)

10	掌握	zhǎngwò	（动）	熟悉、了解事物，因而能充分支配或运用

掌握技术 / 掌握一门新技术需要付出努力。

to grasp, to master, to know well

掌握する、把握する、深く理解し運用する

파악하다, 숙달하다

11	数据	shùjù	（名）	作为依据的数值

采集数据 / 你这些数据是怎么采集到的？

data

データ

데이터, 통계수치

12	究竟	jiūjìng	（副）	到底

电脑又黑屏了，究竟是怎么回事呢？

actually, exactly, after all, in the end

いったい

도대체, 결국

13	在职	zàizhí	（动）	担任着职务 to be on the job, to be at one's post 職に就いている、在職する 재직하다

在职期间 / 张教授在职期间为学校做出了很大的贡献。

14	相关	xiāngguān	（动）	彼此关联 to be interrelated 相関する、互いに関連する 관련되다

相关问题 / 和这件事情相关的问题很多，还需要进一步调查。

15	者	zhě	（助）	表示有某种属性或做某种动作的人或事物 noun suffix, indicating a person 〜者 사람，〜 한 자

胜利者 / 这次比赛的胜利者将会获得一辆汽车。

16	必要	bìyào	（形）	不可缺少；非这样不行 essential, necessary, indispensable 必要だ 필요하다

必要性 / 这件事情对你的成功很有必要性。

17	动机	dòngjī	（名）	推动人做某件事的念头 motive, intention 動機 동기

学习动机 / 他对中文很有兴趣，有着强烈的学习动机。

18	此刻	cǐkè	（名）	这时候 this moment, now, at present この時 이 때，지금，이 시간

此时此刻 / 今天是传统的中秋佳节，此时此刻你也在思念家人吗？

19	攻读	gōngdú	（动）	努力学习或钻研某一门学问 to specialize in 一心に読む、（ある学問を）掘り下げて研究する 열심히 공부하다，전공하다

攻读博士学位 / 他硕士毕业后，选择继续攻读博士学位。

20	拼	pīn	（动）	不顾一切地干 to get all out in doing sth. 一生懸命にやる 필사적으로 하다，어떤 것도 돌보지 않고 하다

拼命 / 他这学期总是睡得很晚，拼命学习，想拿奖学金。

21. 掏 tāo （动）
掏钱 / 他从钱包里掏出两百块钱。

用手或工具伸进物体的口，把东西取出来
to draw out, to pull out, to fish out (with one's hand or an instrument)
(手または道具で) 取り出す
(손이나 공구로) 끄집어내다, 꺼내다

22. 国务院 guówùyuàn （名）
国务院总理 / 他是新上任的国务院总理。

最高国家行政机关
State Department
国務院
국무원

23. 被迫 bèipò （动）
被迫离开 / 因为战争，他被迫离开了自己的家乡。

被强迫；被逼迫
to be forced, to be compelled
仕方なくする、強いられる
강요 당하다, 할 수 없이 ~하다

24. 岗位 gǎngwèi （名）
工作岗位 / 我们公司现在有几个工作岗位缺人，欢迎你来面试。

泛指职位
a post, a position
職場、職務
직위, 직책

25. 提醒 tíxǐng （动）
提醒某人 / 请你记得提醒我交这个月的房租。

从旁指点，促使注意
to call attention to, to remind
注意する、指摘する
일깨우다, 주위를 환기시키다

26. 加入 jiārù （动）
加入社团 / 开学了，学校里有很多社团，你想加入哪一个呢？

参加进去，多用于组织机构
to enter, to join
加入する
가입하다

27. 举办 jǔbàn （动）
举办活动 / 教师节这天，学校举办了丰富多彩的活动。

举行；办理
to conduct, to hold, to run
行う、挙行する
개최하다, 열다

28. 终身 zhōngshēn （名）
终身受益 / 这件事情会让你终身受益。

一生；一辈子
lifelong
生涯
평생

专名

1. 中秋节　Zhōngqiū Jié　中国传统节日之一，在农历八月十五
2. 深圳　Shēnzhèn　中国城市名
3. 京　Jīng　北京市的简称
4. 沪　Hù　上海市的简称
5. 穗　Suì　广州市的简称
6. 澳大利亚　Àodàlìyà　国家名
7. WTO　　世界贸易组织的简称

课文导入

1. 你认为工作以后还有必要继续学习吗？
2. 在你们国家，工作一段时间后又回到学校学习的人多吗？

学习型社会正在走来

本报记者　蒋韡薇

中秋节这一天，黄先生没和家人聚(1)在一起。当时他正在北京大学EMBA（高级管理人员工商管理硕士(2)）的课堂上。黄先生是深圳红丽实业集团的总经理。每半个月，他都要乘飞机来北京上课。在他们班上，近30%的学生采用(3)这种方式来上课。

也是中秋节的晚上，8时整，武先生一下班就匆匆(4)脱掉工作服，挤上公交车，前往(5)北京一家外语学校初级英语班的课堂。这个从安徽来的农家小伙子，现在在一家物业公司上班。他工作的小区里，住着不少外国人，他决定学学外语。

不论黄先生和武先生的身份地位有多大差距(6)，他们的感受却是相同的：现有的知识不能很好地胜任(7)现有的工作。他们做出的选择也是相同的：加紧(8)充电(9)。

没人掌握(10)准确的数据(11)，全国究竟(12)有多少在职(13)人员正在充电。在网上找到的与"充电"一词相关(14)的网页有182000个。而依据零点调查公司对京、沪、穗三地的一项调查：450名被调查者(15)中，93.5%的人认为非常有必要(16)进行再学习。

尽管在职人员充电的动机(17)各不相同，但普遍存在着"危机感"。

许先生此刻(18)正在澳大利亚攻读(19)MBA（工商管理硕士）。这个刚过30岁、曾在深圳有着自己公司的年轻人，在去年最后一天把公司卖出去，然后带着夫人一起重新回到课堂。他说："在生意场上拼(20)了8年，我觉得自己都被掏(21)空了。比我受过更好教育的年轻人越来越多，如果再不充电，将会被代替。"

"近些年进行的国务院(22)部门改革中，一批'官员'被迫(23)离开原有的工作岗位(24)，这给所有的公务员带来一次意义深刻的提醒(25)。"此刻，坐在新东方课堂里学习的一位副局级官员，正加紧学习英语。他说："加入(26)WTO后，对政府官员的能力要求更高了。我们单位举办(27)了很多专业讲座，请来的全是国内一流专家。"

在"危机感"压力的影响下,一种全新的"终身(28)教育"思想,正在改变着"一次教育"的观念。学习正在成为越来越多的人的一种生活方式,大学正在成为面向全社会的大学。

(全文字数:约800字)

(节选自《中国青年报》,有改动)

注 释

1. 他们做出的选择也是相同的:**加紧**充电。

   [解释] 加紧:动词。加快速度或加大强度。后面接其他动词,如"调查、研究、做、讨论、决定"等。

   [例句] ① 我们加紧研究一下小张的建议吧。
   ② 考试时间提前了,各种复习准备工作要加紧做。
   ③ 公司急需我们的意见,我们加紧讨论讨论吧。

2. 没人掌握准确的数据,全国**究竟**有多少在职人员正在充电。

   [解释] 究竟:副词。到底。

   [例句] ① 这个调查的目的是想了解学生考研的目的究竟是什么。
   ② 这个世界上究竟还有多少科学解释不了的事?我很好奇。
   ③ 我真不知道他究竟想做什么,谁问他他都不说。

3. **尽管**在职人员充电的动机各不相同,**但**普遍存在着"危机感"。

   [解释] 尽管……但……:表示转折关系。

   [例句] ① 尽管汉语很难,但我还是很想学好它。
   ② 尽管他没说什么,但我知道他心里非常生气。
   ③ 他尽管很忙,但还是来参加我的生日聚会了。

> **报刊长句**
>
> 1. 也是中秋节的晚上，8时整，武先生一下班就匆匆脱掉工作服，挤上公交车，前往北京一家外语学校初级英语班的课堂。
>
>   武先生　　脱掉工作服，　挤上公交车，前往　课堂。
>
> 2. 这个刚过30岁、曾在深圳有着自己公司的年轻人，在去年最后一天把公司卖出去，然后带着夫人一起重新回到课堂。
>
>   年轻人　　把公司卖出去，带着夫人　回到课堂。

读报小知识

如何泛读报刊文章

首先要明确读一篇文章的目的，然后根据需要以最快的速度实现阅读目的。对与阅读目的无关的部分，即使看不懂，也不要停下来查词典；与阅读目的有关的部分，假如有不理解的地方，先做好标记，等阅读完全文后还不能理解，再查词典，深化理解。

练 习

一　课外阅读近期中文报刊上的文章，把你喜欢的一篇剪贴在笔记本上，阅读后写出摘要，并谈谈你的观点。

二　给下列动词搭配适当的词语

前往＿＿＿＿＿＿＿＿　　　提醒＿＿＿＿＿＿＿＿

举办＿＿＿＿＿＿＿＿　　　加紧＿＿＿＿＿＿＿＿

采用＿＿＿＿＿＿＿＿　　　胜任＿＿＿＿＿＿＿＿

掌握＿＿＿＿＿＿＿＿　　　加入＿＿＿＿＿＿＿＿

三 选词填空

| 前往 | 加紧 | 究竟 | 尽管……但…… |
| 举办 | 胜任 | 充电 | 攻读 | 提醒 |

1. _____她已长大成人，_____在父母的保护下，她内心深处仍然存在一个小小的自我。

2. 希望你能告诉我，你的兴趣_____是什么？

3. 当一名球员_____一个陌生的国家、一个陌生的环境及一个陌生的球队时，首先要做的就是尽快适应，然后才能谈得上生存。

4. 为了_____新的工作岗位，他一有空就_____。

5. 我打算大学毕业后继续_____研究生。

6. 他_____我后天就要_____运动会了，希望我_____做好各种准备工作。

四 判断A、B两句意思是否相同

1. A. 中秋节这一天，黄先生没和家人聚在一起。
   B. 中秋节这一天，黄先生不想和家人待在一起。

2. A. 现有的知识不能很好地胜任现有的工作。
   B. 现有的知识做不了现有的工作。

3. A. 450名被调查者中，93.5%的人认为非常有必要进行再学习。
   B. 450名被调查者中，大多数人认为很需要进行再学习。

4. A. 学习正在成为越来越多的人的一种生活方式。
   B. 越来越多的人正在把学习当成一种生活方式。

五 根据课文内容回答问题

1. 黄先生在中秋节这一天为什么没和家人聚在一起？
2. 在中秋节的晚上武先生做了什么？
3. 许先生为什么在去年的最后一天把公司卖出去？
4. 本文一共举了几个事例？这些事例说明了什么？

六 将下列各句组成一段完整的话

1. A. 在去年最后一天把公司卖出去
   B. 这个刚过30岁、曾在深圳有着自己公司的年轻人
   C. 然后带着夫人一起重新回到课堂

   正确的语序是：（　　）（　　）（　　）

2. A. 这给所有的公务员带来一次意义深刻的提醒
   B. 一批"官员"被迫离开原有的工作岗位
   C. 近些年进行的国务院部门改革中

   正确的语序是：（　　）（　　）（　　）

七 尽量使用以下词语进行话题讨论

前往	加紧	究竟	尽管……但……	
提醒	必要	举办	胜任	充电
被迫	终身	动机	攻读	

1. 你认为大学毕业、参加工作后，有没有必要继续学习？为什么？
2. 你现在最想学习的是哪些方面的知识？为什么？

快速阅读

阅读一（字数约1400字；阅读与答题参考时间16分钟）

互联网时代读书要"货真价实"

万般皆下品，唯有读书高。曾经，读书当官貌似天经地义。这个时代，读书虽然不再指向一个必然的结果，但依然指向成功的一条道路——高考。然而，对我来说，只是喜欢读书。

读书，或者任何形式的阅读，都可以让我跨越时空，置身另一个空间，甚至另一个时间流动的速度当中——一部《史记》可以让一个现代人梦回西汉；一本《达·芬奇密码》可以让一个宅男和兰登教授共游欧洲；一卷《金刚经》可以让普罗大众与释迦牟尼同席而坐；一部《水浒传》可以让刚开蒙的幼童了解江湖普通英雄悲苦的一生……所有像我一样的读书人其实都是天生的小偷，打开书本偷取作者的时光，用以丰满自己仍旧年轻或已经老去的生命。

读书，自古以来一直是属于少数人的活动。现在总有些老辈人，动不动就批评年轻人只知道上网、打游戏，不像他们过去那样——有本书就能享受半天，却不知道那个年代，读书作为一种娱乐方式比如今的网游更为少见。人类有文明数千年，石刻、龟甲的时代姑且不提，直到竹简出现，古代记录文字的卷册才呈现出一时繁荣。而诸子百家的文稿流转至今恐怕也不足百家，可以想象当时竹简成书的不容易，其重量更令传播极为艰难。虽然其后绢的出现使得这一状况略有改善，但成本高昂，也只有当时的贵族才看得起这样材质的书册。随着造纸术的发明，纸张的大量使用终于让成册图书和文字的广泛传播出现了可能。不过因为印刷技术的落后，书本的复制仍需要靠人工抄写，速度缓慢不说，于普通百姓而言，其成本依旧很高。那时的穷苦书生想要读书，很多时候只能去大户人家借书来抄。

读书真正成为一项大众活动，从西方工业革命之后至今也不过一二百年。读书作为一种文化传统，伴随着印刷业的发达而出现，如今随着互联网的兴盛渐渐步入衰落。这也许并不是一件糟糕的事，读书只是众多阅读方式的一种。而阅读，作为一种获取信息和知识的方式，并未随着读书趋势的下降而使读书的人越来越少，而是伴随着技术的发展一天天壮大。

互联网的兴盛让阅读的方式呈现出爆发式的增长。阅读工具的多样性让人们不再受书的体积、质量的限制，可以在任何时间地点进行阅读。而书，这一内容的固定形式也被彻底打破。图书文字的长度、格式等不再作为内容的必须具备的要求，这便是读图时代带给我们的改变。高速的技术革新，给我们带来无数的阅读便利。即便再保守的读书人在飞机上手握 Kindle 时，也会感谢时代送给我们的便利。

阅读方式总是随着技术的进步而不断改变，而如今这样的改变太过迅速，人们还来不及适应就已经要面对更新的未来。过去的读书人总是担忧下一本可读的书在哪里，现在人们则是有太多选择而无从下手。信息时代的信息大爆炸在带给人们便利的同时，也让这个世界变得更加吵闹。每个人几乎随时随地被阅读，小到垃圾短信，大到越来越多的城市大屏幕，更不要说让人又爱又恨的互联网。当我们的大脑被各种信息所包围，多出来的阅读就成了极大的负担。

而对于传统的读书人，阅读有时也不再是对生命的补充，反而变成了一种时光的浪费。大量无所限制和不加挑选的内容，彻底淹没读者。我们花大把的时间接受这些类似或者相互矛盾的内容，而它们的重要性未知，真实性未知，甚至娱乐性也未知。人们在不得不面对这种阅读尴尬的同时，也开始慢慢习惯。当这样的阅读成为越来越多人的习惯，读书人自然也就再次成为少数派。

读书于互联网时代是一种过滤式阅读。比起没有目的浪费时光，我们至少要从作者、编者那里得到些货真价实的东西，才不白白浪费这寸金难买的寸光阴。

（节选自《中国新闻出版报》全民阅读专刊 2014 年 2 月 21 日第 008 版，有改动）

回答问题：
1. 作者为什么说"读书，自古以来一直是属于少数人的活动"？
2. 信息时代的阅读和传统的阅读相比有什么缺点？
3. 试着结合作者的观点谈谈怎样才能更好地利用互联网进行阅读。

阅读二（字数约1400字；阅读与答题参考时间15分钟）

怎样算有学习能力

中央2套的"对话"节目曾经采访黄光裕，当时的首富，拥有财富106个亿，说，同时代的博士很多，为什么连1亿的财富都没有呢？同样的问题说，马云，就是一个没有名气的三本英语生，既不学商也不学网络，做的淘宝，让全国成千上万的百货公司面临倒闭的危险，一个余额宝让所有的银行都感到十分害怕。这个长得像外星人的丑陋男子并没有想象中的高学历，使得很多行业都在分裂和变化，至于我们知道的比尔·盖茨和乔布斯更是没有完成学业的学生，难道上学，学习好，世界名校都没有用吗？

当然有人就分析了，学习能力是分三种：书本学习能力，社会学习能力，悟性。

书本学习就是我们讲的学校学习，学的都是书本知识，一般来说，你学历越高，你的书本知识越多，但这个只占你学习能力的10%。

社会学习能力，指的是你在社会大学中的自学能力，工作中我们会知道，书本上所学的远远不够，更不用说书本的很多知识落后，无用了，社会上的学问也不是书本所能教的，社会学习能力往往代表着你的工作能力。这个占你学习能力的50%。

悟性就是你的快速领悟能力，通常指的是你的大智慧。你的悟性越高，你的水平就越高，你取得的成绩就越大。这个占你学习能力的40%。

一个书本学习能力强，社会学习能力突出的人，只能算及格，你没有悟性你走不远。这里我们看到书本学习能力只有10%，你就是个博士，也只具有10%的学习能力。

如果一个博士社会学习能力低，他的人际交往，为人处世就会有问题。学历代表的只是书本水平，不代表他的为人处世的能力。

我们在现实社会中，经常看到很多企业家学历并不高，有的甚至是初中学历，比如黄光裕之类的，但是他们领导的企业生存能力和竞争能力很强。学习好的没有学习差的混得好，混得好是因为他们的社会学习能力强。他们阅读社会，灵活处理事情的能力强。这个社会学习能力比书本学习能力重要多了。

像乔布斯这样神一样的人物，没学历，为人处世非常冷酷并且要求很高，但悟性极高，他能猜得清楚全世界消费者的心理需求，制作出令人非常喜爱的产品，令世界多少人感到非常佩服。我们很多留学生肯定比马云的英语好，计算机水平和编程序的能力也比他高，学的商务课程也比马云多，可是马云的悟性更高，对市场、对行业的理解更深刻，控制能力、领导力、领袖气质都体现了大智慧。

既然成功人士都不好好儿上学，还有必要读博士硕士吗？

虽然我们上学学的东西只算10%的学习能力，但不代表没有用，因为学历越高的人，越容易把知识转化成社会生存能力和工作能力。很多社会学习能力强的人，其实都是进行二次书面知识学习的。反复的再学习就是不断提高自己的竞争力。

当今的社会分工越来越细，技术要求越来越高，我们很多人需要具备一定的书面知识才能变成技术人才，我们大多普通人仍然需要技术能力在社会上寻找生存的机会，而书本知识是非常重要和快速的获得方式。

另外，上学的最主要的目的是学会在社会上寻找生存机会的技能。不能简单地认为就是获得一个文凭学位，比如比尔·盖茨那么早就放弃上学，是因为他已经把大学能教的都学会了，他已经不需要一个文凭来证明自己。

高学历是否就该获得高薪水？

书本学习能力不代表适应能力和工作能力强，比如很多高学历的无法适应社会，被认为学傻了，他们太注重书本知识，忽视了社会能力的学习，不能把所学转为专业技能，对于企业来说就是养闲人。比如一个学经济的，让他从事法律专业工作，他肯定一开始不会很出色。一个英语博士没有教课技巧，肯定把学生教得总想睡觉。

（节选自中国新闻网 2013 年 03 月 05 日 21：42，有改动）

回答问题：
1. 根据文中介绍的内容，学习能力包括哪几种？具体的含义指什么？
2. 作者认为社会学习能力和书本学习能力哪一个更重要？为什么？试举例说明。
3. 请结合作者的观点谈一谈，怎样才算有学习能力？

阅读三（字数约 900 字；阅读与答题参考时间 12 分钟）

这些学习习惯让你受益一生
泰州新闻网讯

1. 总带一本书

无论你花一年或者一周去读一本书，这都没有关系。随身带着它，当你有时间的时候就去阅读。每天只需花几分钟，一周就能读一本书，那么一年至少就能读 50 本书。

2. 列一个"要学习什么"的清单

我们都有需要做的事情的详细清单。这些就是我们需要完成的任务。努力列出一份"要学习什么"的详细单子，把想要学习新领域的思路写在上面。或许你想掌握一门新语言，学习新技能，或者读莎士比亚全集。

3. 寻找更多睿智的朋友

花更多的时间与那些善于思考的人在一起。并不仅仅因为他们聪明，还因为他们投入了很多时间学习新的技能。他们的好习惯也会在你的身上摩擦出火花。甚至他们会与你分享他的知识。

4. 指导自己的思想

爱因斯坦曾经说过："任何读多思少的人都会养成懒惰思维的习惯。"只是简单地学习别人的东西，这样的智慧是不够的，你要在此之上建立自己的想法。多花点时间写日记，把你对所学到知识的思考和想法记录下来。

5. 投入实践

如果不使用，学来的技能也是无用的。学画画可不是简单地拿起画笔。如果你的知识能被应用，那就投入实践吧。

6. 在群体中学习

终身学习并不意味着让自己陷于一堆落满灰尘的课本。加入教技能的组织。这种群体学习和小组学习活动，都可以培养自己的乐趣和社会经验。

7. 与任何想法保持距离

杯子满了就不能再往里面倒水了，所以我总是尽量与任何想法保持距离。学到了太多的信念，就意味着产生新想法的机会太少。积极寻找那些能改变你的世界观的想法。

8. 找一份能鼓励多学习的工作

找一份能鼓励不断学习的工作。如果你的工作让你没有多少学习知识的自由，就该考虑换工作了。不要每周花40小时来做一项没有挑战的工作。

9. 跟随你的直觉

终身学习有时感觉就好像在荒野中漫游。你不知道你在期望什么，而且心里也不是总有一个明确的最终目标。那就让你的直觉指引你吧，这样可以让自我教育更有乐趣。我们的生活已经被完全的逻辑思维所打破，以至于非常有创意的想法不再存在了。

10. 早上15分钟

把早上工作前的15分钟定为学习期。如果你发现自己已经非常累了，也许想要等一会再学，但是不要把它推迟得过晚，因为某些紧急活动可能就会完全把它推出门外。

（节选自晚报微信圈 2014-04-09 08:50，有改动）

判断正误：
1. 不论你用多少时间读书都可以，只要你努力去节省时间阅读。（　）
2. 爱因斯坦认为读很多书的同时少一些思考是一件好事。（　）
3. 除了单独学习以外，我们还可以加入群体学习小组学习技能，这种方法不仅可以培养自身的乐趣，还可以增加社会经验（　）
4. 作者认为应该选择具有挑战性，可以让我们自由学习知识的工作。（　）
5. 我们可以利用早上工作前的15分钟学习，但是如果太累了，就可以完全放弃学习。（　）

第七课　哪种求职方式最有效

背景知识

随着大学生就业压力的不断增加，大学毕业生越来越重视求职的方式和技巧，甚至采用一些令人意想不到的办法，以希望给应聘单位的负责人或主考者留下独特的印象，增加被录用的机会。当然，除了在求职时善于"推销"自己，更应该在平时增强自己的实力和能力，毕竟实力和能力是真正找到满意的工作的基础。

词语表

1　求职　qiúzhí　（动）
求职简历／一份好的求职简历有助于你找到理想的工作。

寻找工作；谋求职业
to apply for a job
求職する、仕事を求める
직업을 구하다

2　有效　yǒuxiào　（动）
有效的办法／你有什么有效的办法可以解决这个问题吗？

有效果；能实现预期目的
efficacious, effective
有効である
효과적이다

3　外资　wàizī　（名）
外资企业／他是一家外资企业的职工。

由外国投入的资本
foreign investment, capital
外国資本
외자 (외국자본)

4　集团　jítuán　（名）
投资集团／他的父亲是投资集团的领导。

由一些同类企业联合起来而形成的经济实体
group, circle
集団
그룹 (공동이익을 목표로 하는 집단)

5 录用　　lùyòng　　（动）
录用条件 / 这家公司的录用条件非常高。

收录（人员）；任用
to employ, to hire
採用する
채용하다

6 勇气　　yǒngqì　　（名）
有勇气 / 我有勇气去深山里探险。

勇敢的精神
courage
勇気
용기

7 自信　　zìxìn　　（名）
有自信 / 这件事情让他多了一些自信。

对自己的信心
have confidence in oneself, be self-confident
自信
자신

8 激起　　jīqǐ　　（动）
激起愤怒 / 这消息激起了工人们的愤怒。

使感情冲动
to arouse, to stir up, to provoke
引き起こす、巻き起こす
일으키다

9 面试　　miànshì　　（动）
面试机会 / 她最近得到了一家五百强企业的面试机会，正在认真准备。

对应试者进行当面考试
to have an interview
面接する
면접시험하다

10 难得　　nándé　　（形）
难得的机会 / 这次比赛机会非常难得，大家都非常珍惜。

不容易得到或办到（含可贵意）
rare, hard to come by
得がたい、貴重だ
얻기 어렵다

11 相比　　xiāngbǐ　　（动）
相比之下 / 相比之下，弟弟更加喜欢读书。

互相对照比较
to compare
互いに比較する
비교하다

12 差不多　　chàbuduō　　（形）
颜色差不多 / 这两种颜色差不多。

相差很少；相近
about the same, similar
ほとんど同じ
큰 차이가 없다, 거의 비슷하다

13 是否　　shìfǒu　　（副）
是否同意 / 你是否同意他的观点？

是不是
if, whether, whether or not
～であるかどうか～
인지 아닌지

14	创意	chuàngyì	（名）	有创造性的想法、构思等 originality 創意 독창성
	有创意 / 这个新产品很有创意。			

15	询问	xúnwèn	（动）	打听；征求意见 to ask about, to inquire 尋ねる、意見を求める 알아보다, 문의하다
	询问意见 / 这件事需要询问一下老师的意见。			

16	设法	shèfǎ	（动）	想办法（解决问题） to think of a way, to try to do what one can 方法を考える 방법을 생각하다
	设法解决 / 他们正在设法解决停水停电的问题。			

17	拜会	bàihuì	（动）	拜访会见 to pay an official call, to call on, to make an official visit 訪問する 방문하다
	拜会总统 / 他们准备明天去拜会总统。			

18	决策	juécè	（名）	决定的策略或办法 policy, strategic decision 策略 책략, 방법
	有效的决策 / 您需要根据那些数据进行决策吗？			

19	实践	shíjiàn	（动）	人们有意识地从事改造自然和社会的活动 to practice/put into practice, to implement 実践する 실행하다
	理论和实践 / 实践是检验真理的标准。			

20	登	dēng	（动）	刊登或记载 to publish, to record 記載する 기재하다, (신문, 잡지등에) 내다
	登记 / 报名参加比赛的同学请在王老师办公室登记。			

21	招聘	zhāopìn	（动）	用公告的形式聘请 to invite applications for a job, to give public notice of a vacancy to be filled 募集する 모집하다, (사원을 공고의방식으로) 뽑다
	招聘经理 / 这家公司正在招聘一名项目经理。			

22	竞争	jìngzhēng	（动）	为了自己方面的利益而跟人争胜

竞争力 / 不断扩充知识可以提升自己在社会上的竞争力。

to compete

競争する

경쟁하다

23	重视	zhòngshì	（动）	特别认真对待；看重

重视学习能力 / 家长要重视孩子的一言一行，身教胜于言教。

to lay stress on, to attach importance to

重視する

중시하다

24	负责人	fùzérén	（名）	担负责任的人

事件负责人 / 我是这家公司的负责人，有问题请找我。

person in charge

責任者

책임자

25	坚定不移	jiāndìng bùyí		毫不动摇

我要坚定不移地去实现自己的梦想。

unshakable, immovable, unwavering

しっかりしている、確固不動

확고부동하다, 조금의 동요도 없다

26	亲戚	qīnqi	（名）	跟自己家庭有婚姻关系或血统关系的家庭或它的成员

亲戚朋友 / 他们俩结婚这天，有很多亲戚朋友前来对他们表示祝贺。

relative, kin

親戚

친척

27	俗话	súhuà	（名）	通俗并广泛流行的语句

俗话说，冰冻三尺非一日之寒，你这些坏习惯不是一天就形成的。

common saying, proverb

ことわざ

속어, 속담

28	请教	qǐngjiào	（动）	请求指教

请教一个问题 / 老师，我想请教您一个问题。

to ask for advice, to consult

教えを請う

가르침을 청하다, 지도를 바라다

29	就业	jiù yè		得到职业；参加工作

就业中心 / 在中国，很多大学都有就业中心，帮助毕业生解决就业问题。

to obtain employment, to get a job

職に就く、就職する

취직하다

30	积累	jīlěi	（动）	（事物）逐渐聚集

积累经验 / 年轻人刚开始工作需要多积累一些经验。

to accumulate, to build up (knowledge, experience, etc.)

蓄積する

쌓이다, 누적하다, 축적하다

| 31 | 信息 | xìnxī | （名） | 音信；消息 |

information, news, message

情报、消息

정보，소식

| 32 | 推销 | tuīxiāo | （动） | 推荐并销售 |

收集信息 / 看报纸和上网都是收集信息的方式。

推销产品 / 这家公司推销产品的方式非常多样。

to promote sales

売りさばく

널리 팔다，판로를 확대하다

| 33 | 行业 | hángyè | （名） | 泛指职业的类别 |

服务行业 / 这个旅游城市正在努力提高服务行业的质量。

profession, a sector of industry or commerce

職業

직업，업무

| 34 | 刊物 | kānwù | （名） | 登载文章、图片等的定期或不定期的出版物 |

订阅刊物 / 平时我很喜欢阅读杂志，所以订了不少刊物。

publication

刊行物

출판물，간행물

课文导入

1. 在你们国家，求职的方式有哪些？

2. 你认为哪种求职方式最容易成功？为什么？

哪种求职⁽¹⁾方式最有效⁽²⁾

裴国辉

　　有一天，深圳某外资⁽³⁾企业集团⁽⁴⁾的老板接到一个毕业生的电话。那个毕业生说："不录用⁽⁵⁾我是您的损失。"他的勇气⁽⁶⁾和自信⁽⁷⁾激起⁽⁸⁾了老板的兴趣，于是，老板决定要见一见他。且不说这位求职者的面试⁽⁹⁾结果怎样，他至少获得了一个难得⁽¹⁰⁾的面试机会。

　　我们发现，毕业于同一个学校同一个专业，而且各方面情况相比⁽¹¹⁾差不多⁽¹²⁾的几十个学生，是否⁽¹³⁾顺利找到工作的结果相差极大。其中的原因，主要是由于不同的求职方法。一些专家介绍了几种最有效的求职方法：

创意⁽¹⁴⁾求职法——成功率80%

　　它的主要特点是根据自己的特长和专业知识，向有兴趣的公司询问⁽¹⁵⁾岗位空缺情况前，设法⁽¹⁶⁾拜会⁽¹⁷⁾公司的决策⁽¹⁸⁾人。实践⁽¹⁹⁾表明，那些越不登⁽²⁰⁾广告招聘⁽²¹⁾人才的公司，竞争⁽²²⁾的人越少，如得到公司老板重视⁽²³⁾，对方可能会为你安排一份合适的工作。

直接找公司的负责人[24]——成功率 50%

这种方法有较大的困难,因为你很难找到与那些大集团、大公司老板见面的机会,你很可能要坚定不移[25]地花上几星期,甚至更长时间,对方才肯见面。

找朋友和亲戚[26]介绍——成功率 30%

俗话[27]说"多一个朋友多一条路",可请教[28]认识的每位朋友,了解哪里有职位空缺。由于是朋友、特别是好朋友,对自己各方面情况比较了解,所以朋友的介绍是找到理想工作的一条重要方法。向亲戚打听各种工作机会,这样可扩大找工作的范围。应给亲戚朋友提供一些较详细的个人资料,如你要求的工作类别、个人专长等。

利用学校就业[29]指导中心——成功率 15%

由于近几年毕业生就业工作市场化经验的积累[30],各个学校毕业生就业指导中心与不少大的用人单位建立了良好的合作关系,他们对就业信息[31]、职位空缺掌握得比较全面,加上是自己学校的毕业生,学校总会设法"推销"[32]自己的毕业生。

采用这四种方法,最重要的是你要不怕丢面子,同时要有坚定不移的精神。

专家也提到四种最为人们熟悉、为多数人使用的找工作方法,失败率比想象中高,例如:靠公司的招聘广告,失败率 60%—80%;靠职业介绍所,失败率 75%—90%;靠行业[33]或贸易刊物[34]的招聘广告,失败率 88%;靠大量寄出求职信,失败率 92%。

(全文字数:约 850 字)

(节选自《中国青年报》,有改动)

注 释

① **且不说**这位求职者的面试结果怎样……

[解释] 且不说:习用语,意思是"先不说",表示让步。

[例句] ① 且不说你的想法对不对,先看看你的做法有没有效果。
② 且不说买不起,就是买得起也不会买这么贵的汽车。
③ 且不说他究竟有没有做错,即使做错了,你也不应该在那么多人面前骂他。

② 毕业于同一个学校同一个专业,而且各方面情况相比**差不多**的几十个学生……

[解释] 差不多:形容词。表示相差很少;相近。后接动词、形容词或数量词。

[例句] ① 两个人的水平差不多。
② 两地的距离差不多。
③ 两种苹果价格差不多。

3 ……**是否**顺利找到工作的结果相差极大。

[解释] 是否：副词。是不是。用于书面。

[例句] ① 生活是否快乐不在于你是否有钱。你觉得呢？
② 很多人在选择专业的时候，首先考虑的是读了这个专业以后是否能找到好工作。
③ 我不知道他明天是否会来。

报刊长句

我们发现，毕业于同一个学校同一个专业，而且各方面情况相比差不多的几十个学生，是否顺利找到工作的结果相差极大。

我们发现，　　　　　　　　　　　　　　　　　　　　　　　　学生
　　　　找到工作的结果相差极大。

读报小知识

遇到报刊生词怎么办？

由于报刊文章的词汇量大、书面语较多，所以遇到生词是很正常的。当遇到报刊生词时，要注意克服两种不好的阅读习惯：一是遇到生词马上停下来查词典；二是对所有的生词都查词典。遇到生词，可以先用铅笔标出来，猜一下，继续读下去，等读完全文后，看是否明白生词的意思，看这些生词是否有查词典的必要，重点查那些即使读完全文也不明白、且影响理解课文内容的词语，同时结合文章内容进行记忆。

练 习

一 课外阅读近期中文报刊上的文章，把你喜欢的一篇剪贴在笔记本上，阅读后写出摘要，并谈谈你的观点。

二 给下列动词搭配适当的词语

询问_____   招聘_____

推销_____   录用_____

激起_____   设法_____

请教_____   重视_____

三 选词填空

| 且不说 | 差不多 | 是否 | 询问 | 招聘 |
| 难得 | 录用 | 请教 | 积累 | 推销 |

1. 工资水平会随市场有所波动，所以要了解当前的情况，向_____单位_____薪资也是很重要的。

2. _____价格怎样，单是产品的质量就值得认真考虑。

3. 他在_____产品的过程中，_____了丰富的工作经验。

4. 人们在考虑一份工作_____满意时，职业兴趣的影响力所占比重越来越大。

5. 他不断向朋友和亲戚_____各种有效的求职经验，终于成功地抓住了一个_____的机会，被一家大公司_____了。

6. 但受微波影响的老鼠，则_____全部失去记忆，不知道如何爬向救生台。

四 判断 A、B 两句意思是否相同

1. A. 且不说这位求职者的面试结果怎样，他至少获得一个难得的面试机会。

   B. 这位求职者的面试结果是成功了。

2. A. 各方面情况相比差不多的几十个学生，是否顺利找到工作的结果相差极大。

   B. 学生们找工作的结果相差极大，是因为他们各方面的情况相差太大。

3. A. 朋友的介绍是找到理想工作的一条重要方法。

   B. 找到理想工作的一条重要方法就是让朋友帮助介绍。

4. A. 向亲戚打听各种工作机会，这样可扩大找工作的范围。

   B. 向亲戚打听各种工作机会，对找工作有帮助。

五 概括下面这段话的主要内容

　　专家也提到四种最为人们熟悉、为多数人使用的找工作方法，失败率比想象中高，例如：靠公司的招聘广告，失败率60%－80%；靠职业介绍所，失败率75%－90%；靠行业或贸易刊物的招聘广告，失败率88%；靠大量寄出求职信，失败率92%。

六 根据课文内容回答问题

1. 专家介绍了哪几种最有效的求职方法？它们的成功率分别是多少？
2. 为什么要利用学校的就业指导中心来找工作？
3. 采用这些最有效的方法，最重要的是什么？

七 尽量使用以下词语进行话题讨论

且不说	差不多	是否	询问	招聘
求职	难得	录用	请教	积累
面试	创意	推销	坚定不移	

1. 你认为所谈论的哪些找工作的方法很有效？为什么？
2. 如果你找工作，你会采用哪些方法？为什么？

快速阅读

阅读一（字数约950字；阅读与答题参考时间9分钟）

大学生回乡就业的两个前提

　　在中国，有37%的大学生希望留在大城市就业，38%的选择如果找不到工作就返乡发展，仅25%的有计划回乡发展。基于三线城市已经成了"人才洼地"的现实，牡丹江市市委书记表示："要吸引本地籍在外大学生回乡就业。"

　　市委书记喊大学生"回家"就业，一方面传递出家乡管理者对于人才的渴望，对于知识的尊重；另一方面，书记的表态也可视为一个庄严的承诺，即在未来的日子里，家乡会出台诸多利好政策，善待返乡大学生，让他们有一个施展才华的舞台。如果有更多的三四线城市管理者都能有这样的胸襟和诚意，相信很多大学生一定不会扎堆儿北上广等大城市。

不过，三四线城市若想真正出现人才涌动的局面，恐怕还需付出更多努力。三四线城市中许多单位已经多年没有大学生补充进去，但这种人才的相对匮乏、紧缺，只是给大学生回乡提供了一种可能。现实是在三四线城市，讲人情、拼关系的现象很普遍，若是没有扎实的人脉关系，即便回去，也很难有良好的发展。而一旦沉入关系网、人情圈，原先的热情也很快会消退。

大城市里的单位也会讲人情、拼关系，但至少在规则意识、信息透明度等方面，要明确、明晰得多，也相对容易把握。相信类似情形很多年轻人都有亲身经历，这也是不少人回乡之后又外出漂泊的深层原因。不是大家本来就愿意漂在外边，而是家乡并没有足够的诚意接纳离乡的游子。

亲情的纽带和地域的认同固然是返乡的重要因素，但仅靠亲情和乡情，并不能完全化解游子的疏离。尤其是在一个竞争无所不在的社会，岗位、职业、生计往往是第一位的，情感因素会变得十分苍白，不可能给大学生提供足以让其返乡的全部心理支撑。因此，三四线城市至少该做两件要事：

第一，应制定相应的制度措施，切实拿出诚意、拿出岗位，让返乡人才有事可做。

第二，还应该着力构建一套公开、公正、透明的用人机制，在人才的评价、使用上，把个人才能放在首位。

众多的大学生都面临着就业问题，他们毕业后不可能都涌进北上广等大城市，因此，到三四线城市去，注定会成为一条人才就业、创业的主渠道。当务之急，地方政府应及早做好人才回"家"的准备。毕竟，任何地方的发展、创新，关键在人才。将本地籍的大学生喊回"家"，于人、于家、于地方、于国家，均有利。

（节选自《中国青年报》胡印斌2014年03月19日 02版，有改动）

回答问题：
1. 市委书记号召大学生毕业后回家乡就业的内涵是什么？
2. 大学生毕业后不愿意回家乡发展的原因有哪些？
3. 三四线城市如果要吸引大学生回家乡发展，需要做出什么改变？

阅读二（字数约1000字；阅读与答题参考时间9分钟）

三个故事告诉你求职关键

毫无悬念，今年是应届大学生毕业的又一个高峰年，毕业生的就业难，引起了社会的广泛关注。尽管从招聘会上了解到的信息来看，企业的需求比去年旺盛，但现实是在应届生喊着找工作难的同时，企业也喊着招人难。是什么导致了这种"两难"局面，或许下面的三个故事能说明一些问题。

在应届生的求职队伍中，头顶"海归"光环的留学生往往被认为是"香饽饽"。然而，在招聘会上碰到还在苦苦找工作的"海待"，也不是新鲜事。

前年从澳大利亚某大学会计金融专业毕业的小陶，回国后投简历的对象全是知名银行，然而，在投出10多份简历之后，小陶连面试的机会都很少。

银行招聘的应届生主要从柜面做起,但是他连柜面最起码的一些工作和技能都不了解,接连遭拒后,他成为了"海待"。在家无所事事了大半年之后,小陶在朋友介绍下,到一家培训机构当兼职教员,给初中生、高中生辅导口语。通过这份工作,小陶了解到了国内就业的现实性。扎实地学习了一段时间后,小陶开始到招聘会上投简历、找工作。如今,他已经找到了很好的工作,还学到了很多实实在在的本领。

相比"海归",国内的本科应届生,问题又容易出在哪儿呢?

外海集团人力资源副总监谢炯讲了一个真实故事:毫无经验的应届生拿着入职几年员工的行业平均工资来面试,将一个挺不错的工作机会谈崩了。

谢炯的公司主要经营房地产业务,这是一个非常需要经验积累的行业,前3年属于给招聘来的应届生打基础的经验积累期。但是不少学生都觉得房地产是暴利行业,就应该要求高薪酬。

谢炯面试过一位挺优秀的小伙子,对方也很有意向,但是到了谈论价码的时候,小伙子的开价让谢炯等面试官很为难。因为这个小伙子拿着他从市面上了解到的行业平均薪酬,开价入职第一年的年薪10万元。谢炯说,他的薪酬标准,公司确实难以满足。她还耐心跟小伙子描述前景,按照他的能力,没准儿3年后的收入就可能超过这个数字,但是入职第一年肯定达不到。结果,双方没谈成。

最后我们来看看职校生的经历。

就读于某高级技工学校的周星红,再过3个月才毕业,但是他已经手握一份劳动合同了。

周星红说,班上的同学找工作基本都不难,愿意到一线车间里工作的,工作很好找。同学中的求职心态都很平和,在薪酬要求上,作为新人,第一年的起薪往往在1500-2000元左右,往后逐年都会上升。不仅周星红这届不少同学提前被企业订走,前几届的学长、学姐们几年前就已享受这个"待遇"了。

(节选自《钱江晚报》手机看新闻2014年03月21日 08:54,有改动)

回答问题:
1. 文中提到的"两难"局面具体指什么?
2. "海归"小陶频繁被知名银行拒绝的原因是什么?
3. 国内的应届毕业生找工作的时候,容易在什么问题上出问题?
4. 职校生的经历给你什么启示?

阅读三(字数约950字;阅读与答题参考时间9分钟)

在硅谷面试:如何证明你是最优秀的

众所周知,现今世界的所有竞争归根结底都是对人的竞争,硅谷自然也不例外,众多企业为了吸引人才都使尽浑身解数,但这并不意味着来者不拒,因为所有公司都希望得到最好的,而筛选的途径就是面试,所以要想成为硅谷的一员,就必须在面试时即证明你是优秀的。各个公司的面试方式虽然千差万别,但是有一点始终不变,那就是对应聘人能力的高标准要求,他们会想尽办法来探你的底,发掘未来潜能,确保留下的是真正的金子而不是镀金者。

以下是一些在硅谷面试过的人得出的经验:

1. 不要在简历中夸大你的工作经验。在硅谷,如果一个人说知道或做过什么,但是当被问起相关问题却不能很好地回答时,面试肯定是失败的,在硅谷,信誉和诚信永远都是重要考核指标。

2. 简历最好只有一页,最多不超过两页。每个招聘经理的时间都很宝贵,如果你写得太多,他们可能就无法从你的简历中找到重点。在硅谷,一份简洁的简历永远比冗长的简历受欢迎。当然,简历的格式也必须非常清楚。

3. 大多数面试官都很想知道你为什么会申请这个公司的工作,你对公司及公司的产品、技术和其他相关重要信息了解多少,这能显示你的真实兴趣,所以,在面试前,与其猜测各种可能被问到的面试技术问题,不如花更多的时间想一想,我为什么想要加入这家公司,从内心深处我想为这家公司做些什么,这非常重要。

4. 充满激情、态度乐观、思维清晰、团队导向的精神,这些都是需要你在面试中展示的重要品质,当然创造力也是一个非常重要的价值指标。硅谷的雇主喜欢那些善于"思考"并且能够想到"解决方案"的求职者,他们希望看到你从理解问题到解决问题的思维过程。

5. 如果你是一个工程师,如果你没有优秀的教育背景或者工作经验,当场演示能表现你优秀编程能力或优秀创意的作品(一些你独立设计的项目等)也是一个很好的办法。

6. 不要在薪水／待遇方面艰难博弈。而更应该关注你要做什么样的工作,这些工作多么重要,怎样评估这些工作。工作项目的导向,将有助于你得到这份工作,如果比起工作本身,你过于关注薪水,那么你可能得不到这份工作,或者即使得到了这份工作,薪水也会比你预期要低。因为所有人都明白,为了兴趣或者理想去工作必然比为了钱去工作更有效率、更有奉献精神和创新热情。

(节选自新浪科技尹汝杰2014年03月20日09:29,有改动)

判断正误:

1. 硅谷在面试的时候会想尽办法来试探应聘者,目的是发掘应聘者未来的潜能,确保留下的是真正的金子而不是镀金者。( )

2. 在应聘的简历中,要尽量夸大你的工作经验,让面试官觉得你是个经验丰富的人。( )

3. 简历不要写得太长,因为每个招聘经理的时间有限,太长的简历会让他们无法找到重点。( )

4. 要在面试官面前多说自己的兴趣爱好,让他们能充分了解你。( )

5. 创造力跟激情、思维能力、团队精神一样,是公司考量面试者的一个非常重要的指标。( )

6. 如果你没有良好的教育背景,你可以展示一些体现自己优秀能力或创意的作品。( )

第八课　警惕电子垃圾的危害

背景知识

高科技的快速发展在带给人类种种便利和巨大财富的同时，也给人类带来了大量的电子垃圾，如废旧电脑、冰箱、彩电、洗衣机、空调等，对这些电子垃圾的回收和利用正成为治理环境污染的新难题。

词语表

1　警惕　jǐngtì　（动）
保持警惕 / 军队在夜晚更要保持警惕。
对可能发生的危险情况或错误倾向保持敏锐的感觉
to be on guard against, to be on the alert
警告する
경계하다, 경계심을 가지다

2　电子　diànzǐ　（名）
电子产品 / 人们的生活越来越离不开电子产品。
构成原子的一种基本粒子
electron, electrical (here used as an adjective: 电子产品 means electrical products)
電子
전자

3　垃圾　lājī　（名）
电子垃圾 / 电子垃圾有很多种类，比如垃圾邮件。
扔掉不用的东西
garbage, junk
ゴミ
쓰레기

4　网络　wǎngluò　（名）
网络游戏 / 长时间玩儿网络游戏对身体不好。
由设备等连接成的网状的系统
the internet
ネットワーク
네트워크

5	电脑	diànnǎo	（名）	指电子计算机
	笔记本电脑 / 我每天都要用电脑上网。			computer
				コンピューター
				컴퓨터
6	科技	kējì	（名）	科学技术
	科技水平 / 科技让我们的生活变得更方便。			technology
				科学技術
				과학 기술
7	忽视	hūshì	（动）	不注意；不重视
	忽视安全问题 / 不要忽视我的话。			to ignore
				無視する，重視しない
				소홀히하다，경시하다
8	处理	chǔlǐ	（动）	安排（事物）；解决（问题）
	处理问题 / 你的问题只有警察能处理。			to handle, to deal with, to dispose of
				処理する
				처리하다
9	课题	kètí	（名）	研究或讨论的主要问题，也指需要解决的重大事项
	新课题 / 这是一个值得研究的课题。			subject for study, problem to be solved
				課題
				과제
10	权威	quánwēi	（形）	具有使人信服的力量和威望
	权威专家 / 他是这个行业的权威专家。			authoritative
				権威
				권위，권위적이다
11	回收	huíshōu	（动）	把物品（多指废品或旧货）收回利用
	回收垃圾 / 垃圾要分类回收。			to recycle (mostly old or used materials)
				回収する
				회수하다
12	估计	gūjì	（动）	做大概的推断
	估计数量 / 我估计今天会下雨。			to estimate, to reckon, to size up
				見積もる
				예측하다，추정하다
13	出路	chūlù	（名）	生存或向前发展的途径；前途
	他为自己找了一条很好的出路。			outlet, exit; way of making a living
				出口、活路
				출구，발전의 여지

14	无非	wúfēi	（副）	只；不外乎（多指把事情往小里或轻里说）

她想要的无非就是一个完整的家。

nothing but, no more than, simply

だけ

단지 ~ 뿐이다

15	设计	shèjì	（动）	事先为某事或某工程制定实施方案、图样等

他设计了很多新款的电子产品。

to design, to formulate and implement a plan or a scheme

設計する

설계하다

16	寿命	shòumìng	（名）	人的生存年限，比喻事物存在或使用的期限

人的寿命有长有短。

life-span, natural life

寿命

수명

17	噪音	zàoyīn	（名）	难听的声音

制造噪音 / 附近的工厂每天都在制造噪音。

noise

ノイズ、騒音

소음

18	干扰	gānrǎo	（动）	打扰；扰乱

他听音乐的声音太大，干扰我学习。

to disturb, to interfere with

邪魔する

방해하다, 교란시키다

19	污染	wūrǎn	（动）	有害物质混入空气、土壤、水源等而造成危害

环境污染 / 环境污染是必须重视的问题。

to pollute, to contaminate

污染する

오염시키다

20	毒	dú	（名）	对生物体有害的物质

有毒 / 这种野菜有毒，不能吃。

poison, toxin

毒

독

21	释放	shìfàng	（动）	把所含的物质或能量放出来

这种花夜间释放着一种奇怪的香味。

to release, to set free

釈放する、放出する

방출하다, 석방하다

22	酸	suān	（名）	一种化学物质
	强酸／这种酸会使试纸变红。			acid
				酸
				산 (화학물질)

23	泡	pào	（动）	较长时间地放在液体中
	他把衣服泡在水里了，但是还没洗。			to steep, to soak
				浸す、漬ける
				(비교적 오래) 물에 담그다

24	引导	yǐndǎo	（动）	带领；指引
	老师要引导学生回答问题。			to guide, to lead
				引率する
				이끌다，안내하다

25	报废	bào fèi		设备、器物等因不能继续使用或不合格而作废
	这辆车撞得很严重，报废了。			to discard as useless, to report something as worthless
				使えなくなる
				폐기 처분하다，못쓰게 되다

26	研制	yánzhì	（动）	研究制造
	这家医院研制出一种新药。			to develop (drugs, weapons, etc.)
				研究し製造する、開発する
				연구 제조하다

27	引进	yǐnjìn	（动）	从外地或外国引入（人员、资金等）
	这家公司从国外引进了新技术。			to recommend (a person); to introduce from elsewhere; to import (technology)
				導入する
				도입하다

28	国情	guóqíng	（名）	一个国家的基本情况和特点
	每个国家都有自己的国情。			the overall situation in a country
				国情
				국가의 실정，상황

29	完善	wánshàn	（动）	使更好，更完整
	作者完善了这本书的内容。			to make something perfect, to improve
				完全である
				완벽하다，완벽하게 하다

| 30 | 渠道 | qúdào | （名） | 途径；门路 |

你可以通过别的渠道解决这个问题。

ditch; channel

チャンネル、経路

경로，방법

| 31 | 主力 | zhǔlì | （名） | 主要力量 |

主力队员 / 他是这支球队的主力。

main force

主力

주 원동력

| 32 | 难题 | nántí | （名） | 不容易解决的问题 |

数学难题 / 老师给我出了一个难题。

difficult problem

難題

난제，어려운 문제

课文导入

1. 在你们国家，废旧家电是怎么处理的？

2. 你认为怎么处理电子垃圾最好？

警惕⑴ 电子⑵ 垃圾⑶ 的危害

曾火伦

随着网络⑷的高速发展，电脑⑸的普及程度越来越高，人们在享受高科技⑹产品带来的种种好处的同时，发现信息时代为人类贡献的大量电子产品，也给人类带来了不可忽视⑺的危害。随着电子垃圾数量的不断快速增长，如何对其进行有效处理⑻，正成为摆在人类面前的一个新课题⑼。

一份权威⑽资料显示，目前在全球范围内，未进行回收⑾安全处理的显示器达两亿台左右，其中中国约占4000万台。近两年来，中国电脑销售总量每年保持在千万台以上，业内人士估计⑿，未来5至10年的电脑销售数量年增量约为25%。当前，应该回收处理的旧电脑数量估计为每年500万台以上。除电脑之外，越来越多的废旧彩电、冰箱、洗衣机也开始成为城市环境杀手。

对于废旧家电，目前的"出路"⒀ 无非⒁ 三条：一是继续使用，二是作为垃圾丢弃，三是回收处理利用。而这三条"出路"都存在着许多严重问题。超过了设计⒂寿命⒃期的废旧家电如继续使用，会产生电力的浪费和噪音⒄干扰⒅。作为垃圾丢弃的废旧家电，将会对环境产生长期污染⒆。一台个人电脑含有700多种化学原料，其中许多是有毒⒇物质，如不进行处理就被填埋，会对土地产生严重污染；如果进行燃烧，原材料中会释放(21)出大量的有害气体，污染空气。而目前在废旧家电的回收处理中也存在着许多问题，一些老式电脑多含有金等贵重金属，一些私人和小企业采用酸(22)泡(23)、火烧等落后的工艺技术提出其中的贵重金属，产生了大量有害物质，严重污染了环境。

尽管电子垃圾对环境和人类健康有着不可忽视的危害作用，但如果回收利用方法合理，却能够做到变废为宝。废旧电子电器中含有大量可回收的有色金属、黑色金属、塑料、玻璃以及一些仍有使用价值的零部件等，其回收利用具有重要意义。因此，如何对废旧电子电器产品进行有效回收利用，对社会而言意义十分重大。

防止电子垃圾成为环境杀手，同时将之变废为宝，关键在于必须有相关法律法规进行引导[24]。因此就需要中国制定统一的家用电器报废[25]标准和管理办法，以引导相关的行为和处理方式：1. 应禁止报废的旧家电经修理加工后再卖到农村；2. 要自主研制[26]或引进[27]适合中国国情[28]、经济实用的回收利用技术；3. 完善[29]废旧家电回收渠道[30]和生产商负责制度，使生产企业成为回收利用行业的主力[31]。

目前，国家有关部门正在组织制定废旧家电回收利用管理办法，这将**有利于**国内废旧家电回收利用行业的健康发展。相信随着相关法规制度的不断完善，电子垃圾这一环保新难题[32]将逐渐得到有效解决。

（全文字数：约1000字）

（节选自《法制日报》，有改动）

注 释

1 **除**电脑**之外**，越来越多的废旧彩电、冰箱、洗衣机也开始成为城市环境杀手。

[解释] 除（了）……之外：除……以外。表示所说的不计算在内。可带名词、动词、形容词和小句。多用于书面。

[例句] ① 除了你之外，他不听任何人的话。
② 除了跑步之外，我还喜欢游泳什么的。
③ 那个女孩儿除了漂亮之外，还很聪明。

2 对于废旧家电，目前的"出路"**无非**三条：一是继续使用，二是作为垃圾丢弃，三是回收处理利用。

[解释] 无非：副词。只。表示不超出某种范围以外。

[例句] ① 其实，用人单位面试时最关心的无非是几个最基本的问题。
② 这篇文章无非是把心里的想法表达了出来。
③ 我学习汉语无非是为了更好地了解中国文化。

3. 目前，国家有关部门正在组织制定废旧家电回收利用管理办法，这将**有利于**国内废旧家电回收利用行业的健康发展。

[解释] 有利于：对……有利；对……有好处。

[例句] ① 经常锻炼有利于身体健康。
② 多旅游有利于增长见识，开阔眼界。
③ 少开车有利于保护环境。

报刊长句

1. 随着网络的高速发展，电脑的普及程度越来越高，人们在享受高科技产品带来的种种
　　　　　　　　　　　　　　　　　　　　　　　　　　　　　　　　人们
好处的同时，发现信息时代为人类贡献的大量电子产品，也给人类带来了不可忽视的
　　　　　　发现　　　　　　　　　　　电子产品　　　　　带来了
危害。
危害。

2. 尽管电子垃圾对环境和人类健康有着不可忽视的危害作用，但如果回收利用方法合理，
　　　　电子垃圾　　　　　　　　有　　　　　危害作用，但
却能够做到变废为宝。
　　能够　变废为宝。

读报小知识

报纸上评论文章的特点

评论是表达人们对新闻事件的判断、对由新闻引发的各类社会问题的思考的一种报刊文体。它主要有以下特点：

第一，注重针对性和准确性。针对人们普遍关心、迫切需要回答的问题，表达自己的意见和见解。

第二，论点独到。在有限的篇幅中，主要靠独特的见解吸引读者。如果论点不新鲜，或者和报纸上发表过的一样，读者看了开头就缺乏兴趣，不想看下去了。

第三，论据有典型性，具有说服力。评论的论据，就是用来阐明论点的新闻事实和有关材料。论据，既是论点的依据，又是评论判断和推理的前提，因此，精心挑选作为论据的新闻事实，至关重要。

第四，说理有深度。写评论，要在说理上下功夫。一篇评论，说理有无深度，往往关系到它的成败。

此外，评论还要注意写得晓畅易懂，力避老话套话，力求文笔生动，使读者爱看。

练 习

一 课外阅读近期中文报刊上的文章，把你喜欢的一篇剪贴在笔记本上，阅读后写出摘要，并谈谈你的观点。

二 给下列动词搭配适当的词语

忽视_____   引进_____

完善_____   警惕_____

处理_____   设计_____

回收_____   研制_____

三 选词填空

忽视	除……之外	无非	引进	完善
有利于	警惕	污染	研制	垃圾

1. 其实他早就在准备出国了，_____是在等待合适的机会。

2. 最近南方某市为_____人才，推出有博士学历的失业者给予每月2000元补助的政策，足见人才市场对高学历的肯定。

3. 网络对他们帮助最大的_____了调整心情_____，又多了一项内容——了解社会。

4. 网上参加招聘活动，要提高_____，小心受骗。

5. 解决网上的游戏难题可以带给青少年成就感，这些都_____青少年培养自信、乐观的情怀。

6. 在谈到帮助高校毕业生就业的途径方面，他认为，_____就业市场和就业服务是促进大学生就业的关键。

7. 我们不能_____电子_____对环境所造成的严重_____，应加紧_____废品回收的技术。

四 根据课文内容判断正误

1. 电子产品带来的危害并不大。（   ）

2. 目前中国未进行回收安全处理的显示器约占全球的1/5。（   ）

3. 对于废旧家电，目前的"出路"无非三条，而这三条"出路"中没有一条是令人满意的。
（   ）

4. 防止电子垃圾成为环境杀手，同时将之变废为宝，关键在于厂家要提高环保意识。
（   ）

五 概括下面各段话的主要内容

1. 作为垃圾丢弃的废旧家电，将会对环境产生长期污染。一台个人电脑含有700多种化学原料，其中许多是有毒物质，如不进行处理就被填埋，会对土地产生严重污染；如果进行燃烧，原材料中会释放出大量的有害气体，污染空气。

2. 而目前在废旧家电的回收处理中也存在着许多问题，一些老式电脑多含有金等贵重金属，一些私人和小企业采用酸泡、火烧等落后的工艺技术提出其中的贵重金属，产生了大量有害物质，严重污染了环境。

六 将下列各句组成一段完整的话

1. A. 如何对其进行有效处理
   B. 正成为摆在人类面前的一个新课题
   C. 随着电子垃圾数量的不断快速增长

   正确的语序是：（   ）（   ）（   ）

2. A. 关键在于必须有相关法律法规进行引导
   B. 防止电子垃圾成为环境杀手
   C. 同时将之变废为宝

   正确的语序是：（　　　）（　　　）（　　　）

七 尽量使用以下词语进行话题讨论

忽视	除……之外	无非	引进	完善	有利于
警惕	污染	研制	垃圾	估计	干扰

1. 你认为电子垃圾有哪些危害？
2. 如果你们家有电子废品，是怎么处理的？

快速阅读

阅读一（字数约700字；阅读与答题参考时间6分钟）

中国将"水陆空"三位一体开展污染防治

近段时间，我国多地遭雾霾"笼罩"，环境污染问题再度引起社会各界广泛关注。据了解，中国政府将出重拳强化污染防治，坚决向污染宣战，并对大气、水、土壤污染的治理进行了部署。这意味着中国将"水陆空"三位一体开展污染防治。

空气：治理雾霾以PM2.5和PM10为突破口

中国政府将以雾霾频发的特大城市和区域为重点，以细颗粒物（PM2.5）和可吸入颗粒物（PM10）治理为突破口，抓住产业结构、能源效率、尾气排放和扬尘等关键环节，健全政府、企业、公众共同参与新机制，实行区域联合预防、联合控制，深入实施大气污染防治行动计划。雾霾的形成是个复杂的过程，要消除雾霾，不能期望一蹴而就，大气治理单靠某一个城市来解决是不行的。同时要认真分析各区域雾霾形成的原因和特点，有针对性地、系统地、科学合理地进行治理。

水源：实施清洁水行动计划

中国政府提出，要实施清洁水行动计划，加强饮用水源保护，推进重点流域污染治理。

从发达国家的发展规律来看，城市化率达到50%以后的一段时期，水量型危机往往会转向水质型危机，水污染事件会进入高发期。水生态治理是长期而艰巨的任务，一旦放松管制或者治理力度降低，水环境的状况就可能出现反复。我们要树立以生态修复、循环利用为核心的科学治水理念，通过法律政策、市场机制、科学技术，解决水安全问题。

土壤：实施土壤修复工程

没有清洁的土壤，何来健康的食物？土壤污染是综合性的污染，包括重金属污染、过量化肥农药污染和大气沉降物污染等。为了人类健康，必须持续加大对污染行为的监管和惩治力度。加快实施土壤修复工程，为大地"排毒"。

（节选自新华网，有改动）

回答问题：
1. 中国政府治理雾霾的重点是什么？关键环节是什么？
2. 根据以往经验，水污染在什么时候会进入高发期？
3. 土壤污染的种类有哪些？

阅读二（字数约950字；阅读与答题参考时间9分钟）

世界各国如何治理雾霾

中国的雾霾真的把外国友人给吓住了。在他们中许多人看来，PM2.5达到两位数简直就是世界末日了。当下的中国，正遭遇到其他发达国家曾经遭遇到的难题。在问题日益严重的今天，中国终于决定开始一场激进的空气治理行动。这个时候，来回顾英国、日本、美国的一些城市曾走过的治污道路，自有其借鉴意义。

各国污染回顾

英国女王伊丽莎白二世对1952年印象深刻。这一年的冬天，她遭遇了继位后的一次重大危机，整个伦敦笼罩在一片雾霾之中。12月5日，伦敦市区的能见度仅为4米多，最严重时，能见度为零。农场主把牲口运到伦敦市中心的市场里，本打算卖个好价钱，结果发现牲口呼吸困难，一些不那么强壮的最终窒息而死。脆弱的人类，更是难以忍受了。英国爱丁堡大学的研究资料显示，有1.2万人因这次污染事件而死亡。

就在雾霾弥漫欧洲时，另一片满是化学颗粒的愁云笼罩在与伦敦隔海相望的美国上空。也是1952年，加州理工大学一位化学教授研究发现，汽车和石油成了美国第二大城市洛杉矶的主要空气污染源。 三年之后的1955年9月，一场严重的雾霾压城，两天里，超过400个65岁以上的老人因呼吸系统衰竭而死亡。

与此同时，日本四日市的第一座炼油厂投产了，此后八年里，该市相继建造了三个大型石油化工联合企业，周围聚集了大大小小的化工厂。浓烈的黑雾，从烟囱里冒出，弥漫在毫不知情的市民所生活的城市上空。到1961年,"四日市哮喘"开始大面积爆发。

各国做了什么

直到1971年,日本才成立了环境厅。与政府的迟缓作为相比,担忧自身健康的民众行动得更快。1967年,9名罹患哮喘病的四日市市民,将石油提炼公司、电力公司等6家企业告上法院,要求公司停止运转并赔偿损失。随后各地民众纷纷效仿,最终迫使企业做出改革。

美国人民则走上街头,直接向政治家表达不满。1970年4月22日,全美国共2000万人参加了环境保护大游行。国会当天被迫休会,因为大部分议员都去参加游行和集会了。这场被誉为二战以来美国规模最大的社会活动,最终起到了效果,迫使共和党民主党联合起来推动环境立法。

今天,世界再次遇到了大面积空气污染的难题。日本、美国的环保专家和官员们,开始不断地访问北京,与中国的官员们交流经验,探讨技术合作的可能。这一次,中国能否少走一些发达国家曾经走过的弯路?或许要等到几十年后,我们才能确定。

(节选自无为网,有改动)

回答问题:
1. 造成美国污染的主要污染源是什么?
2. 是什么导致了日本"四日市哮喘"的大面积爆发?
3. 在日本和美国,受到空气污染影响的市民是如何维护自己权利的?

阅读三(字数约1000字;阅读与答题参考时间10分钟)

水污染或比雾霾更严重　雪山水源保护刻不容缓
子　轩

近年来,雾霾等环保问题成为热点,在关注雾霾的同时,更值得关注的是水污染治理及水源保护问题,相关部门一方面要抓紧治理已受污染的水源、水域,另一方面要重点保护青藏高原、三江源等高海拔无污染的雪山水源。

保障饮用水安全　拯救水源刻不容缓

水利是一个庞大的系统工程,雾霾的出现,与水也有关系。都说重视,但还是不够重视。水源问题与公众饮水问题息息相关。中国政府曾经提出,要经过两年的努力,让所有农村居民都喝上干净的水。而现实的情况却"触目惊心",我国仍有超过一半的水功能区水质不达标,太湖、巢湖、滇池三大湖水质整体还处于中度富营养化状态,一些地区"有河皆污"。地下水污染情况则更为严峻。

饮用水安全是保障人民生命安全的基础。目前,我国饮用水安全与人民群众的健康要求还有很大差距。如何确保公众喝上清洁水?有关专家认为,水源是保障安全饮水的基础。青藏高原、三江源等地成为名副其实的中国为数不多的"净土"之一。以来自该地带的昆仑山雪山矿泉水为例,水源位于海拔6000米昆仑雪山,远离现代工业污染源,安全无污染。而且,由于独特的地质条件,使得该类水源的水中矿物质含量丰富且均衡,有利人体健康,这样的水源地更值得加强保护。

向污染宣战　重点保护好雪山等珍稀水源地

雾霾固然严重,但水源一旦污染将比雾霾更难治理,大气的容量远远超过水,一阵大风就能一下变成蓝天了,但是,水不可能像大气,比如地下水被污染了,可能几十年、上百年都解决不了这个问题,这种损害远远超过大气的污染。为保障公众饮水安全,保护好未被污染的饮用水源,应加强水污染治理。

我国城镇化率已经超过50%,国际经验表明,城镇化率达到50%之后,是水污染危机的高发期,也是修复水生态的关键期,一旦错过这个机会,将会付出极为高昂的治理代价。

有专家建议,根据不同水源地的特点,制定对应的监测、开发、保护等法律法规制度,实现分级管理。尤其是地处高海拔、未被污染的珍稀雪山水源,应在现有的保护区基础上,设立稀有水源地国家级保护区。如青藏高原、三江源等地,地处偏远地带,远离人类污染,是中国为数不多的"净土"之一,其水源天然无污染,更应予以重点保护。处于这一地带的昆仑山等雪山,因处于高海拔、常年冰雪覆盖,成为世界上不可多得的珍稀水源地,是中亚到东亚的"水塔",应提高到国家层面予以综合管理。

(节选自《人民日报》,有改动)

判断正误:

1. 对中国政府来说,现在最重要的事情是保护青藏高原、三江源的生态环境。(　　)
2. 我们虽然知道水资源的重要性,也一直在强调要保护水资源,但现实情况却不乐观。(　　)
3. 太湖、巢湖、滇池三大湖水质的富营养化状态导致中国一半的水功能区水质不达标。(　　)
4. 昆仑雪山的矿泉水对人体健康非常有好处,因为它的矿物质含量丰富且均衡。(　　)
5. 大气污染虽然严重,但是要比水污染容易治理。(　　)
6. 中国的城镇化率已经超过50%,所以未来一定会大面积发生水污染事件。(　　)

第九课　日记的秘密被妈妈发觉之后

背景知识　当子女逐渐长大进入青春期时，有些父母还是把子女当作小孩儿来看待，对子女干涉太多，以致产生家庭矛盾，影响了父母与子女之间的情感，也在一定程度上影响了子女的独立性的形成。

词语表

1　秘密　　mìmì　　　　　（名）
保守秘密 / 我要为好朋友保守秘密。

不让人知道的事情
secret
秘密
비밀

2　发觉　　fājué　　　　　（动）
她发觉自己被人骗了。

开始知道
to realize
発覚する
발견하다，깨닫다

3　坦率　　tǎnshuài　　　（形）
她是个坦率的姑娘。

直率
candid, frank, straight forward
率直である、はっきりと
솔직하다，정직하다

4　心事　　xīnshì　　　　（名）
他说话不多，看起来有心事。

心里老想着的事情
worry, something weighing on one's mind
心配事
심사，걱정거리

5　青春　　qīngchūn　　　（名）
我们要珍惜青春。

青年时期
youth
青春
청춘，사춘기

6	过分	guòfèn	（形）	（说话、做事）超过一定的程度或限度

他这样说话非常不礼貌，甚至有点儿过分。

excessive, undue

ひどい、度を越す

지나치다

7	干涉	gānshè	（动）	过问或制止（多指不应该管硬管）

干涉自由 / 你不能干涉我的自由。

to intervene, to interfere with

干渉する

간섭하다

8	后果	hòuguǒ	（名）	最后的结果（多指坏的结果）

做事情要考虑后果。

aftereffect, consequence (usually bad consequences)

最後の結果（良くない結果について用いる）

최후의 결과

9	惊人	jīngrén	（形）	使人吃惊

他记数字的能力很惊人。

amazing, surprising

驚くべき、驚異的な

사람을 놀라게 하다, 놀랍다

10	挫折	cuòzhé	（动）	失败；失利

遇到挫折 / 生活中难免遇到挫折。

to set back

挫折

좌절, 실패

11	慎重	shènzhòng	（形）	谨慎认真

做任何决定都要慎重。

cautious, careful, discreet

慎重である

신중하다

12	漂	piāo	（动）	指没有稳定的工作和固定的住所

北漂 / 他在北京漂了三年了。

to lead a vagabond life

ひらひらと漂う

생활이 안정적이지 않다, 떠돌다

13	闷	mèn	（形）	心情不舒畅；心烦

我觉得闷得慌。

depressed, bored, in low sprits

気がめいる、不愉快である

울적하다, 마음이 답답하다, 외롭다

14 烦　　　　fán　　　　　　　　（形）
这话我都听烦了。

厌烦
be disgusted with, extremely dislike
いらいらする、煩わしい
귀찮다, 성가시다

15 单调　　　dāndiào　　　　　（形）
他的工作很单调。

简单、重复而没有变化
monotonous, dull, drab
単調である
단조롭다

16 沉重　　　chénzhòng　　　　（形）
他这几天的心情很沉重。

（心情）忧郁，不愉快
heavy
重い、（程度が）深い
무겁다, 심각하다

17 闹　　　　nào　　　　　　　（动）
闹脾气／她又跟男朋友闹脾气了。

发生（灾害或不好的事情）；发泄（感情）
to give vent (to one's anger, resentment, etc.)
発生する、（感情を）ぶちまける
（감정 따위를）드러내다, （나쁜 일 등이）생기다

18 矛盾　　　máodùn　　　　　（名）
他们之间的矛盾很深。

因认识不同或言行冲突而造成的隔阂、嫌隙
contradiction, disunity; hesitate (due to mental contradiction)
矛盾
모순

19 亲热　　　qīnrè　　　　　　（动）
每次下班回家，爸爸总要先跟女儿亲热亲热。

用动作表示亲密和喜爱
to affectionate
親しい
다정하다, 친밀하다

20 羡慕　　　xiànmù　　　　　（动）
他的汉语水平很高，我很羡慕。

看见别人有某种长处、好处或有利条件，希望自己也有
to admire, to envy
羨ましい
부럽다

21 熬　　　　áo　　　　　　　　（动）
熬夜／他终于熬到了下课。

忍受
to endure, to pull through
辛抱する
참다, 견디다

22	幻想	huànxiǎng	（名）	对还没有实现的事物所想象出的情景

做个明星一直是她的美丽幻想。

fantasy
幻想
환상

23	安慰	ānwèi	（动）	使心情安适

朋友失业了，我在安慰他。

to comfort, to console
慰める
위로하다

24	逗	dòu	（动）	逗笑；招引；引逗

他正在拿着骨头逗小狗玩儿。

to tease; to play with
笑わせる、起こさせる
놀리다，웃기다

25	神情	shénqíng	（名）	人脸上所显露的内心活动

妈妈神情严肃，好像在想重要的事情。

expression, look
表情、顔つき
표정

26	严厉	yánlì	（形）	严肃而厉害

这个老师对学生很严厉。

strict
厳しい
호되다，매섭다

27	追问	zhuīwèn	（动）	追根究底地问

他已经说过不知道了，你就不要再追问了。

to question closely, to make a detailed inquiry
問いただす、問い詰める
추궁하다

28	抛	pāo	（动）	扔；丢下；暴露

抛头露面／我不想把我俩的矛盾抛在别人面前。

to throw, to put aside
投げる、捨てる
던지다，버리다

29	剥	bāo	（动）	去掉皮或壳

帮我把鸡蛋壳剥掉，好吗？

to shell, to peel, to skin
（皮を）むく、はぐ
(껍질 등을) 벗기다

30	低俗	dīsú	（形）	低级庸俗

这部电影的内容很低俗。

vulgar
低俗だ
저속하다

31	监视	jiānshì	(动)

警察监视着小偷的一举一动。

从旁严密注视、观察
to watch, to keep a lookout
監視する
감시하다

32	实话	shíhuà	(名)

实话实说 / 说实话,汉语很难。

真实的话
truth, truthful talk
実話
진실, 진실된 말

33	无论如何	wúlùn rúhé	

无论如何你都不应该骗人。

不管怎么样,表示不管条件怎样,变化结果始终不变
in any case, at any rate, whatever happens, at all events
どうしても
어쨌든

34	折磨	zhémó	(动)

受折磨 / 他饱受失眠的折磨。

使肉体上、精神上受痛苦
to cause physical or mental suffering, to torture
苦しめる
고통스럽게 하다, 괴롭히다

35	糟	zāo	(形)

糟透了 / 今天的天气糟透了。

指事情或情况坏
in a mess, in trouble
悪い、(状況が)まずい
망치다, 잘못되다

36	证据	zhèngjù	(名)

警察还没有足够的证据证明是他做的。

能够证明某事物的真实性的有关事实或材料
evidence, proof
証拠
증거

37	配合	pèihé	(动)

互相配合 / 同学们互相配合,完成了任务。

各方面分工合作来完成共同的任务
to coordinate, to cooperate
協力する
협력하다, 공동으로 하다

38	挽救	wǎnjiù	(动)

挽救生命 / 医生挽救了病人的生命。

从危险中救回来
to save, to remedy, to rescue
救う
(위험으로부터) 구하다

39	倒是	dàoshì	(副)	用来缓和语气

作业倒是写完了，但是不知道对不对。

actually...but... (indicating contrast)

かえって、逆に

도리어, 의외로

40	精神	jīngshén	(名)	指人的意识、思维活动和一般心理状态

这个人的精神不太正常。

mind

精神

정신, 생각, 의식

41	自尊	zìzūn	(动)	尊重自己，不向别人卑躬屈节，也不容许别人歧视、侮辱

自尊心 / 说话要注意礼貌，不要伤害别人的自尊。

to respect oneself, to have self-esteem

自尊心が強い

자존하다

42	当初	dāngchū	(名)	指从前，特指过去发生某件事情的时候

当初你就不应该放弃学汉语。

originally, at first

最初

당초, 처음

43	值	zhí	(形)	指有意义或有价值；值得

这次活动我学到了很多，辛苦一点儿也值。

be worth, deserve

～に値する

～할 만하다, ～할 만한 가치가 있다

课文导入

1. 你有写日记的习惯吗？如果有，你在日记中一般会写些什么？

2. 要是有人偷看了你的日记，你会怎么做？

日记的秘密⁽¹⁾被妈妈发觉⁽²⁾之后

父母往往不习惯逐渐长大的孩子有自己的秘密，有不愿坦率⁽³⁾说出的心事⁽⁴⁾。但实际上青春⁽⁵⁾期正是形成自我观念的关键时刻，孩子有着自己独立的空间，是成长的开始。父母对孩子的过分⁽⁶⁾干涉⁽⁷⁾，会产生一些严重的后果⁽⁸⁾，对孩子的心理产生惊人⁽⁹⁾的伤害。下面所举的丁锦心理受挫折⁽¹⁰⁾的例子，就充分证明了父母应慎重⁽¹¹⁾选择教育子女的方式。

如果正常的话，丁锦现在应该是大一的学生了。但，丁锦现在漂⁽¹²⁾着……

丁锦上高三时，班上学习气氛十分紧张，每个人好像都快被闷⁽¹³⁾死了，同学间竞争激烈。有的同学很烦⁽¹⁴⁾这种单调⁽¹⁵⁾沉重⁽¹⁶⁾的学习生活，于是就谈恋爱了。丁锦心里明白，恋爱如果顺利，会使两个人的力量相加，成绩提高；但大多数恋爱的人经常闹(17)矛盾(18)，影响情绪。但说实在的，每天看着别人亲热(19)的样子，丁锦心里还是有点儿羡慕(20)。

在这难熬(21)的学习生活中，人免不了会有点儿幻想(22)。丁锦为自己设计了一个白马王子的虚拟形象。每天学习累了，就打开日记和"他"倾诉，"他"会安慰(23)丁锦，逗(24)丁锦开心，丁锦感到自己的情感有了寄托，而"他"会不断鼓励丁锦，在一所优秀的大学里等候着丁锦，丁锦感觉在很浪漫、很稳定地享受着感情……周围人的恋情再也影响不了丁锦了，她的情绪稳定而乐观，成绩也提高了许多。

可没过一个月，出了天大的事。丁锦一进家门，妈妈就神情(25)严厉(26)地追问(27)丁锦"他"是谁。丁锦知道妈妈是偷看了自己的日记了，心底最秘密的东西被她这样无情地抛(28)在阳光下，一团怒火立即升起来。为什么不尊重我？为什么将我的一切剥(29)开？丁锦气坏了："是一个朋友。请你克服自己低俗(30)的好奇心。"

妈妈大发脾气，说丁锦不懂事，在这么关键的时刻出了这种事……丁锦开始了被监视(31)的生活。妈妈总是不停逼问丁锦，丁锦告诉她实话(32)，说那是她自己想象出来的，根本就没有这个人。妈妈无论如何(33)也不信，不断地改变方式追问检查。折磨(34)了丁锦很多天后，妈妈毫无收获。于是她去了学校，向班主任询问了丁锦的情况。这下更糟(35)了，班主任正愁抓不着学生恋爱的证据(36)，难得有家长这样配合(37)老师，送上门来……丁锦估计他们开了个"讨论会"，决定怎样挽救(38)她。从此，班主任总爱把丁锦找到办公室，反复劝她说出来……

后来，同学们也知道了这件事，他们倒是(39)相信这是假的，但说丁锦编这种事，精神(40)不正常。一个女生的自尊(41)就这样被无情地伤害……丁锦失去了安静念书的心情，真后悔当初(42)自己为什么不真的谈一次恋爱，要真是那样也值(43)了。实在控制不住自己的愤怒，丁锦就离家出走了，连高考都没有参加。漂在外面的日子很辛苦，丁锦没想到被妈妈发觉心中秘密之后，自己的生活会发生这么大的变化……

（全文字数：约1100字）

（节选自《中国青年报》，有改动）

注 释

1 但说实在的，每天看着别人亲热的样子，丁锦心里还是有点儿羡慕。

[解释] 说实在的：插入语。表示说真的，实际上。

[例句] ① 说实在的，我是觉得那家公司给的工资高，才去那里工作的。
② 说实在的，你不太适合穿红色的衣服。
③ 我在面试时说会跳舞，但说实在的，我只是小时候学过一点儿，现在差不多忘光了。

② 妈妈**无论如何**也不信,不断地改变方式追问检查。

[解释] 无论如何:不管怎么样。表示不管条件怎样变化,结果始终不变。

[例句] ① 我工作很累,但无论如何,我还是得坚持。
② 我无论如何都不相信他说的是真的。
③ 这次比赛无论如何我得参加。

③ 后来,同学们也知道了这件事,他们**倒是**相信这是假的,但说丁锦编这种事,精神不正常。

[解释] 倒是:副词。表示让步或者舒缓语气。

[例句] ① 她现在倒是天天来上课了,但就是不好好儿听老师讲。
② 要是你不能来的话,你倒是提前和我说啊,我都出门了你才发短信告诉我。
③ 大家批评他时,他并没有生气,倒是表示愿意考虑大家的意见。

报刊长句

漂在外面的日子很辛苦,丁锦没想到被妈妈发觉心中秘密之后,自己的生活会发生这么大的变化……

读报小知识

如何扩大报刊阅读的词汇量?

报刊文章具有话题集中的特点,即报刊文章往往围绕某一个话题来传达相关信息,且话题的范围与种类常在标题上得到明确体现,具体文章中的词汇也具有表达相应话题的特点。我们可以根据某一个话题来记忆报刊生词,将不断出现的生词分类到不同的话题词汇库中,并在一段时间内多看一些相同话题或相关话题的报刊文章,这样有利于词汇量的扩大。

练习

一 课外阅读近期中文报刊上的文章，把你喜欢的一篇剪贴在笔记本上，阅读后写出摘要，并谈谈你的观点。

二 给下列动词搭配适当的词语

干涉_____   熬_____

发觉_____   闹_____

羡慕_____   安慰_____

监视_____   挽救_____

三 选词填空

| 干涉 | 烦 | 说实在的 | 无论如何 | 倒是 |
| 发觉 | 羡慕 | 配合 | 追问 | 安慰 |

1. 他挺_____这种单调的学习生活。

2. _____，我今天也不想上街，但没办法，事先已经答应他了。

3. 如此粗暴_____别人的自由恋爱是非法的。

4. 小张面试失败后，我们想去_____他一下，但他_____挺看得开的。

5. 她_____她的男朋友变心了，_____她都要弄清楚原因。

6. 高苹特别_____电视中那些整天身穿职业装，带着笔记本电脑"飞来飞去"的商业女性形象，希望自己成为那样的人。

7. 为_____美国政府的高科技人才引进计划，微软公司特别制定了一份叫做"技能2000"的行动计划，与世界各地350所大学、学院合作，大量培养高科技人才。

8. 他一再_____这笔投资的去向。

四 判断A、B两句意思是否相同

1. A. 父母往往不习惯逐渐长大的孩子有自己的秘密，有不愿坦率说出的心事。

   B. 父母常常不希望逐渐长大的孩子有自己的秘密，有不愿坦率说出的心事。

2. A. 父母对孩子的过分干涉，会产生一些严重的后果。

　　B. 父母不应该管孩子的事，应该让孩子独立发展。

3. A. 有的同学很烦这种单调沉重的学习生活，于是就谈恋爱了。

　　B. 有的同学谈恋爱与厌烦这种单调沉重的学习生活有关。

4. A. 同学们也知道了这件事，他们倒是相信这是假的。

　　B. 同学们也知道了这件事，他们不认为这是真的。

五 根据课文内容回答问题

1. 丁锦为什么要为自己设计一个白马王子的虚拟形象？这对她有什么帮助？
2. 妈妈神情严厉地追问丁锦什么？后来妈妈又做了什么？
3. 同学们知道这件事后，是怎么看丁锦的？
4. 丁锦为什么要离家出走，连高考都没有参加？

六 将下列各句组成一段完整的话

1. A. 成绩也提高了许多

   B. 她的情绪稳定而乐观

   C. 周围人的恋情再也影响不了丁锦了

   正确的语序是：（　　　　）（　　　　）（　　　　）

2. A. 妈妈就神情严厉地追问丁锦"他"是谁

   B. 丁锦一进家门

   C. 丁锦知道妈妈是偷看了自己的日记了

   正确的语序是：（　　　　）（　　　　）（　　　　）

七 尽量使用以下词语进行话题讨论

| 干涉 | 烦 | 倒是 | 发觉 | 说实在的 | 无论如何 |
| 羡慕 | 配合 | 追问 | 安慰 | 闹矛盾 | 幻想 |

1. 你是怎样看丁锦妈妈的行为的？如果孩子在中学就谈恋爱，你认为父母应该怎么做？
2. 你是否赞成中学生谈恋爱？为什么？

快速阅读

阅读一（字数约900字；阅读与答题参考时间8分钟）

网络妈妈在南昌开设工作室关爱网瘾少年

杨碧玉

从网络回归现实

在中国，有位爱心妈妈，她叫刘焕荣，她虽然身体残疾，却坚持与网瘾少年进行心灵交流，使众多迷茫的青少年找到了前进的方向，她也因此赢得了许多赞美和荣誉。《网络妈妈》就是以她为原型拍摄的电影，电影上映后在全国引起强烈反响，影响和教育着一批批青少年。

自从刘焕荣的事迹被众多媒体报道后，来自全国各地的网瘾青少年家长纷纷找到她，希望得到她的帮助。其中，就有经营餐饮事业小有所成的张云辉。6年前，他的儿子网瘾严重，经常去网吧。后来他们辗转找到了刘焕荣。在网络上，刘焕荣与他儿子交流了快4个月，儿子的人生观才逐渐改变。"经过几年的拼搏努力，现在儿子考上了大学，已在南昌顺利找到了工作。"

问题少年面临的诱惑更多

几年前，网络妈妈刘焕荣的工作室落户南昌一所学校，她每月都会来学校住十几天，与学生们同吃同住，一起交流。

"现在是网络时代，问题青少年面临的诱惑会更多，劝导和帮扶的难度更大。"刘焕荣说，原来上网需要固定的电脑，而现在手机能随时随地地上网，而且聊天工具多种多样，功能也很强大。"他们不玩儿这个，就可以玩儿那个。同时，现在青少年对于陌生人都有警惕心理，知道你来劝导他们，马上就可能删除你。"

刘焕荣说："其实一个孩子背后都有一个故事。这些孩子要么由于家庭出现问题，要么成绩不好，缺乏自信，从而厌学、厌世，转而在虚拟世界寻找成功，逃避现实。我们会培养他们良好的上网习惯。"

家长应从小引导孩子

目前全省有多少问题青少年，数据和比例都无法统计，但每个孩子在初中阶段，都会经历叛逆期，只要家长不注意，就会出现各种各样的问题。

"可以说，孩子的问题绝大部分是家庭教育缺失造成的。"刘焕荣建议，家长应从小对孩子上网进行引导。"现在的孩子几岁就会玩儿手机，家长就要做好引导，不能顺着孩子的性子，想看什么就看什么，而应引导多看些对成长有利的东西。同时，家长不能只注重孩子的学习成绩，在成绩下滑时直接进行简单粗暴的批评。"

在关爱他人的同时，刘焕荣自己却疾病缠身。现在她患上了皮肤癌，手术危险太大，只能以药物维持。即使这样她依然坚持："我希望更多人来关心孩子的教育问题，将爱心接力下去。"

（节选自中国江西网，有改动）

回答问题：
1. 刘焕荣因为什么获得了许多荣誉和赞美？
2. 为什么在现代社会帮助网瘾少年戒除网瘾更困难？
3. 为了防止问题少年的出现，家长在教育孩子的过程中应该怎么做？

阅读二（字数约900字；阅读与答题参考时间8分钟）

分类高考的积极意义

有关高考改革的消息不断传出，让面临高考的学生以及他们的家长焦虑、担忧，因为他们无法估计，政策的变动，将对学生们未来的命运产生怎样的影响。

不过，很少有哪项高考改革，会像将技术技能型人才与学术型人才选拔分开、实行两种模式高考的消息这样，能让人心平气和地接受。连专家们都说，在各项高考制度改革中，职业院校分类招考阻力最小，最容易进行。

悲观些看待这种"容易"，恐怕是因为与重点大学招生相比，社会对于高等职业院校的招生改革关注度不高。这样的忽视，正是整个社会对职业教育长期轻视、缺少深入思考的体现。

乐观地说，一个社会的改革，往往都是从最薄弱的环节开始兴起，也最有可能在不受重视的环节上首先获得成功。回顾一下高考招生改革进程，会发现，国家设计的高考录取模式改革是从几所知名重点高校开始试点的，在此之后，北京、上海等地的高等职业院校考试才逐渐变成自主招生。但论起进展，重点高校的自主招生，历经十年，到今天，不论是范围还是尺度、选拔方式，都没有更新突破；高职院校的自主招生，却进展很快：考生不再参加统一高考，只需要有学校推荐，再通过不同学校自己举办的笔试和面试，就能够进入合适的院校读书。

一个面向基础教育的人才选拔考试，如果每年考试的结果，都有过半考生成绩没有达到及格线，甚至低到令人羞愧和备受打击，也许我们就该质疑，这种考试的合理性，它在区分人类高下的同时，是否也在证明基础教育在人才培养方面的失败？——在不分类的情况下，我们的高考正是如此。

只是因为忙着仰望学霸、追逐状元，我们很少去想，那样为了增加区分度而让一众学生分数低到尘埃里的做法，会对他们的尊严与自信产生怎样的打击与影响，以及这样做有没有必要。

也许，对于高考成绩不理想的学生来说，需要的只是有机会选择另一种考试与学习方式，同样是"择优录取"，换一种方式，他们会是"好学生"，是最值得期待的技术技能型人才。

"一考定终身"的设计，原是为了保证人才选拔的公平公正；分类考试、自主招生，应该兼顾公平与人才培养的效益。需要关注的是，在改革的同时，别忘了公开、透明与监督，保住公平的底线。

（节选自人民网，有改动）

回答问题：
1. 高等职业院校的招生改革更容易推行说明了什么？
2. 在高考改革十年之后，高职院校的自主招生发生了怎样的变化？
3. 现行的不分类的高考政策可能产生的问题是什么？
4. 分类考试和自主招生需要注意什么？

阅读三（字数约850字；阅读与答题参考时间8分钟）

高考改革的重点是尊重学生选择权
熊丙奇

近年来，高校招生腐败案件已呈多发趋势，自主招生、补录及调换专业三个环节成为招生腐败重灾区。日前，《中国青年报》对18272人进行的一项调查显示，91.2%的受访者认为当前高校招生腐败问题严重。87.7%的受访者直言，自己身边就有送钱送礼上大学的情况。受访者中，高校学生占27.3%，学生家长占34.7%，高校教师或行政人员占8.7%。

如何拯救高校招生公信力，是推进高考制度改革中，教育部门和高校必须直面的问题。高校招生公信力极低，主要与两方面因素有关。

其一，招生不公开、不透明。虽然早在2004年教育部就推出了"阳光高考"工程，要求各地做到高考招生信息公开、透明，但这项工程并没有完全落实，尤其是在特长生招生、高考加分、自主招生方面，高校的信息公开并没有达到"阳光高考"的要求。而耐人寻味的是，即便信息不公开，也没有任何地方教育部门、高校被问责。

其二，高考改革的程序设计出现偏差。具体表现在，一方面，改革由教育行政部门主导，公众没有参与权和决策权，另一方面，我国正在实行的自主招生改革，把高校的个性化测试放在统一高考之前，自主招生没有突破单一的分数评价体系，整个基础教育还是盛行应试教育。

科学、合理的自主招生应该告别集中录取，允许学生与学校双向选择。学生参加统一高考，学校依据统一高考成绩提出申请成绩要求，达到成绩要求的学生自主申请大学，大学根据统一测试成绩、大学面试考察成绩、中学学业成绩综合评价录取学生。

香港地区高校在内地自主招生就用统一高考的成绩作为申请的笔试成绩，国外一些大学，诸如悉尼大学也认可我国的高考成绩，我国高校没必要自己或多校联合搞笔试，在学生参加学校笔试、面试之后再去参加统一高考，这是对自主招生本质的误解，也是对基本程序的颠倒。

如果考生可以申请若干所大学，可获得若干所大学录取通知书，将充分扩大学生的选择权,而选择权是受教育者最基本的权利,有了选择权的受教育者,将进一步拥有对大学的监督权、评价权,教育部门、学校面对有选择权的受教育者,不得不做到信息公开,这样才能真正确保公平公正。

(节选自《中国青年报》,有改动)

判断正误:

1. 近年来招生腐败问题已经到了无法控制的地步,自主招生、补录及调换专业三个环节更是重灾区。（　　）
2. 教育部和高校在自主招生过程中必须解决公信力低的问题。（　　）
3. "阳光高考"政策在很多学校的特长生招生、高考加分、自主招生等方面没有得到落实。（　　）
4. 中国的整个基础教育目前还是应试教育,"一考定终身"的情况并没有彻底改变。（　　）
5. 集中录取就是允许学生与学校双向选择。（　　）
6. 当受教育者有了选择权之后,能更好地对大学进行监督和评价,促进信息公开,从而真正确保公平公正。（　　）

第十课　纳米技术：带给人类的是什么

背景知识　"纳米"是音译词，英文为 nanometer，其本身为一个长度单位，即 1 纳米等于一百万分之一毫米。纳米大概是 10 个氢原子紧密排列的长度。一根头发的宽度是纳米的 8 万倍，而在这种"纳米尺度"的世界里，物质拥有种种异乎寻常的量子性质。20 世纪 70 年代纳米颗粒材料问世，80 年代中期在实验室合成了纳米块体材料，真正成为材料科学和凝聚态物理研究的前沿热点是在 80 年代中期以后。纳米科技是 21 世纪最重要的科学技术之一。

词语表

1. **纳米**　nàmǐ　（名）
   纳米是非常小的长度单位。
   长度单位，1 纳米等于一百万分之一毫米
   nanometer
   ナノメートル
   나노미터, 10 억 분의 1m 를 가리키는 미세한 단위

2. **舒适**　shūshì　（形）
   环境舒适 / 这家宾馆环境舒适，服务周到。
   舒服安逸
   comfortable, cosy
   心地いい、快適である
   편하다, 쾌적하다

3. **防止**　fángzhǐ　（动）
   出门前要关掉所有电源，防止发生火灾。
   预先设法制止（坏事发生）
   to prevent, to guard against
   防止する
   방지하다

4. **限制**　xiànzhì　（动）
   受到限制 / 人身自由不应该受到限制。
   规定范围，不许超过
   to limit, to confine, to restrict
   制限する、制約する
   제한하다, 한정하다

5. 莫名其妙　　mò míng qí miào

他莫名其妙地生气了。

表示事情很奇怪，使人不明白
odd, inexplicable
不思議である、わけが分からない
영문을 모르다 (일이나 상황이 아주 이상함을 나타냄)

6. 遭　　zāo　　（动）

遭到 / 回家的路上，他遭到了坏人的袭击。

遇到（多指不幸或不利的事情）
to meet with, to suffer (misfortune, etc.)
遭遇する
(불행 등을) 만나다, 당하다

7. 骨折　　gǔzhé　　（动）

他从楼梯上摔下来，腿骨折了。

因外伤或骨组织的病变，骨头折断或碎裂
to fracture a bone
骨折する
골절되다

8. 打击　　dǎjī　　（动）

父亲的去世对他的打击很大。

使受挫折；攻击
to hit, to strike, to attack, to deal a blow
攻撃する、打撃
공격하다, 타격을 주다

9. 灰心　　huī xīn

遇到困难不要灰心。

（因遭到困难、失败）意志消沉
disheartened, discouraged
がっかりする
실망하다, 의기소침하다

10. 博士　　bóshì　　（名）

他是北京师范大学的博士。

学位的最高一级
doctor
博士
박사

11. 警告　　jǐnggào　　（动）

各种自然灾害警告人类要保护好环境。

提醒，使警惕
to warn, to caution
警告する
경고하다

12. 灾难　　zāinàn　　（名）

一场灾难 / 汶川地震是一场灾难。

天灾人祸所造成的严重损失和痛苦
(manmade or natural) calamity, disaster
災難
재난

13	生态 shēngtài	(名)	指生物在一定的自然环境下生存和发展的状态，也指生物的生理特性和生活习性 ecology, organisms' habits 生態 생태
	生态环境 / 我们要保护生态环境。		
14	持续 chíxù	(动)	延续不断 to continue 持続する 지속하다
	这台电脑已经持续工作了五十个小时。		
15	基因 jīyīn	(名)	生物体遗传的基本单位 gene 遺伝子 유전자
	基因决定了人的生老病死。		
16	证实 zhèngshí	(动)	证明其确实 to confirm, to verify 実証する、証明する 실증하다
	实验结果证实他的想法是对的。		
17	多余 duōyú	(形)	不必要的 unnecessary, surplus 余計の、余った 군더더기의, 쓸데없는
	妈妈的担心完全是多余的。		
18	效益 xiàoyì	(名)	效果和利益 beneficial result 効果と利益 효과와 이익
	这家企业的效益不好。		
19	面貌 miànmào	(名)	比喻事物所呈现的景象、状态 appearance, aspect 容貌、顔つき 면모, 양상
	精神面貌 / 我们要保持良好的精神面貌。		
20	结合 jiéhé	(动)	人或事物间发生密切联系 to combine, to integrate, to link 結合する 결합하다
	我们要结合学过的课文回答问题。		
21	举世瞩目 jǔshì zhǔmù		全世界都关注 to attract worldwide attention, to become the focus of world attention 世界的に知られている 온 세상이 모두 주목하다
	这位科学家取得了举世瞩目的成就。		

| 22 | 变革 | biàngé | （动） |

社会变革 / 这场社会变革给人们带来了希望。

改变事物的本质
to transform, to change
変革、変革する
변혁, 변혁하다

| 23 | 借以 | jièyǐ | （连） |

老师讲了一个故事，借以告诉学生一个道理。

拿……作凭借，以便（达到某种目的）
in order to, so as to, by way of
それによって～する
～에 의해, ～함으로써

| 24 | 移动 | yídòng | （动） |

不要随便移动实验室里的东西。

改变原来的位置
to move, to shift
移動する
움직이다, 이동하다

| 25 | 果蝇 | guǒyíng | （名） |

果蝇是苍蝇的一种。

苍蝇的一种
fruit fly
ハエの一種
파리의 일종

| 26 | 染色体 | rǎnsètǐ | （名） |

植物和动物的染色体不一样。

遗传的主要物质基础
chromosome
染色体
염색체

| 27 | 胸脯 | xiōngpú | （名） |

他拍着胸脯保证，一定完成任务。

指胸部
chest
胸
가슴, 흉부

| 28 | 翅膀 | chìbǎng | （名） |

还没下课，心就好像长了翅膀，早就飞到了食堂。

鸟或昆虫的飞行器官，一般是成对生长
wing
羽、翼
날개

| 29 | 操纵 | cāozòng | （动） |

操纵市场 / 这家集团操纵着整个资本市场。

用不正当的手段支配、控制
to control, to manipulate
操縦する
조종하다

课文导入

1. 你对纳米技术有哪些了解？
2. 你认为纳米技术会给人类生活带来哪些影响？

纳米[1]技术：带给人类的是什么

人类在不断进步，不断认识新世界。技术的发展不仅带来了舒适[2]，还使人变懒，每天不得不为减肥而锻炼；空调让你温暖舒服也使你呼吸不到新鲜空气而患上空调病；生产出很多好东西的同时又带来环境污染，得花很多钱去清洁天空。看来，人类要学会更加冷静地对待科学，通过及时制定法律来防止[3]和限制[4]由科学所带来的负面影响。

20世纪90年代，纳米产品闯进世人生活，不断有大量信息向人们显示纳米技术给生活带来的似乎是莫名其妙[5]的变化——当咖啡不小心洒在裤子上时，完全不用担心它会弄脏你的裤子，因为这裤子是纳米材料做的，咖啡或其他脏东西都不会留在这种裤子上。当你遭[6]到严重骨折[7]的打击[8]时，不必灰心[9]，用上纳米技术生产的骨头就不用担心走不了路或写不了字，你可以重新有自己的腿或胳膊。

可是来自ETC的项目主管Jim Thomas（吉米·托马斯）博士[10]警告[11]我们，纳米技术带给人类的**不仅仅**是科技的好处和美好的生活，它很可能带来一些新的危险，甚至是灾难[12]。ETC是国际非政府组织，一直关注科技发展对社会的影响。

近日访问北京的吉米博士说，纳米技术将在人类健康、社会道德、生态[13]环境、可持续[14]发展等等方面引发诸多问题。他相信未来纳米技术将会代替基因[15]技术成为最受关注的应用技术，影响遍及农业发展、计算机、医疗、制药、国防、服装等很多方面。

为了证实[16]这些警告是否多余[17]，我查找了所有与纳米技术相关的中文网站或信息，但没有找到一条这方面的警告。

也许**正因为**纳米技术具有广泛的实用价值和巨大的经济效益[18]，才显得更加危险——它只要进入生物学方面将迅速改变农业和医学的面貌[19]，人类生活方式也将在纳米技术与计算机和基因生物学的结合[20]中迅速出现举世瞩目[21]的变革[22]。

纳米技术让科学家能够以新的方式研究和控制材料的特性，借以[23]创造新的物质，包括生命体。但基因工程并不只是带来乐观的结果。科学家通过移动[24]果蝇[25]染色体[26]的基因，结果制造出了比正常果蝇多长了一个胸脯[27]和翅膀[28]的果蝇。科学家已经可以通过基因操纵[29]把果蝇的眼睛搬到不该有眼的地方，把翅膀搬到不该长翅膀的地方。**由此**不难想象若用纳米技术操纵生物基因会制造出什么样的"怪物"来。

（全文字数：约900字）

（节选自《中国青年报》，有改动）

注释

① 纳米技术带给人类的**不仅仅**是科技的好处和美好的生活,它很可能带来一些新的危险,甚至是灾难。

[解释] 不仅仅:不只。表示强调,突出后一层意思。

[例句] ① 我坚持运动不仅仅是为了减肥,更为了身体的健康。
② 他担心的不仅仅是公司的经济情况,还有发展方向等。
③ 对我来说,他不仅仅是个朋友,也是老师、哥哥。

② 也许**正因为**纳米技术具有广泛的实用价值和巨大的经济效益,才显得更加危险——它只要进入生物学方面将迅速改变农业和医学的面貌,人类生活方式也将在纳米技术与计算机和基因生物学的结合中迅速出现举世瞩目的变革。

[解释] 正因为:表示强调原因。

[例句] ① 正因为她从不放弃,我才佩服她,喜欢她。
② 他在班上成绩最好,但正因为这样,别的同学都不喜欢他。
③ 正因为她学习非常努力,她的学习成绩才会快速提高。

③ **由此**不难想象若用纳米技术操纵生物基因会制造出什么样的"怪物"来。

[解释] 由此:习用语。从这里。承接上文,加以推论。用于书面。

[例句] ① 他错了,但不能由此说明你是对的。
② 尽管他犯了很大的错,但是老板并没有开除他,由此可见老板还是很信任他、喜欢他的。
③ 那件事以及由此产生的各种看法和评论已经被人们忘记了。

报刊长句

1. 看来,人类要学会更加冷静地对待科学,通过及时制定法律来防止和限制由科学所带来的负面影响。
　　　人类要学会　　冷静地对待科学,　　　　　防止和限制
　　负面影响。

2. 近日访问北京的吉米博士说，纳米技术将在人类健康、社会道德、生态环境、可持续发展等等方面引发诸多问题。

　　　　吉米博士说，纳米技术将
　　　　　　引发　　问题。

读报小知识

报刊语言的特点之一——缩略词多

　　报刊文章用有限的版面报道尽可能多的信息，常常将几个词压缩成一个词，主要有两种类型：一是压缩式，即缩略词是通过直接减少原有几个词当中一些文字而获得的，如世贸组织、入世等等；二是对内涵相关的几个词进行归纳而成的，如三资企业、两会、四大件等等。

练习

一　课外阅读近期中文报刊上的文章，把你喜欢的一篇剪贴在笔记本上，阅读后写出摘要，并谈谈你的观点。

二　给下列动词搭配适当的词语

打击_____　　　警告_____

证实_____　　　防止_____

限制_____　　　遭　_____

移动_____　　　操纵_____

三　选词填空

| 打击 | 警告 | 不仅仅 | 证实 | 正因为 |
| 由此 | 防止 | 操纵 | 莫名其妙 | 举世瞩目 |

1. _____她对你很失望，所以她不再理你了。

2. 从此以后，希腊人开始由重视计算转向重视推理，由重视算术转向重视几何学，并

_____建立了几何公理体系。

3. 刘晓庆多年来一直是人们关注的焦点人物，这_____因为她是一位个性鲜明的电影演员，更重要的是，她很会造新闻。

4. 有学者_____说，艾滋病病毒感染者至少有 80% 生活在中国农村，如果不能加大防治力度，就会由于病情恶化马上变成艾滋病病人。

5. 有关部门派来了调查组，调查结果_____，该地中小学乱收费现象严重，某中学仅 2002 年乱收费就达 10 万余元。

6. 有些人常常会取笑别人的失误，以显示自己的高明并_____别人的积极性。

7. 父母不应该_____孩子的工作选择，应尊重孩子自己的意愿。

8. 为了_____受骗，大学生网上求职应参加由学校、教育部门、人事部门组织的正规网上招聘活动。

9. 今日中国之巨大变化，得益于二十多年前开始的那场_____的农村大变革。

10. 这时，妈妈收到儿子的一封来信，信中说了一些让她觉得_____的话："我最近觉得自己才开始长大一点，我要自己决定自己的事情……妈妈，以前你为什么不让我自己长大？"妈妈糊涂了，儿子怎么会没有长大？

四 根据课文内容回答问题

1. 课文第一段举的例子说明了什么？
2. 为什么纳米技术给生活带来的似乎是莫名其妙的变化？
3. 吉米博士警告我们什么？
4. 吉米博士认为纳米技术影响遍及哪些方面？

五 概括下面这段话的主要内容

　　基因工程并不只是带来乐观的结果。科学家通过移动果蝇染色体的基因，结果制造出了比正常果蝇多长了一个胸脯和翅膀的果蝇。科学家已经可以通过基因操纵把果蝇的眼睛搬到不该有眼的地方，把翅膀搬到不该长翅膀的地方。

六 将下列各句组成一段完整的话

1. A. 因为这裤子是纳米材料做的
   B. 完全不用担心它会弄脏你的裤子
   C. 咖啡或其他脏东西都不会留在这种裤子上
   D. 当咖啡不小心洒在裤子上时

   正确的语序是：（   ）（   ）（   ）（   ）

2. A. 我查找了所有与纳米技术相关的中文网站或信息
   B. 为了证实这些警告是否多余
   C. 但没有找到一条这方面的警告

   正确的语序是：（   ）（   ）（   ）

七 尽量使用以下词语进行话题讨论

| 打击 | 警告 | 不仅仅 | 证实 | 正因为 | 由此 |
| 防止 | 操纵 | 莫名其妙 | 举世瞩目 | 效益 | 灾难 |

1. 你认为要不要发展纳米技术？为什么？
2. 你认为科技带给人类的是幸福，还是灾难？为什么？

快速阅读

阅读一（字数约1000字；阅读与答题参考时间9分钟）

信用卡消费：警惕便利背后的风险

曹恩惠

当下，使用信用卡进行消费极为普遍，安全、便捷的特点正吸引越来越多的人去使用这一消费模式。然而，便利之余，各种风险与诈骗陷阱也层出不穷，这种现象应引起消费者的足够重现。

杜绝主观占有　远离恶意透支

北京市朝阳区人民法院曾审理一起信用卡诈骗案。

游某在过去三年时间里，拿着自己办理的多家银行的不同信用卡，以刷卡消费、提现等方式支取巨额人民币，案发后仍有部分本金未归还。

游某的行为已经构成信用卡诈骗罪，属于信用卡诈骗罪中的"恶意透支"。根据中国的刑法规定，"恶意透支"是指持卡人以非法占有为目的，超过规定限额或者规定期限透支，并且经发卡银行催收后仍不归还的行为。

持卡人在享受透支消费带来的资金周转便利的同时，也要警惕出现"恶意透支"的可能。明确所持卡的透支额度，按期偿还透支本息。

提防代办陷阱 保护个人信息

只需提供个人身份信息，就可以办理高额度信用卡？这种"好事"基本不靠谱！

小张听人说只需提供一张身份证复印件，某公司就能办理高额度信用卡。因为急需用钱，他就通过这家公司办理了一张信用卡。不料，今年春节后小张突然收到一条在商场刷卡10000元的消费短信。原来小张把自己的信息留给了这家公司，在小张刷卡时，其信用卡信息已被这家公司的刷卡机读取，并复制了一张假卡进行盗刷。

这件事告诉我们在申请信用卡时，申请人应该通过正规渠道，尽量由本人办理，不能轻信中介机构，泄露个人信息。

慎重保管卡片 遗失及时挂失

王先生在工商银行办理了一张无密码信用卡。在一次外出中，其信用卡不慎丢失，而后被盗刷万余元。震惊之余，王先生十分疑惑：在办卡时，该卡信用额度仅10000元，而此前一笔消费已经刷掉了8000多元，为何会被盗刷万元？与银行沟通后，王先生才了解到银行已经将自己信用卡的额度提升到了30000元。

王先生认为，银行在未通知自己的情况下，擅自提高自己的信用卡额度，这是造成其损失的主要原因，遂将银行诉至法院。

银行则表示，在与王先生签订的合同中已明确约定银行有权单方调整信用卡信用额度。此外，王先生在信用卡丢失后，也没有及时报失。

令王先生没想到的是，其诉讼请求竟被驳回。法院认为，王先生在信用卡丢失后，没有及时报失，这是造成其损失的主要原因，因此银行对于王先生信用卡被盗刷不承担责任。无密码信用卡在刷卡时无需输入密码，只要核对签名即可，因而丢失后容易被盗刷。因此，持卡者需注意避免丢失信用卡，丢失后要及时挂失。

（选自《人民日报》，有改动）

回答问题：
1. 在中国，什么样的行为会被判定为"恶意透支"？
2. 小张因信用卡信息泄露造成损失的经历给了你什么启示？
3. 在王先生的案例中，法院为什么驳回了他的诉讼请求？对此你怎么看？

阅读二（字数约900字；阅读与答题参考时间8分钟）

照亮10亿人的希望之光

段歆涔

微电网技术为贫困地区驱走黑暗

我们是选择推广有利可图的商业模式，还是为更多的人获得电力而不惜一切代价？有时这两种方式是无法同时存在的。

海地是西半球电气化程度最低的国家，其国民每月花费10美元购买蜡烛和煤油用于照明——这一花销是美国居民获得同等光亮所支付电费的125倍。全世界近13亿人过着没有电的生活，其中许多人离不断扩大的电网仍很遥远。

目前科学家正探寻让农村地区获得清洁能源的最佳方式。企业、工程师、科学家、经济学家共同寻找设立独立"微电网"的方法。《自然》杂志盘点了全世界几处"亮点区域"——它们成功的技术和商业模式有助于使更多地区走出黑暗。

印度 Tamkuha

电气工程师、企业家 Gyanesh Pandey 于2007年来到印度一个偏远的农业村镇 Tamkuha，决心使当地实现电气化。他们发现该镇所属的比哈尔邦盛产稻米。在获得来自印度新能源与可再生能源部门1.2万美元的资金支持后，两人又自掏腰包购买并改装了一个气化炉，用于使谷壳转化为生物燃料；他们还配置了一台32千瓦的发电机，在全村铺设输电线路。

不到5个月，Tamkuha 的居民已经有足够的电力用来给移动电话充电，且每家每户都配有两个节能灯泡，在夜间能照明6-8小时。

南太平洋 Tokelau

2012年6月，一艘货船驶入了 Tokelau（南太平洋上的一座小岛），给其带去了史上最大规模的一次货物输送。货船上有4000多个太阳能电池板和1000多个蓄电池，以及数不清的钉子和螺丝。这些货物使得 Tokelau 成为首个由依赖化石燃料彻底转型为采用可再生能源的国家。

和其他岛国一样，Tokelau 过去依赖柴油发电机满足岛上的电力需求。在新电力系统的第一年运行中，1兆瓦的太阳能系统能满足 Tokelau 约93%的电力需求。如今，Tokelau 每年的燃料支出减少了约80万美元——这一数额大约相当于新西兰政府借给 Tokelau 用于修建微电网的资金。

塞内加尔 Sine Moussa Abdou

Sine Moussa Abdou 的居民曾经需要跋涉数十公里到邻近的村庄给移动电话充电，且电价高达每千瓦时110美元。2009年，一条微电网在该镇铺设——电力可以被输送到每个住户家中，现在的电价仅为每千瓦时 1.4 美元。输电公司表示，发电需要借助风能、太阳能和柴油机，且由于夜晚有足够的灯光照明，通电后的那一年，该镇所有学生首次全部通过了期末考试。

（选自《中国科学报》，有改动）

回答问题：
1. Gyanesh Pandey 是怎么帮助印度农业村镇 Tamkuha 实现电气化的？
2. 微电网的建立，使得南太平洋小岛 Tokelau 的能源结构发生了什么变化？
3. 微电网给塞内加尔 Sine Moussa Abdou 的居民带来的好处有什么？
4. 这几个故事对你有什么样的启示？

阅读三（字数约 900 字；阅读与答题参考时间 9 分钟）

"刷脸"取现金 下一代 ATM 标配生物识别
朱文彬

身处密码时代，人们总难免焦虑。用生日、手机号做密码不安全，随机编一组数字又怕记不住。好消息是，下一代 ATM 机将彻底消除这种不安情绪。就算你没带银行卡，忘记了密码，也不用担心，只要露出你的脸，或者伸出一只手，一切都可以轻松搞定。

"刷脸"取现金

不久前，美国德克萨斯州联合银行的一个营业部，迎来了一位储户，他既没带银行卡，也没有回忆密码就径直走向 ATM 机提款，一台摄像机对他的眼睛进行了扫描，迅速而准确地完成了身份鉴定，他很快办理了业务。

安全、便捷——生物识别技术，正是二者结合的时代产物，也顺其自然成为下一代 ATM 机的标配。

生物识别引领下一代 ATM

走进某公司新驻地的一楼展厅，各式 ATM 机整齐成列。一台大的显示器格外引人注目，它连接着一个装载生物识别技术的 ATM 机，技术人员一边演示一边讲解。

所谓生物识别技术，就是通过计算机与光学、声学、生物传感器和生物统计学原理等高科技手段密切结合，利用人体固有的生理特性（如指纹、脸相、虹膜等）和行为特征（如笔迹、声音、步态等）来进行个人身份的鉴定。

巨大空白市场亟须填补

一份来自全球 ATM 行业权威研究机构的最新报告显示，截至 2012 年底，全球 260 万 ATM 机中只有 7% 配备了生物识别技术，而且集中在少数几个国家。

其中，全球三分之二的生物识别 ATM 位于亚太地区，日本占据了一半的份额。日本大面积采用该技术，是为了打击欺诈行为。

不过一个令人难以理解的现象是，欧美等发达国家在生物识别 ATM 上所占比例并不高。业内人士分析称，主要原因在于技术问题、客户的信任以及较高的成本。"很多人对于生物识别技术都很谨慎且有抵触心理，他们担心其生物特征数据被访问和保存。"

"未来银行"必备利器

值得一提的是，中国也是生物识别 ATM 市场空白的国家，但这一情况即将改变。"随着上世纪 90 年代以来，生物技术不断发展，成本已经降低了不少。"业内人士说，生物识别技术具有彻底变革获取现金方式的能力，潜力巨大，交易时间、银行支出都将减少。最重要的是，发生欺诈的可能性也会大大降低。"出于更高的安全性、便捷性要求考虑，未来银行对生物识别技术的市场需求巨大。"生物识别技术将是"未来银行"的必备战术。

（节选自《齐鲁晚报》2013 年 02 月 21 日，有删改）

判断正误：

1. 下一代 ATM 机将彻底消除因为忘记密码而给人们带来的所有问题。（　）
2. 配备了生物识别技术的新一代 ATM 机会更加安全和便捷。（　）
3. 生物识别技术的原理是，把人体固有的生理特性和行为特征与一系列高科技手段结合在一起，对个人的身份进行鉴定。（　）
4. 全球只有 7% 的国家拥有总数为 260 万台的配备了生物识别技术的 ATM 机。（　）
5. 全球约 66% 具有生物识别功能的 ATM 位于亚太地区，而日本占了其中的一半。（　）
6. 美国的很多客户因为担心生物特征数据被保存而拒绝使用生物识别 ATM。（　）
7. 生物识别技术能大大减少交易时间，并有效防止欺诈案件的发生。（　）

第六一十课测试题

答题参考时间：100 分钟   分数：_____

一 给下列动词搭配适当的词语（10 分）

前往 _____   提醒 _____

举办 _____   加紧 _____

询问 _____   招聘 _____

推销 _____   录用 _____

忽视 _____   引进 _____

完善 _____   警惕 _____

干涉 _____   烦 _____

发觉 _____   闹 _____

打击 _____   警告 _____

证实 _____   防止 _____

二 选词填空（10 分）

究竟	正因为	差不多	由此	无论如何
除……之外	无非	倒是	是否	尽管……但……

1. 他_____了喜欢玩儿网络游戏_____，还喜欢网络聊天。

2. _____，他都要把工作做完才下班。

3. _____人们学习动机各不相同，_____一半以上（56.4%）的读者表示，学习是为了在当前激烈的竞争中保持优势。

4. 据北京市教委统计，北京每年参加自费英语培训的人数高达 20 万，_____产生出 7 亿元的市场。

5. 他对你那么热情，_____是希望你借些钱给他。

6. 孩子们对这个世界、对学习、对学校、对老师、对父母、对所有他们想了解的问题，_____有些什么认识、有些什么要求，我们知道得太少。

7. _____你的要求过高，所以到现在还没有找到满意的工作。

8. 有人统计过，人事经理平均用1.4分钟处理一份简历，然后用30秒以内的时间决定_____给应聘者下一个机会。

9. 他的公司破产后，没想到他的朋友都对他态度冷淡，_____他的竞争对手表示愿意帮助他。

10. "我的大学生活属于中等水平。"今年刚刚毕业的北京某大学学生小娟算了算自己大学四年的开销，_____6万多元。

三 判断A、B两句意思是否相同（10分）

1. A. 现有的知识不能很好地胜任现有的工作。

   B. 现有的知识不适合做现有的工作。

2. A. 毕业生是否顺利找到工作，在很大程度上是因为求职方法的不同。

   B. 毕业生是否顺利找到工作，是由求职方法决定的。

3. A. 目前在全球范围内，未进行回收安全处理的显示器达两亿台左右，其中中国约占4000万台。

   B. 目前在全球范围内，未进行回收安全处理的显示器达两亿台左右，其中中国约占1/5。

4. A. 父母往往不习惯逐渐长大的孩子有自己的秘密，有不愿坦率说出的心事。

   B. 父母不希望逐渐长大的孩子有自己的秘密，有不愿坦率说出的心事。

5. A. 吉米博士相信将来纳米技术将会代替基因技术成为最受关注的应用技术。

   B. 吉米博士相信纳米技术将会成为最受关注的应用技术。

四 将下列各句组成一段完整的话（7分）

1. A. 了解哪里正有空缺

   B. 可请教认识的每位朋友

   C. 俗话说"多一个朋友多一条路"

   正确的语序是：（   ）（   ）（   ）

2. A. 心底最秘密的东西被她这样无情地抛在阳光下

B. 妈妈就神情严厉地追问丁锦"他"是谁

C. 丁锦知道妈妈是偷看了自己的日记了

D. 丁锦一进家门

正确的语序是：（　　　　）（　　　　）（　　　　）

五 根据下面各段内容回答问题（10分）

1. 中秋节这一天，黄先生没和家人聚在一起。当时他正在北京大学EMBA（高级管理人员工商管理硕士）的课堂上。黄先生是深圳红丽实业集团的总经理。每半个月，他都要乘飞机来北京上课。

   问题：中秋节这一天，黄先生为什么没和家人聚在一起？

2. 专家也提到四种最为人们熟悉、为多数人使用的找工作方法，失败率比想象中高，例如：靠公司的招聘广告，失败率60%－80%；靠职业介绍所，失败率75%－90%；靠行业或贸易刊物的招聘广告，失败率88%；靠大量寄出求职信，失败率92%。

   问题：专家指出哪种找工作的方法失败率最高？失败率为多少？

3. 尽管电子垃圾对环境和人类健康有着不可忽视的危害作用，但如果回收利用方法合理，却能够做到变废为宝。废旧电子电器中含有大量可回收的有色金属、黑色金属、塑料、玻璃以及一些仍有使用价值的零部件等，其回收利用具有重要意义。因此，如何对废旧电子电器产品进行有效地回收利用，对社会而言意义十分重大。

   问题：为什么说对废旧电子电器的回收利用具有重要意义？

4. 在这难熬的学习生活中，人免不了会有点儿幻想。丁锦为自己设计了一个白马王子的虚拟形象。每天学习累了，就打开日记和"他"倾诉，"他"会安慰丁锦，逗丁锦开心，丁锦感到自己的情感有了寄托，而"他"会不断鼓励丁锦，在一所优秀的大学里等候着丁锦，丁锦感觉在很浪漫、很稳定地享受着感情……周围人的恋情再也影响不了丁锦了，她的情绪稳定而乐观，成绩也提高了许多。

问题：丁锦为自己设计了一个怎样的白马王子的虚拟形象？

5. 可是来自ETC的项目主管Jim Thomas（吉米·托马斯）博士指出，纳米技术带给人类的不仅仅是科技的好处和美好的生活，它很可能带来一些新的危险，甚至是灾难。ETC是国际非政府组织，一直关注科技发展对社会的影响。

问题：吉米·托马斯博士是怎么看纳米技术的？

六 概括下面各段话的主要内容（字数不超过30个）（9分）

1. 许先生此刻正在澳大利亚攻读MBA（工商管理硕士）。这个刚过30岁、曾在深圳有着自己公司的年轻人，在去年最后一天把公司卖出去，然后带着夫人一起重新回到课堂。他说："在生意场上拼了8年，我觉得自己都被掏空了。比我受过更好教育的年轻人越来越多，如果再不充电，将会被代替。"

2. 作为垃圾丢弃的废旧家电，将会对环境产生长期污染。一台个人电脑含有700多种化学原料，其中许多是有毒物质，如不进行处理就被填埋，对土地产生严重污染；如果进行燃烧，原材料中会释放出大量的有害气体，污染空气。而目前在废旧家电的回收处理中也存在着许多问题，一些老式电脑多含有金等贵重金属，一些私人和小企业采用酸泡、火烧等落后的工艺技术提出其中的贵重金属，产生了大量有害物质，严重污染了环境。

3. 20世纪90年代，纳米产品闯进世人生活，不断有大量信息向人们显示纳米技术给生活带来的似乎是莫名其妙的变化———当咖啡不小心洒在裤子上时，完全不用担心它会弄脏你的裤子，因为这裤子是纳米材料做的，咖啡或其他脏东西都不会留在这种裤子上。当你遭到严重骨折的打击时，不必灰心，用上纳米技术生产的骨头就不用担心走不了路或写不了字，你可以重新有自己的腿或胳膊。

阅读：（44分）

阅读一（22分）

大学毕业生该拿多少钱

日前，重庆某高校网上发布的一则号召成立"薪资联盟"的帖子，引起应届毕业生强烈关注。帖子号召该校大学毕业生"为了我们敬爱母校的声誉，为了我们多年的寒窗苦读，为了抵制某些黑心公司的乘机压价，让我们联合起来组成薪资联盟，低于3500元／月的就业协议，坚决不签"。与此同时，也有一些学生在求职过程中提出了"零工资求职"的概念，声称可以先不要报酬到用人单位试用，一段时间以后再根据其表现来确定录用与否并确定薪资。这两种做法的目的只有一个，就是想获得一份收入不错的工作。

其实，无论是"薪资联盟"还是"零工资求职"，都是大学毕业生们盲目求职心态的表现：要么对社会现实缺乏最基本的判断力，不能根据现实情况适时调整自己的期望值，找不到自己的准确定位；要么是过分天真，认为不要钱就可以让用人单位轻易地接受自己，完全背离了最基本的市场交换规律。

一个刚毕业的大学生可以拿到多少钱呢？据北京大学对高校毕业生起薪（指刚参加工作时所得到的工资收入）调查资料显示，毕业生月薪在2000元以下的占40.9%，2001－3000元的占45.5%，3001－4000元的占9.5%，4000元以上的占4.1%，平均收入为2550.7元。不同学历层次毕业生的起薪有显著差异，其中专科毕业生为2307.4元，本科毕业生为2501.7元，硕士、博士分别为3995.9元和3983.9元。

按性别调查，男女起薪分别为2550.5元和2561.1元，二者之间没有显著差异。

根据工作单位性质，国家机关、国有企业、学校、城市集体企业的起薪基本一致，分别为2516.7元、2508.1元、2455.6元、2527.0元；三资企业和科研单位略高，分别为3040.0元、2648.7元；乡镇企业略低，为2328.9元。

从工作类型看，各类行政管理工作、专业技术工作的收入比较接近，分别为2524.5元和2594.8元；各类企业管理工作收入最高，为2803.1元；各类服务工作的收入达到2678.1元；技术辅助工作为2419.0元。

另一份来自前程无忧（www.51job.com）的调查数据显示，同样为本科学历的情况下，不同地区高校毕业生的起薪差别也很大。北京高校毕业生的起薪最高，达到3160.5元，广东其次，为2973.4元，湖南、陕西分别为2665.2元和2520.1元，而山东、广西、云南高校毕业生的起薪分别只有2267.6元、2238.0元和2130.7元。

实际上，一个大学毕业生在刚刚工作之初，能力、业绩肯定无法立即体现出来。企业在没有完全了解学生自身的情况之前，当然不会开价过高。但是，可以肯定的是，只要一个大学毕业生在工作中体现出自身的价值，企业绝对不会因为其工资要求高一点而错过一个好的人才。大学生应该认识到："起薪"里的"起"字才是最重要的。

（节选自《中国青年报》，有改动）

（一）判断正误（16分）

1. 重庆某高校网上发布的一则号召成立"薪资联盟"的帖子，并没有引起应届毕业生的关注。　　　　　　　　　　　　　　　　　　　　　　　　（　　）
2. 据北京大学对高校毕业生起薪调查资料显示，毕业生月薪在2000元以下的所占的比例最高。　　　　　　　　　　　　　　　　　　　　　　　　（　　）
3. 不同学历层次毕业生的起薪有显著差异，其中硕士最高。　　　　　（　　）
4. 按性别调查，男女之间的起薪差别不大。　　　　　　　　　　　　（　　）
5. 根据工作单位性质，国家机关、国有企业、学校、城市集体企业的起薪差别很大。　　　　　　　　　　　　　　　　　　　　　　　　　　　　（　　）
6. 在不同的工作单位中，乡镇企业的起薪较高。　　　　　　　　　　（　　）
7. 从工作类型看，各类行政管理工作、专业技术工作的收入相差不大。（　　）
8. 各类企业管理工作的收入要比各类服务工作的收入高一些。　　　　（　　）

(二) 回答问题（6分）

1. 作者对"薪资联盟"和"零工资求职"是怎么看的？（3分）

2. 来自前程无忧（www.51job.com）的调查数据显示，同样为本科学历的情况下，不同地区高校毕业生的起薪有什么差别？（3分）

阅读二（22分）

我为什么留下他

我在一家大型外贸公司当部门经理。去年下半年，本地一所高校的几个外贸专业毕业生上门，想来公司实习。原本我只想让大学生们来帮忙打打杂的，实习结束时，请示总经理后，我把一个叫宋宇辉的同学留了下来。相比之下，我觉得这个小伙子有几个优点打动了我的心：

对人有礼貌，综合素质较好。正式实习的那一天，我向同学们介绍了部门的成员和同学们的分工。我分配小宋在老陈手下帮忙。老陈是公司的老业务员了，年龄偏大。当其他的同学感到不安时，小宋很自然地对老陈说："陈老师，您好！这段时间我们要给您添麻烦了，以后工作中还望您多多指点。"小宋语言简朴，落落大方。说老实话，老陈没有什么职务。小宋对他以"老师"相称，比较合适。老陈在心理上也能高兴接受。虽然这只是一个细节，但大家都觉得小宋有一定的生活见识，个人素质和教养也比较好。

做事主动积极，处理事情心细。一般来说，即使是分到单位来的新人，也会有较长一段时间的适应期，不知道该怎样调整自己。通过我好多天的观察，小宋不像其他的同学那样不知道做什么，他主动地见事做事——跑银行和商检交单，到海关报验，即使在大热天乘公共汽车去也毫无怨言。拿他自己的话说："我多跑一个地方，哪怕只是一个简单的交接单的过程，也会让我熟悉这个工作的环节。出了差错，请示老师后，现场改正也是一种学习的机会。"有好几次，老陈接国际长途，小宋就默默地坐在一边"旁听"，细心地学习他如何同外商交谈。有时则悄悄地给老陈递一支笔，或续上水，或记录一些数据。这些细小之处，既给老陈带来了工作上的便利，也表现出新人对"前辈"的尊重，我们看在眼里，都对他产生了好感。

基本功较扎实，能爱岗敬业。这些同学来了后，好几个人对我说，他们的英语过了几级，有的还是校文学社的成员。为了考查他们的真实水平，我简单地向他们讲了一个业务案例，要他们在规定的时间里用电子邮件写一份函件，表明各自的处理意见。交卷后，只有小宋写得很规范，有分析，有说理，外贸专业词汇用得比较准确。所以，谁的专业知识较为扎实，由此可见一斑。还有一次，我有意安排小宋和另一个同学分别到郊县取同一种样品。那位同学没有取回样品，而小宋不但取回了样品，还做了一些额外的工作——了解了该工厂给我们生产订单的进度和货物的质量。这些也说明小宋有一定的社会交际能力和值得肯定的工作责任心。

当然，小宋还有不足，例如工作上和他人的合作精神不够，性格比较张扬等，但他很适合我们公司的工作需要。当时，正好我们部门打算招一名外销员，经过老总的"特批"后，小宋刚一毕业，我们就委托公司人事部为他办好了手续，从而使他顺利地完成了实习—毕业—求职的"三级跳"。

（节选自《中国青年报》，有改动）

（一）判断正误（16分）

1. "我"在一家大型外贸公司做总经理。　　　　　　　　　　　（　　）
2. 本地一所高校的几个外贸专业毕业生来公司实习。实习结束时，他们都被"我"留了下来。　　　　　　　　　　　　　　　　　　　　　　　（　　）
3. 老陈是公司的一位年轻的业务员。　　　　　　　　　　　　（　　）
4. 小宋第一次见老陈时很有礼貌，给大家留下了好印象。　　　（　　）
5. 小宋刚到公司时，不知道该怎样调整自己，不知道做什么。　（　　）
6. 小宋有时悄悄地给老陈递一支笔，或续上水，或记录一些数据，这样给老陈带来了工作上的便利。　　　　　　　　　　　　　　　　　　　（　　）
7. 在一次考查中，小宋的专业知识比别的同学显得更扎实。　　（　　）
8. 有一次，"我"有意安排小宋和另一个同学分别到郊县取同一种样品，他们都顺利地完成了任务。　　　　　　　　　　　　　　　　　　（　　）

（二）回答问题（6分）

1. 在"我"看来，小宋主要有哪些优点？（3分）

2. 在"我"看来，小宋还有哪些不足？（3分）

第十一课　如何对待特殊的面试

背景知识

现在由于就业市场的竞争越来越激烈，面对众多的求职者，用人单位为了选拔出真正适合具体工作岗位的人才，往往根据具体工作岗位职责的要求设置特殊的面试，如考查应试者的机智、耐心、敏捷、责任心等方面的情况。

词语表

1. **合格** hégé （形）
   这件商品的质量合格。
   符合标准
   qualified, up to standard
   合格する、規格に合う
   기준에 들어맞다

2. **道具** dàojù （名）
   道具看起来越真实越好。
   演出或拍电影电视时表演用的器物
   stage property, prop
   (舞台用の)道具
   무대장치에 필요한 크고 작은 도구

3. **应聘** yìngpìn （动）
   他去那家公司应聘了，但是没通过。
   接受聘请
   to apply for a job
   招聘に応じる
   직원채용 공고에 응하다

4. **启发** qǐfā （动）
   启发式教学／我受到了老师的启发。
   引起对方联想而有所领悟
   to enlighten, to inspire, to arouse
   啓発する、事理を説き明かして導く
   계몽하다, 계발하다

5	主持	zhǔchí	（动）	负责掌管或处理
	他主持了开学典礼。			to take charge of, to manage
				主宰する、主管する
				주관하다, 책임지고 진행하다

6	当面	dāng miàn		面对面（做某件事）
	钱请当面点清。			face to face
				面と向かって
				마주보다, 직접 맞대다

7	签订	qiāndìng	（动）	订立条约或合同并签字
	签订协议 / 双方在北京签订了合作协议。			to sign (a treaty, etc.)
				サインする
				체결하다, 서명하다

8	合同	hétóng	（名）	两方面或几方面在办理某事时，为了确定各自的权利和义务而订立的共同遵守的条文
	签订合同 / 他与这家公司签订了劳动合同。			contract
				契約
				계약

9	测量	cèliáng	（动）	用仪器确定空间、时间、温度等有关数值
	我来测量一下房间的长度。			to measure
				測量する
				측량하다

10	幢	zhuàng	（量）	房屋一座叫一幢
	一幢房子 / 马路对面有一幢房子，那就是邮局。			measure word for a building
				棟（建物を数える）
				동, 채（집, 빌딩을 세는 말）

11	脑筋	nǎojīn	（名）	指思考、记忆等能力
	伤脑筋 / 他提出的问题真让人伤脑筋。			the ability of thinking and memorizing
				思想、意識
				머리（기억력, 사고력 등을 말함）

12	考查	kǎochá	（动）	用一定的标准来检查衡量（行为、活动）
	这次活动主要考查学生的合作能力。			to inspect, to investigate
				考査する、査察する
				조사하다, 검사하다

| 13 | 具备 | jùbèi | （动） | 齐备，拥有 to have, to possess 具備する、備える 갖추다 |

要具备很多条件才能申请这所大学。

| 14 | 保安 | bǎo'ān | （名） | 做保卫治安工作的人 security personnel 保安 경비 (치안을 담당하는 사람) |

他是这所学校的一名保安。

| 15 | 封 | fēng | （动） | 封闭 to seal, to close 閉じる、封鎖する 막다 , 봉하다 |

正赶上马拉松比赛，路被封了一个小时。

| 16 | 纷纷 | fēnfēn | （副） | 接二连三地 one after another, in great numbers 次から次へと 잇달아 , 계속 |

下课后同学们纷纷走出教室。

| 17 | 奔 | bèn | （动） | 直向目的地走去 to run quickly, to hurry 速く走る 급히 달려가다 |

奔向新生活 / 他下了地铁就直奔火车站。

| 18 | 白白 | báibái | （副） | 没有效果 in vain, for nothing ただに、いたずらに 헛되게 , 쓸데없이 |

一天的时间，白白浪费掉了。

| 19 | 溜 | liū | （动） | 偷偷地走开或进入 to slip away, to slide こっそり逃げる、滑り落ちる 몰래 사라지다 , 미끄러지다 |

不马上抓住，机会就会溜走。

| 20 | 难怪 | nánguài | （动） | 不应该责怪（含有谅解的意思） no wonder; to be understandable どおりで 당연하다 , 나무랄 것 없다 |

这也难怪，你早上没吃早饭，现在当然饿了。

| 21 | 创立 | chuànglì | （动） | 初次建立 to set up, to found, to originate 創立する 창립하다 |

创立公司 / 他创立了这家公司。

22	刚	gāng	（副）	表示行动或情况发生在不久以前
				just, barely
				ちょうど、～したばかり
				막 , 겨우

23	私有	sīyǒu	（动）	个人所有
	私有财产 / 这个房子是他的私有财产。			to be privately owned
				私有
				사유 , 개인 소유

24	大方	dàfang	（形）	样式、颜色等不俗气
	这件衣服的样子很大方。			natural and poised, generous
				気前がいい、けちでない、下品でない
				시원스럽다 , 거침없다 , 대범하다 , 인색하지 않다

25	勤劳	qínláo	（形）	努力劳动，不怕辛苦
	他是个勤劳的农民。			diligent, industrious
				勤勉である
				부지런하다

26	尽力	jìn lì		用所有的力量
	尽全力 / 我们要尽全力完成任务。			to use all one's strength
				全力を尽くす
				힘을 다하다

27	货物	huòwù	（名）	可供买卖的物品
	所有的货物都放在仓库里。			goods
				品物、商品
				화물

28	卸	xiè	（动）	把东西从运输工具上搬下来
	卸行李 / 把货物从车上卸下来。			to unload, to discharge, to lay down
				荷物を下ろす
				짐을 내리다

29	宣布	xuānbù	（动）	公开正式告诉
	他宣布下个月结婚。			to declare, to proclaim, to announce
				宣言する、公布する
				발표하다 , 선포하다

30	取消	qǔxiāo	（动）	使失去效力
	他的婚礼取消了。			cancel
				取り消す
				취소하다

| 31 | 嚷嚷 | rāngrang | （动） | 吵闹；喧哗 |

别嚷嚷，别人还在休息。

to shout, to yell, to make noise
やかましく声を出す、言いふらす
외치다, 소리지르다

课文导入

1. 说说你参加过的面试。
2. 如果你是用人单位，你会采用什么样的面试方法？

如何对待特殊的面试
李国明

为了招聘到合格⁽¹⁾满意的人才，不少企业设计了许多面试难题，有意为难考生，借此做出判断选择。利用"道具⁽²⁾"对求职者面试就是其中的一种方法。下面举一些应聘⁽³⁾者成功对待"道具面试"的例子，相信会对您求职面试有所启发⁽⁴⁾。

道具一：假币

某超市需招聘一名合格的收银员，我的一位原单位的同事前往应聘。有七位女性参加了面试。面试由老板亲自主持⁽⁵⁾，对前来面试的人员，老板分别拿出一张百元钞票叫她们去楼下某处去买包香烟。当这些人到规定的地点买烟时，工作人员告诉她们这张百元钞票是假的。而我的同事在银行工作了多年，一接过老板的百元钞票便习惯地检查一下，立即发现钱是假的，当面⁽⁶⁾将假币退还给了老板。老板立即与她签订⁽⁷⁾了工作合同⁽⁸⁾，放心地把超市的收银工作交给了她。那些没有当面发现这张百元钞票是假币的应聘者都面试失败。

老板认为，一个人职业能力的高低，有时从理论上是不好判断的。一个连假币都分别不出的人，不管他其他条件多么优秀，都是干不好收银工作的。

道具二：米尺

有一家公司招聘管理人员，给每位应聘者发了一根米尺，要求测量⁽⁹⁾出这幢⁽¹⁰⁾20层大楼的高度。应聘者有的利用数学知识进行复杂地计算；有的爬到楼顶用绳子系上米尺测量……有一位应聘者来到大楼管理处询问，得到了正确答案，由此入选了。

其实，这是一个脑筋⁽¹¹⁾急转弯的试题。因为仅用一根米尺是不可能量出大楼的准确高度的，考查⁽¹²⁾应聘者的反应能力才是"米尺面试"的真正目的，因为一个管理人员应当具备⁽¹³⁾良好的反应能力。

道具三：信封

某集团招聘保安⁽¹⁴⁾，主考人在进行了规定的面试之后，最后发给每一位应聘者一个未封⁽¹⁵⁾口的信封，要求他们用最短的时间送到8楼的办公室去。应聘者认为是考速度的比赛，纷纷⁽¹⁶⁾抢着出发，直奔⁽¹⁷⁾目的地。只有一位应聘者出于安全的考虑，打开信封看了一下。里面有一张纸条，上面写着：你被录用了。其实，所有的信封里面都有一张写了这五个字的纸条，其他人就这样让机会从手中白白⁽¹⁸⁾地溜⁽¹⁹⁾走了。这也难怪⁽²⁰⁾，谁会要一个没有警惕性的保安呢？

道具四：货车

一个创立⁽²¹⁾时间不长、刚⁽²²⁾有些成就的私有⁽²³⁾企业，希望招聘一些热情大方⁽²⁴⁾、勤劳⁽²⁵⁾尽力⁽²⁶⁾、以企业为家的员工。企业负责人想出了这样一个招聘办法：在招聘的那天，叫人开来了一辆装满货物⁽²⁷⁾的卡车，主考人叫应聘者帮忙卸⁽²⁸⁾货。货卸到一半的时候，企业负责人突然出现并宣布⁽²⁹⁾："因某种原因，今天的招聘面试取消⁽³⁰⁾。"很多应聘者一边嚷嚷⁽³¹⁾着一边骂着，生气地离去；也有一部分留下继续卸货。当货卸完以后，企业负责人握着这些留下来卸货的应聘者的手当场宣布："你们就是我公司所需要的员工！"

（全文字数：约1100字）

（节选自《中国青年报》，有改动）

注 释

1 其实，所有的信封里面都有一张写了这五个字的纸条，其他人就这样让机会从手中白白地溜走了。

[解释] 白白：副词。没有效果。

[例句] ① 因为他总不去上课，所以白白度过了大学四年的时间，什么都没学到。
② 她坐在那里，什么也不做，白白浪费了一整个上午。
③ 超市关门了，我白白跑了一趟。

2 这也难怪，谁会要一个没有警惕性的保安呢？

[解释] 难怪：动词。不应该责怪（含有谅解的意思）。

[例句] ① 这也难怪，他学汉语没多久，哪能一下子就做翻译呢？
② 难怪他起得这么晚，原来昨天半夜才睡。
③ 难怪大家不大认识他，他是新来的。

③ 一个创立时间不长、刚有些成就的私有企业，希望招聘一些热情大方、勤劳**尽力**、以企业为家的员工。

[解释] 尽力：用所有的力量。

[例句] ① 不要再埋怨他了，他已经尽力了。
② 这份工作他不太喜欢，但他还是尽力把工作做得好一些。
③ 我一定会尽我的力帮助你的。

报刊长句

为了招聘到合格满意的人才，不少企业设计了许多面试难题，有意为难考生，借此做出判断选择。

读报小知识

报刊语言的特点之一——书面语多

报刊文章受版面限制，必须用尽可能少的文字传达出尽可能多的信息，故报刊语言具有很强的书面语特点。这些书面语主要有：普通的书面语，如"参与、抵达"等；成语，如"莫名其妙、举世瞩目"等；带文言成分的书面语，如"则、倘、尚"等。

练 习

一 课外阅读近期中文报刊上的文章，把你喜欢的一篇剪贴在笔记本上，阅读后写出摘要，并谈谈你的观点。

二 给下列动词搭配适当的词语

主持_____   考查_____

创立_____   签订_____

测量＿＿＿＿＿＿＿＿＿＿　　　具备＿＿＿＿＿＿＿＿＿＿

宣布＿＿＿＿＿＿＿＿＿＿　　　取消＿＿＿＿＿＿＿＿＿＿

三 选词填空

| 主持 | 考查 | 白白 | 难怪 | 创立 |
| 签订 | 卸 | 宣布 | 取消 | 尽力 |

1. 我没想到他不在家，结果是＿＿＿＿＿＿地跑了一趟。

2. 去年，他＿＿＿＿＿＿了供艾滋病人交流的论坛。到目前为止，点击率超过50万次。

3. 公司是不会放过任何一个可以＿＿＿＿＿＿应聘者的机会的。

4. 请你放心，我会＿＿＿＿＿＿做好的。

5. 他参加了由公司总经理亲自＿＿＿＿＿＿的招聘会。

6. 这也＿＿＿＿＿＿，他那么高兴，原来是中了大奖。

7. 当大家在＿＿＿＿＿＿货时，他开了几句玩笑，不料得罪了一位同事。

8. 从今年开始，新的《婚姻登记管理条例》开始实行，与旧的条例相比，新条例有了很多人性化的变化：比如＿＿＿＿＿＿了强制婚检，结婚不再需要单位开证明等，充分体现了婚姻自由。

9. 去年，中国政府＿＿＿＿＿＿艾滋病毒感染者为84万，发病人数为8万，中国的艾滋病患者人数已排在亚洲第二，仅次于印度。

10. 他＿＿＿＿＿＿了工作合同后，就把好消息告诉了亲朋好友。

四 根据课文内容回答问题

1. 为了招聘到合格满意的人才，不少企业怎么做？

2. 某超市需招聘一名合格的收银员，"我"的一位原单位的同事前往应聘成功的原因是？

3. "米尺面试"的真正目的是什么？

4. 某集团招聘保安，为什么只有一位应聘者最后被录用？

5. 一个创立时间不长、刚有些成就的私有企业最后录用了什么样的应聘者？

五 概括课文的主要内容

六 将下列各句组成一段完整的话

1. A. 不管他其他条件多么优秀
   B. 一个连假币都分别不出的人
   C. 都是干不好收银工作的

   正确的语序是：（   ）（   ）（   ）

2. A. 主考人在进行了规定的面试之后
   B. 要求他们用最短的时间送到8楼的办公室去
   C. 最后发给每一位应聘者一个未封口的信封
   D. 某集团招聘保安

   正确的语序是：（   ）（   ）（   ）（   ）

七 尽量使用以下词语进行话题讨论

| 主持 | 考查 | 白白 | 难怪 | 创立 | 尽力 |
| 签订 | 卸 | 宣布 | 取消 | 纷纷 | 启发 |

1. 如果你是单位的负责人，你打算怎样主持面试？
2. 如果你是应聘者，你打算怎么准备面试？

快速阅读

阅读一（字数约1150字；阅读与答题参考时间9分钟）

老爸手绘《囧在职场》受追捧　取材白领女儿苦乐经

"长期加班的黯淡脸色映衬五光十色的PPT，装着乐扣饭盒的COACH包，每年末精心装扮盛装赴宴的年会。"格子间白领们尽管表面光鲜，但每天与客户报表斗智斗勇的他们，现实中谁没有一把辛酸泪和一肚子的职场苦乐经？最近，一本反映办公室故事的30集漫画《囧在职场》在网上热传，呈现了上班族们的真实生态。

这本四格图文漫画凭借可爱温情的画风和幽默诙谐的文笔，打动了众多办公室男女，令不少网友直呼：画的就是我！然而大家没想到，漫画的作者老张是重庆一个60岁的老者。原来，他是以自己白领女儿亲身经历过的各种职场囧事为原型，将这些段子编成了连环画。

作者：51岁时重拾漫画梦

老张坦言，51岁之前他其实根本没接触过漫画创作。年幼时就爱好画画儿，曾学过一段时期的绘画，工作后也时常设计宣传橱窗布展、制作标语等，"不过我早就对漫画感兴趣了，经常买些漫画书来看。"9年前，51岁的张世宪整理书柜时，偶然发现了20多年前买的漫画类书籍。"这些书都泛黄了。"张世宪说，当时他赋闲在家，于是打算圆年轻时的梦，自学漫画，还学习用起了数码手绘板。

谈到创作这本30集的《囧在职场》，老张说是受了女儿现在上班生活的启发，"虽然我离现在的职场生活有些距离了，但女儿常常说起公司的事，久而久之就有了素材。"

网友：每天看看是减压良药

于是，2010年老张开始写剧本、创作漫画，去年年底，他把创作完成的《囧在职场》发到腾讯动漫等网站上，网友点击率过万，引起了很多上班族共鸣，"这些故事也许曾发生在你或你朋友的身上"是网民们最多的评论。

80后网友"婷婷"在一家广告公司上班，她说《囧在职场》第2集之"离职原因"让她感触颇深。大学毕业后，婷婷找到份会计工作。"由于大学时在单位实习过，和当时部门领导的关系一直不错。""婷婷"直言，没料到自己进单位后没多久，部门就进行了人事大调整，新领导对员工格外严格，加上"婷婷"的性格比较内向，渐渐产生一些误会，久而久之，"婷婷"对工作有了抗拒感。

去年，与单位合约到期之后，"婷婷"跳槽到现在的广告公司。面试的时候，她也被问到离职的原因，"这一幕完全就是在画我。"

这本漫画还被不少白领当成工作之余的减压良药。做IT程序员的小李已经把整套漫画收藏了，"像我们这种工作，在开发阶段，压力最大，这个时候得找些方法减压。"虽然漫画里有不少戏谑上司和老板的段子，但小李透露，他们公司的老板看到这本漫画也觉得很有趣，还开玩笑说"原来员工的心态是这样的"。

"漫画里确实展现了很多职场上的困难和无奈，一方面是搞笑幽默，一方面也想借此鼓励现在的年轻人：即使工作压力大，但只要积极努力，仍会有梦想实现的一天。"老张看到自己的作品能给大家带来这么多欢笑与肯定，坦言已实现了他创作的初衷。

（选自《扬子晚报》，有改动）

回答问题：
1. 《囧在职场》是一部什么样的漫画？它的原型是什么？
2. 老张是因为什么开始漫画创作的？
3. 《囧在职场》为什么会在网上热传？白领们为什么喜欢它？

阅读二（字数约1000字；阅读与答题参考时间7分钟）

25－33周岁的女性职场尴尬期，该如何度过

小越，宁波人，毕业后随男友留在外省。去年，她26周岁，准备"冒险"跳槽。可这个年龄跳，将会不胜其烦地面对HR一连串扒隐私的大盘问："你结婚了吗？""你有男朋友吗？""有结婚打算吗？""准备什么时候怀孕？"决定跳槽后，小越投了不少简历。大部分公司在面试前，会有电话沟通。沟通的第一大主题，就是个人问题。最初，对于结婚打算的问题，她尝试着实话实说，可之后就无任何音讯。

于是，小越打算隐婚。当一家合资车企的HR问她"结婚了吗"时，小越坚定地说"没有"。那么，"有男朋友吗？谈了多久了？"小越撒了个谎，"谈了2年。"2年，感情基本稳定，不会影响工作。HR继续问："有结婚打算吗？"小越卖了个关子："今年没有。"

最终小越顺利地进入这家企业。可就在入职头一天，单位要求出具单身证明。"这可怎么办？"小越害怕了。有经验的朋友告诉她："在淘宝上做一张假的单身证明。"

入职后的日子里，小越一直小心翼翼隐瞒自己已婚的事实。直到工作转正后，小越"未婚"的身份才变成"已婚"。

25－35周岁是白领频繁跳槽阶段，小越的遭遇，并不在少数。据某网站的调查数据显示，处于这一年龄段的跳槽白领，占所有年龄段的一半以上，这一年龄段女性面临着招聘单位在婚育问题上苛刻的要求，还要应对涉及个人隐私的尴尬盘问。有跳槽经历的女性中，90%的人表示，"在找工作时，被问及个人感情、婚姻或备孕问题"，17%的人表示"有隐瞒婚史"。现实的女性职场，甚至催生了小越所说的"假单身证明"的市场。

对企业而言，女性、年龄与婚姻，同样是一个尴尬的问题。很少有企业能说，"我们不介意"。女性居多的外贸企业认为女性在这个年龄段，如果已婚未孕，找工作肯定会打折扣。外贸企业的员工，多需与客户打交道并长期维护关系。如果一进公司没多久就怀孕，会影响工作的连续性，给客户留下的印象也不好。

其实，25－30岁的年龄段，十分关键。这是职业建立期和积累期，在我国，这一年龄段是职业发展的黄金时期。在这一年龄段，应该尽量降低跳槽的频率。在一家企业工作1－2年就跳槽，对人这一阶段的成长伤害很大，不利于在个体与企业之间建立信任，且易使自己的职业成长陷入停滞，职业发展空间被限制。如果要跳槽，最好能在目前的单位工作3年以上，以积累经验、人脉和资历，使自己的能量上升到高一级的职业平台上。

（选自《今日早报》，有改动）

回答问题：
1. 从小越的经历我们可以知道，25－30周岁的女性如果要跳槽，需要面对什么问题？
2. 为什么企业对25－30周岁的女性的婚姻状况格外关注？
3. 25－30周岁的女性跳槽可能存在的风险是什么？她们应该如何解决？

阅读三（字数约1000字；阅读与答题参考时间8分钟）

职场生活：与同事沟通注意的八个细节

同事之间不仅相处重要，沟通更是重要，良好的沟通可以让工作得心应手，以下就是跟同事沟通的八个小技巧。

1. 常微笑和对方有眼神交流。

俗话说得好："抬手不打笑脸人。"和同事相处，如果对他们正在热烈讨论的话题感觉无话可说，那么你要学会微笑倾听。和对方说话时，一定要有眼神交流。

2. 在涉及具体个人的是非八卦中巧妙地保持中立。

当你的同事们八卦时，要学会巧妙地保持中立，适当地附和几句："是么？"对于没有弄清楚的事情千万不要发表明确的意见。总之，要学会"参与但不掺和"。

3. 关注周围的新闻和大家都关心的事情。

把近期的新闻作为话题，是一个很好的选择。周围发生的、大家比较关注的事情，比如房价啊、交通啊等等都可以聊。另外，还可以讨论一下五一、十一怎么过这类大家说起来都很高兴的事情。

4. 女人的话题在有女人的地方一定受欢迎。

如果你想和女同事找话题，那就更简单了。关于女人的话题，一定受欢迎，如美容、打折、化妆品、衣服、鞋和包、减肥……

5. 自己要调整心态，别先入为主地认为和同事无话可聊。

在职场中，想要和同事愉快相处，自己首先要抱着积极融入大家的想法，平时多留心周围同事关注的事情，为寻找话题打下基础。

6. 面对不同年龄层次的人，聊不同的话题。

和年轻一点的人在一起，食物、衣服和生活中的趣事都是很好的话题。而和年龄大一点、有孩子的同事在一起，话题都离不开孩子，你可以听他们说说孩子的趣事。和年长的同事聊天，要有一种请教的姿态，表现出你希望听到他的建议和教诲。当然，这些都要因人而异，所以在平时要多留心同事的爱好和性格，寻找共同的兴趣点。

7. 切忌：千万别聊同事的隐私，少谈本单位的事情。

同事之间在一起天南海北都可以聊，但是不要涉及隐私，即使是同事自己告诉你，你在发表意见的时候也要三思而后行。跟同事聊天说什么，对谁说，怎么说，需要不断学习与总结。聪明的做法是，当你还不了解一个公司内部的环境前，不要贸然找人说心里话。另外要记住，有关个人隐私，比如夫妻问题、同事绯闻这类话题最好不要拿出来讨论，否则大家会认为你是人人讨厌的"长舌妇"。另外还有一些单位禁忌不能轻易说，如公司机密、薪资问题，而且这些敏感的话题多是公司明文规定不能外泄的。

8. 同事间聊天时，要注意倾听。多倾听对方意见，重视对方意见，这是一种很重要的沟通技巧。

总而言之，待人还是要讲究真诚和热情，做人就像照镜子，你笑他笑，你哭他哭。和别人交谈的时候要讲技巧，但光有技巧也是不行的。

（选自东方网，有改动）

判断正误:

1. "抬手不打笑脸人"的意思是,如果我们经常对别人微笑就一定不会挨打。（　）
2. 同事在一起聊天的时候,你一定要有自己的观点,尤其是聊八卦时。（　）
3. 日常生活中大家都关注的事情在聊天时是很好的话题,比如假期或者新闻。（　）
4. 对于不同年龄层次的人,我们需要准备不同的聊天话题。（　）
5. 公司的机密、薪资问题和同事的隐私都是敏感话题,不要拿出来随便讨论。（　）
6. 跟同事聊天的时候,要有一颗开放的心,能聆听他人的意见。（　）

第十二课　议论纷纷——克隆人

背景知识　当科学家利用克隆技术不断创造出克隆绵羊、克隆牛等动物的时候，人们在感到高兴的同时，也越来越担心科学家会不会用克隆技术来克隆人。绝大多数国家和科学家出于人类伦理的考虑，坚决反对克隆人，但还有一些科学家（如意大利人安蒂诺里等）不顾反对意见，仍在做克隆人的实验。

词语表

1. 议论　　　　yìlùn　　　　　　（动）
议论纷纷／他刚说完话，大家就开始议论纷纷。
对人或事物的好坏、对错等发表意见
to comment, to discuss
議論する
의론하다，왈가왈부하다

2. 克隆　　　　kèlóng　　　　　（动）
克隆技术已经在很多地方得到了应用。
生物体通过无性繁殖，复制出完全相同的生命物质或生命体
clone
クーロン
클론，복제하다

3. 试管婴儿　　shìguǎn yīng'ér
试管婴儿技术帮很多夫妇实现了做父母的梦。
指受精卵在试管或器皿中培育一段时间再移入妇女子宫内发育诞生的婴儿
test-tube baby
体外受精した子ども
시험관 아기

4. 同行　　　　tóngháng　　　　（名）
他们两个都是老师，是同行。
行业相同的人
a person of the same trade or occupation
同業者、同業である
같은 직업을 가진 사람

5	座谈	zuòtán	（动）	坐在一起自由讨论 to have an informal discussion 座談する、話し合う 좌담하다, 간담하다
	座谈会 / 这次座谈会开得很成功。			
6	保证	bǎozhèng	（动）	担保；担保做到 to assure, to ensure, to guarantee 保証する 보증하다
	我保证以后再也不会犯这样的错了。			
7	胚胎	pēitāi	（名）	在母体内初期发育的动物体 embryo 胚胎 (수태 후 얼마 안된) 태아
	这是一张胚胎发育过程图。			
8	畸形	jīxíng	（形）	生物体某部分发育不正常 deformity, malformation 奇形、不均衡な 기형적이다
	畸形齿可以手术治疗。			
9	辅助	fǔzhù	（形）	帮助性的；非主要的 aid, assist 助ける、協力する 보조하다, 거들어주다
	辅助工作 / 我主要做一些辅助工作。			
10	生殖	shēngzhí	（动）	生物产生幼小的个体 to reproduce 生殖する 생식시키다, 자손을 낳다
	要对青少年进行生殖卫生教育。			
11	据悉	jùxī	（动）	根据得到的消息知道 it is reported 聞くところによると 아는 바에 따르다
	据悉，有十个国家的领导人要参加这次会议。			
12	出版	chūbǎn	（动）	把书刊、图画编印出来，把音像制品等制作出来，向公众发行 to publish 出版する 출판하다
	他的新书下个月出版。			
13	刊登	kāndēng	（动）	（在报纸、杂志上）登载 to publish (on a newspaper or periodical) 掲載する (신문이나 잡지에) 싣다, 게재하다
	他得奖的新闻已经刊登在报纸上了。			

14	信誉	xìnyù	（名）	信用和名誉
	讲信誉 / 做生意要讲信誉。			prestige, credit, reputation
				信用と名誉
				신용과 명예
15	延长	yáncháng	（动）	向长的方向发展
	延长时间 / 老板要延长会议时间。			to prolong, to extend, to lengthen
				延長する
				연장하다
16	推迟	tuīchí	（动）	把预定时间向后改动
	他推迟了回国的时间。			to put off, to postpone, to defer
				遅らせる、延ばす
				미루다, 연기하다
17	种植	zhòngzhí	（动）	把植物的种子埋在土里；把植物的幼苗栽到土里
	爷爷在空地上种植了一些蔬菜。			to plant, to grow
				植える
				심다, 재배하다
18	横	héng	（动）	使物体成横向
	一棵树横在马路上，造成了堵车。			to lie across
				横にする、横
				가로의, 가로로 놓다
19	伦理	lúnlǐ	（名）	人与人相处的各种道德标准
	这件事涉及伦理道德问题。			ethics
				倫理
				윤리
20	呼吁	hūyù	（动）	向个人或社会申述，请求主持公道或给予援助
	政府呼吁市民少开车，多坐公交车。			to appeal, to call on
				呼びかける、アピールする
				호소하다
21	主张	zhǔzhāng	（动）	对于如何行动持有某种见解
	他主张把课堂上学的东西用到生活中去。			to advocate, to stand for, to maintain
				主張する
				주장하다
22	探索	tànsuǒ	（动）	多方寻求答案，解决疑问
	探索奥秘 / 科学家一直在探索宇宙的奥秘。			to probe, to explore
				探索する
				탐색하다, 찾다

23	声明	shēngmíng	（动）	公开表示态度或说明真相
	公开声明 / 他公开声明要离开这家公司。			to announce, to publicly explain or express statement
				声明する
				성명하다

24	患	huàn	（动）	得（病）
	患病 / 他患有严重的心脏病。			to suffer from
				病気にかかる、患う
				앓다

25	解除	jiěchú	（动）	消除；去掉
	解除误会 / 人们要多沟通才能解除误会。			to remove, to relieve, to get rid of
				取り除く、解除する
				없애다，제거하다

26	惊奇	jīngqí	（形）	惊讶，奇怪
	令人惊奇 / 这个城市的巨大变化令人惊奇。			surprising, amazing
				怪しく思う、不思議に思う
				놀랍고 이상하다

27	本身	běnshēn	（代）	自身；自己的
	要发展，就要先解决公司本身存在的问题。			oneself or itself
				そのもの自身
				그 자체

28	细胞	xìbāo	（名）	生物体结构和功能的基本单位
	动物细胞和植物细胞的结构不太一样。			cell
				細胞
				세포

29	世纪	shìjì	（名）	计算年代的单位，一百年为一世纪
	这座建筑有五个世纪的历史。			century
				世紀
				세기

30	诞生	dànshēng	（动）	（人）出生
	2015年是中国电影诞生110周年。			to be born/ come into being
				誕生する
				탄생하다

31	怀疑	huáiyí	（动）	不大相信
	我很怀疑他说的话。			to doubt, to suspect
				疑う
				의심하다

32 实验　shíyàn　（名）
做实验 / 科学家做了很多次实验才发明了电灯。

为了检验某种科学理论或假设而进行某种操作或从事某种活动
experiment, test
実験
실험

33 届时　jièshí　（副）
届时校长将会亲自参加学生们的活动。

到时
when the time comes, at the appointed time (only used for future times)
その時になる
그 때가 되면, 정한 기일이 되면

34 冲击　chōngjī　（动）
受到冲击 / 全球都受到了经济危机的冲击。

比喻干扰或打击
to pound or batter (with water or some other force)
突き当たる、ぶつかる
충돌하다, 세게 부딪치다

课文导入

1. 你同意将克隆技术应用到现实生活中吗？为什么？

2. 克隆人如果真的存在，你认为会对人类社会产生哪些影响？

议论(1) 纷纷——克隆(2) 人
"试管婴儿之父"与中国专家谈论克隆人

记者　蓝燕

有"试管婴儿(3)之父"之称的剑桥大学教授罗伯特·爱德华，今天上午与他的中国同行(4)刘家恩博士在北京举办座谈(5)会。他们说，克隆技术本身并不复杂，人类目前面对的问题，在很大程度上已经不是能不能完成克隆，而是能不能保证(6)克隆胚胎(7)没有畸形(8)和该不该进行克隆。他们认为，克隆人研究与试管婴儿等人类辅助(9)生殖(10)技术不同，它不应该成为人类解决生殖问题的手段。

据悉(11)，两周前出版(12)的《自然》杂志刊登(13)了法国一家信誉(14)很高的研究所的论文，介绍如何通过延长(15)推迟(16)胚胎的种植(17)时间，减小克隆兔子出现畸形的可能性。爱德华教授就此认为，这项技术给克隆技术开出了新天地，今后横(18)在人类克隆技术面前的难题，也许不再是胚胎是否畸形，而更多的是医学伦理(19)的问题。

爱德华教授说，尽管现在世界上很多人呼吁(20)反对进行人类克隆，但是仍然有人主张(21)继续这项探索(22)。美国、意大利等国家都有人声明(23)自己正在进行该项研究，而且他们声明自己的研究目的是为患(24)者解除(25)病痛。所以，如果哪一天，我们听说在某个国家出现了一例克隆人,没有必要感到惊奇⁽²⁶⁾。因为克隆技术本身⁽²⁷⁾并不复杂,关键的问题是如何保证克隆细胞⁽²⁸⁾安全,没有畸形。

20世纪⁽²⁹⁾50年代,爱德华教授和他的合作者Patrick Steptoe开始进行试管婴儿技术研究。1978年,全球第一例试管婴儿路易斯·布朗在英国诞生⁽³⁰⁾,她给全球患有不育症的夫妇带来了新的希望。

有意见认为,克隆技术也是辅助生殖技术。但是刘家恩博士说,如果仅仅从技术角度讲,这不能算错。不过,由于伦理原因,克隆技术即使很成功,也不能进入人类辅助生育技术服务的范围,不应该成为解决不育症的方式。

两位科学家都对第一个克隆人将要诞生表示怀疑⁽³¹⁾。他们说,就目前技术而言,我们还不能保证克隆的安全性。也许在创造出一个健康的克隆人之前,科学家们已经制造出千百个畸形儿。科学家们也不能保证在多例实验⁽³²⁾中有一例成功。如果**届时**⁽³³⁾有多个基因成分完全相同的孩子同时出生,将对现有家庭社会、伦理道德带来巨大冲击⁽³⁴⁾。**为此**,世界上许多国家都反对进行人类克隆。

(全文字数:约860字)

(节选自《中国青年报》,有改动)

注 释

1 **据悉**,两周前出版的《自然》杂志刊登了法国一家信誉很高的研究所的论文。

[解释] 据悉:动词。根据得到的消息知道。用作插入语,其前不能有主语。

[例句] ① 据悉,他明天将要辞职。
② 据悉,这次比赛将于本周六举行。
③ 据悉,这家公司将成为国内最大的互联网公司。

2 如果**届时**有多个基因成分完全相同的孩子同时出生,将对现有家庭社会、伦理道德带来巨大冲击。

[解释] 届时:副词。到时。只用于未来。

[例句] ① 请于后天来公司报到,届时将签订劳动合同。
② 明天公司要开会,届时请谈谈你的想法。
③ 这座博物馆将于明年建成,届时会免费对游客开放。

③ 为此，世界上许多国家都反对进行人类克隆。

[解释] 为此：因为这个原因。可作独立语，或放在句中。

[例句] ① 别人怎么说不重要，不要为此担心。
② 他弄丢了公司的重要文件，为此要承担责任。
③ 公司的管理有点儿混乱，为此，我提出了一些建议。

报刊长句

爱德华教授就此认为，这项技术给克隆技术开出了新天地，今后横在人类克隆技术
　爱德华教授　　　　认为，
面前的难题，也许不再是胚胎是否畸形，而更多的是医学伦理的问题。
　　　难题　　　不再是胚胎是否畸形，　　　　　是医学伦理的问题。

读报小知识

报刊语言的特点之一——时代性与新词语

时代性，就是报刊语言带有时代色彩，这是报刊的属性决定的。报刊是对社会现实的一种反映，当社会上出现一种新事物、新观念、新行为的时候，人们总要给出一个新说法，报刊就把这些新说法记录下来，进行广泛传播。如果这些新说法是政治、经济、文化生活的重要组成部分时，它们就会经常出现在报刊中。近年来报刊里出现了大量令人耳目一新的新词，如人肉搜索、裸婚、闪婚、毕婚族、电视相亲、限购令、网购等，这些新词在一定程度上反映了时代的特点。

练习

一　课外阅读近期中文报刊上的文章，把你喜欢的一篇剪贴在笔记本上，阅读后写出摘要，并谈谈你的观点。

二 给下列动词搭配适当的词语

保证_____   推迟_____

呼吁_____   出版_____

刊登_____   主张_____

怀疑_____   解除_____

三 选词填空

| 保证 | 据悉 | 推迟 | 呼吁 | 届时 |
| 刊登 | 延长 | 探索 | 解除 | 为此 |

1. 她答应做我女友的时候，我就开始想着送她一份恋爱礼物。_____，我把学校附近的礼品店跑遍了，最后终于在一间不起眼的小屋里看到一份满意的礼物。

2. 也许我们不能判断高耀洁在国家防治艾滋病的政策选择上究竟起了多大作用，但她的意义，更多在于引起国民对艾滋病的重视，_____大家对艾滋病人拿出爱心。

3. 中国国情复杂，人口众多，这就需要进一步从制度上_____决策的科学化、民主化和专业化。

4. 通过增加学习时间来_____他们的就业时间，从而减轻就业市场的压力。

5. _____，目前全球学习中文的人数超过2500万人，有85个国家的2300多所高校开办了中文教学机构或开设了中文课程。

6. 商场的人说：_____营业时间，可是没有几个顾客来消费，营业成本从何处来？别的不说，单说用电这一项……

7. 今年是两国建交二十周年，_____两国领导将参加有关纪念活动。

8. 签订或_____合同必须由当事人自愿进行，任何一方不得强迫进行。

9. 载人飞船的发射成功，也进一步激发了国人_____太空的兴趣。据新浪网2003年10月的在线调查显示：83.3%的人有勇气亲自登上飞船，体验一下飞天的感觉。

10. 据统计，到目前为止，这类专以_____连载小说为主的站点已超过数万个。

四 根据课文内容判断正误

1. 爱德华教授和刘家恩博士认为，克隆人研究与试管婴儿等人类辅助生殖技术一样，都可以为人类解决生殖问题。（   ）
2. 美国、意大利等国家都有人声明自己正在进行克隆人研究。（   ）
3. 1978年，全球第一例试管女婴在英国诞生。（   ）
4. 刘家恩博士反对克隆技术成为解决不育症的方式，是因为目前的克隆技术不太成功。（   ）

五 根据课文内容回答问题

1. 爱德华教授和刘家恩博士认为，克隆技术本身并不复杂，人类目前面对的问题是什么？
2. 两周前出版的《自然》杂志刊登的论文，给爱德华教授带来什么启发？
3. 刘家恩博士认为克隆技术也是辅助生殖技术吗？
4. 为什么世界上许多国家都反对进行人类克隆？

六 将下列各句组成一段完整的话

1. A. 我们听说在某个国家出现了一例克隆人

   B. 没有必要感到惊奇

   C. 如果哪一天

   正确的语序是：（   ）（   ）（   ）

2. A. 但是仍然有人主张继续这项探索

   B. 而且他们声明自己的研究目的是为患者解除病痛

   C. 美国、意大利等国家都有人声明自己正在进行该项研究

   D. 尽管现在世界上很多人呼吁反对进行人类克隆

   正确的语序是：（   ）（   ）（   ）（   ）

七 尽量使用以下词语进行话题讨论

保证	据悉	推迟	呼吁	届时	为此
刊登	延长	探索	解除	怀疑	冲击

1. 你认为克隆技术对人类有哪些影响？
2. 你同意进行克隆人的实验吗？为什么？

快速阅读

阅读一（字数约1100字；阅读与答题参考时间8分钟）

"第一夫人"的国家软实力

侯 隽

米歇尔：精心打造白宫软实力

2014年3月20日下午5点半，首都机场。身穿著名华裔设计师林健诚设计的一袭骆驼色连身裙，美国第一夫人米歇尔·奥巴马和两个女儿满面笑容地出现在舷梯上。这是她的第三次单独访问之旅。和前两次不同的是，她这次带着两个女儿和母亲。美国媒体认为，三代一同出行容易得到中国人认同。

作为一名公众人物，从着装引领时尚到倡导健康饮食，从辅助丈夫竞选到大声疾呼"控枪法案"，再到上脱口秀节目，米歇尔利用独特的女性魅力，在一些非政治的议题上大做文章，塑造了"健康、积极、优雅"的夫人形象，成为白宫软实力的代表。

塞西莉亚：特立独行的"救火队长"

法国前总统萨科齐的前妻塞西莉亚在履行第一夫人职责期间，特立独行，是一位出色的救火队长和谈判专家。

2007年，塞西莉亚率领代表团前往利比亚，成功将6名被判处终身监禁的保加利亚医护人员带回法国。时任欧盟主席巴罗佐表示："医护人员获释是欧盟多年努力的结果，法国第一夫人出访利比亚，起到了一锤定音的效果。"

值得一提的是，无论是第一次单独出访利比亚，还是与利比亚当时的领导人卡扎菲会谈，还是去监狱问候受难者，塞西莉亚都是悄悄地来悄悄地去，根本没通知媒体。正如她的一位密友所说，塞西莉亚不是国际舞台上的装饰品，而是以自己的方式切实存在着。

柳德米拉：巩固国家关系的使者

2002年3月10日，俄罗斯总统普京的夫人柳德米拉应波兰总统夫人的邀请，对波兰进行了为期3天的访问。从访问的日程安排看，柳德米拉此行主要是观光、游览。在东道主波兰总统夫人的全程陪伴下，柳德米拉参观了当地有名的大学，欣赏了肖邦的钢琴曲，还品尝了各种富有波兰民族特色的美味佳肴。

在叶利钦执政期间，俄罗斯与西部邻国波兰在不少问题上存在分歧，两国关系一直不太稳定。普京上台以后，双方进行了沟通和交流，柳德米拉在寒冷的初春单独到波兰访问，是为了向波兰表示一种友好的姿态。果然，柳德米拉访问之后，俄罗斯和波兰巩固了关系，波兰还一度掀起过"普京热"。

拉尼亚：阿拉伯世界的女性领袖

美国《时代》周刊曾经这样评价约旦王后拉尼亚："拉尼亚已悄然成为约旦政治变革的'代言人'，她正以个人力量改变着约旦乃至整个中东。"

和其他阿拉伯世界静悄悄的第一夫人们不同，拉尼亚频繁单独出访。她被媒体誉为世界上最美的王妃，有约旦"沙漠玫瑰"的美称。她热心公益，认为工作是实现自我尊重的手段。她曾说服美国科技巨头思科公司与世界教育联谊会合作，推出约旦教育计划，还积极参与国家发展计划和社会改革，努力扫除文盲，并同歧视妇女儿童的行为作斗争。

（节选自《中国经济周刊》，有改动）

回答问题：
1. 米歇尔·奥巴马出访中国时为什么要带着家人？
2. 为什么有人说"塞西莉亚不是国际舞台上的装饰品，而是以自己的方式切实存在着"？
3. 柳德米拉访问波兰对俄罗斯和波兰关系产生了什么影响？
4. 拉尼亚都做过什么令世界尊重的事情？

阅读二（字数约1030字；阅读与答题参考时间8分钟）

究竟是谁的黄金周
赵 晶

黄金周，顾名思义，短短的七天假期可以给商家带来平时数周甚至数月的利润。随着人民币汇率的上升，境外消费旅游成为不少国人休假的首选。于是，黄金周便不再仅仅是中国境内的黄金周了。

根据世界奢侈品协会发布的《"黄金周"华人境外奢侈品消费统计报告》，中国公民在境外消费的奢侈品总数在持续上升。而另一方面，相关部门的数据显示，国内黄金周各零售业和餐饮业收入的增速却放缓了。

如果我们据此就说黄金周是内冷外热，结论下得未免过早。但长假给许多同胞留下太多诸如"过于拥挤"之类的不美好的记忆，而境外游的吸引力越来越大、境外消费的数额年年递增，于是有人惊呼：这到底是谁的黄金周？

之所以会这样问，是因为"黄金周里有黄金"，这其实是一种典型的商家视角。作为消费者，如果换一个角度，也许我们对黄金周的怨愤就会少一些，心态就会平静一些。

长假的功能，不应该仅仅是拉动内需。虽然从黄金周设立的初衷看，拉动内需的确是这种休假制度的动因，但提供劳动者休假权利，已经成为这一制度最基本的的法理依据。随着经济社会文化的逐步演变，黄金周的含义已经不仅仅是拉动消费，更包括劳动福利、婚庆安排、家庭关系建设等内容。给长假绑缚太多经济功能，不仅是一厢情愿，甚至可以说是舍本逐末。

至于黄金周所带来的消费效应，选择国内消费还是境外消费，是一种市场行为，强求不得。出国门槛越来越低，人民币汇率越来越高，是促使国人走出国门去消费的主要原因。很多人在游览的同时，顺便会买价格相对便宜的奢侈品。

想把黄金周留在国内，国内商家就该脚踏实地寻找与国外商家竞争的方法，国内有关部门也应该反思我们还有哪些做得不好。很多境外旅游目的地不仅风景秀丽，而且空气清新，环境良好，购物环境诚信舒适，这些都是国内很多景区不具备的。

近些年来，在一些中国游客消费量巨大的海外商场，不仅有中文标识，还大量聘请了会说普通话的店员。反观国内，旅游景点接待能力低，旅游行业管理无序，旅游纪念品粗制滥造，让旅行者们逐渐丧失了游玩的兴趣。

谁的黄金周，这本不应该成为一个问题。在全球化的当今，只要老百姓有钱花，不管花在国内还是境外，都应该被看成是国家富强、人民生活水平提高的好事。而作为创汇大国，居民出境消费，更有平衡国际收支的作用。在消费权自治的时代，国内商家需要做的就是使出浑身解数，吸引国内消费者心甘情愿地留下来，不仅如此，还要吸引境外旅游者来国内消费，把他们的圣诞假期变成我们的黄金周。

（节选自《经济参考报》，有改动）

回答问题：
1. 为什么说现在的"黄金周"不仅仅是中国人的"黄金周"了？
2. 相对于设立"黄金周"时的初衷，现在"黄金周"的含义发生了什么变化？
3. 想把"黄金周"留在国内，中国的商家需要做什么？

阅读三（字数约1100字；阅读与答题参考时间8分钟）

浙师大女生让"中国制造"走向南非

在她的推动下，签下50万元的外贸订单，450万只出自浙江义乌的咖啡杯成功卖到了南非市场；她还为肯尼亚孤儿院募得4万兰特（约合3万元人民币）的善款……做这些事情的人，并不是商人，而是一个大三学生，她叫张卓尔。她在非洲的传奇经历，正如她的名字一般，卓尔不凡。

签下50万元的第一笔订单

张卓尔是交流到南非的留学生,她本以为,自己也会和其他同学一样,在南非简单地留学一年后,回到学校继续学业。

生活总是充满各种偶然。在南非的日子,张卓尔喜爱喝咖啡,她是学校食堂咖啡屋的常客,并认识了店主雅库。当时雅库正准备从中国市场定制一批咖啡杯,但从供货商那里定会花很多钱,从中国直接进货,是雅库一直想做的事,张卓尔的出现让他看到了希望。

当雅库告诉张卓尔自己想去中国进货并请她做翻译时,张卓尔爽快地答应了。为了这单生意,她提早10天回到北京,准备好一切,并去了广州、杭州、义乌等地考察咖啡杯加工企业,摸清了各品牌产品的质量、价格等情况,制作成表格。在考察了20天、交涉过37家厂方之后,雅库最终选中了义乌一家企业的产品。她帮助雅库签下了第一笔价值50万元的订单,450万只咖啡杯,从义乌销往南非。

小姑娘初出茅庐就帮自己争取到一笔实惠的订单,让雅库刮目相看。因此,在他朋友圈里,张卓尔这个商务翻译的名字已经是口耳相传。橡胶手套生意商、南非电子商务营运商……在雅库的推介下,张卓尔回国后,越来越多的南非客商通过电子邮件找她合作。因为这次经历,张卓尔渐渐发现,中非贸易存在巨大商机。

现在她尝试成立了自己的出口贸易团队,负责代替外商和中国厂方商洽。团队运作得很成功。

主办慈善活动募得3万元善款

在南非交换留学期间,学校组织了一次去南非贫民区支教三个月的活动。张卓尔与来自全球十几个不同国家的学生一起,每天带领孩子们学习英文,陪孩子们做游戏。

"贫民区的孩子在教育、医疗上的资源都很缺少,在全球化的今天,英文教育显得尤其缺失。"在支教的三个月里,她负责教孩子们英文和中文。

她在课堂上认识了一个叫Matt的南非人。Matt热衷公益慈善,而在南非,参加公益捐款的方式并不是将物资和金钱直接捐出去那样简单。张卓尔主动提出,帮他一块主办慈善马拉松活动。

这是一个爱心长跑活动,路线有5公里长,只有参加马拉松的选手,才可以向周围朋友伸手筹集善款。为了召集更多人参与到马拉松活动中来,筹集到更多善款资助肯尼亚孤儿院,不论上什么课,她一下课逢人便宣传,引起一大群南非学生的参与。马拉松活动结束,他们为肯尼亚孤儿院募得善款4万兰特,而这笔费用将由留在肯尼亚的Matt购买建造新孤儿院的地基。

(节选自金华新闻网,有改动)

判断正误:

1. 主人公之所以名叫张卓尔,是因为她在非洲的传奇经历。 (　)
2. 咖啡店主雅库一直想从中国直接进口咖啡杯,却一直没有渠道,张卓尔的出现让他看到了希望。 (　)
3. 为了找到合适的咖啡杯货源,张卓尔不仅提前回国,还做了很多调查。 (　)

4. 在南非交流学习期间,越来越多的南非客商通过电子邮件找张卓尔,希望能跟她合作。(　　)

5. 张卓尔去过全球十几个不同国家的贫民区支教。(　　)

6. 在肯尼亚举办的马拉松活动募捐活动所得的4万兰特的善款将用来购买建造新孤儿院的地基。(　　)

第十三课　中小成本影片屡出黑马　国产大片去哪儿了

背景知识

过去的一段时间里，中国电影市场刷新了全世界的认知，自 2013 年以来，国产电影的票房增长速度惊人，尤其是短期内票房过亿的中小成本电影如雨后春笋，层出不穷。一直被好莱坞大片攻占的各大院线里出现了越来越多的国产电影，国产电影似乎是真的崛起了。这一现象背后，也确实有很多值得我们思考的问题。

词语表

1　题材　tícái　（名）
战争题材 / 这部电影是以农村生活为题材的。

文学、艺术作品中描写的生活事件或现象
theme, subject matter (of life events or phenomenon in a literature or art work)
題材
제재. 문학이나 예술작품의 소재

2　成本　chéngběn　（名）
低成本 / 生产的成本非常低。

产品在生产和流通过程中所需的全部费用
cost
コスト、原価
원가, 자본금

3　崛起　juéqǐ　（动）
迅速崛起 / 中国互联网正在迅速崛起。

兴起
to rise
（峰などが）切り立つ、そびえ立つ、奮い立つ
(산봉우리 등이) 우뚝 솟다

4　上映　shàngyìng　（动）
这部新电影就要上映了。

（电影）放映
to show (movie), to screen
上映する
상영하다

| 5 | 大片儿 | dàpiānr | （名） |

以前我比较喜欢看进口大片儿。

投资大、成本高的电影（题材重大，影响很广，由著名影星出演）
big budget movie (with big theme, broad impact, famous film stars)
巨額の制作費をかけて制作された映画 / 大ヒット映画
대작 (영화)

| 6 | 票房 | piàofáng | （名） |

这部电影的全球票房突破了10亿美元。

卖电影、戏剧的票获得的经济效益
box office (at a theatre, stadium, etc.)
興行成績、興行収入
흥행 성적

| 7 | 份额 | fèn'é | （名） |

中国电影过去在世界电影市场中占据的份额很少。

整体中分占的额数
share (proportion hold in an entirety)
分け前、割り前
몫, 배당, 시장 점유율

| 8 | 逆袭 | nìxí | （动） |

球队在比分落后的情况下成功逆袭，取得了胜利。

在逆境中反击成功
to counterattack (successfully in adverse circumstance)
逆襲する
역습하다

| 9 | 投资 | tóu zī | |

投资办学 / 这家公司为新产品投资了200万。

投入资金
to invest (fund to achieve certain objective)
投資する
투자하다, 자금을 투입하다

| 10 | 观众 | guānzhòng | （名） |

忠实观众 / 我是这个电视节目的忠实观众。

看表演、比赛或看电影、电视等的人
audience
観客
관중

| 11 | 业内 | yènèi | （名） |

业内人士 / 这家公司在业内很有影响。

某种行业或业务范围以内
in bussiness circles
業界
업계 내

| 12 | 人士 | rénshì | （名） |

环保人士 / 很多环保人士聚集在广场，向大家宣传环保的重要性。

有一定社会影响的人
public figure
人士、社会的地位を有する人
인사

13	斩获	zhǎnhuò	（动）	收获 to gain 獲得する 획득하다
	他在这次运动会中斩获了两块奖牌。			
14	类似	lèisì	（动）	大致相像 to be similar 類似する、似通う 유사하다, 비슷하다
	我有跟他类似的问题。			
15	耗费	hàofèi	（动）	消耗 to expend, to consume 消耗する 소비하다, 써 버리다
	耗费心血 / 他为了写这本书耗费了大量心血。			
16	打造	dǎzào	（动）	创造或造就 to create, to form 製造する、作成する 제조하다, 만들다
	这家公司在努力打造自己的品牌。			
17	特技	tèjì	（名）	电影中拍摄特殊镜头的技巧 special effects (of movie) 特技 특수한 기능
	这部电影用了大量特技，场面非常壮观。			
18	情节	qíngjié	（名）	事情的变化和经过 plot いきさつ 줄거리, 일의 경과
	我想不起来这部电影的情节了。			
19	引人入胜	yǐn rén rù shèng		吸引人进入好的情境 (of scenery, literary works, etc.) attractive, fascinating, absorbing 〈成〉人を引きつけて夢中にさせる、人を佳境に入らせる 사람을 황홀한 경지로 이끌다
	这是一幅引人入胜的画儿。			
20	日益	rìyì	（副）	一天比一天更加 increasingly 日に日に 나날이, 더욱
	日益增长 / 人民的收入日益增长。			
21	多元	duōyuán	（形）	多样的；不单一的 diverse 多様な、多元の 다방면의, 다양한
	多元文化 / 中国是一个有着多元文化的国家。			

22	密不可分	mì bù kě fēn	
	这件事和他有密不可分的关系。		

十分紧密，不可分割
close relations, inseparable
とても密接で離れられないこと
갈라 놓을 수 없는

23	城镇化	chéngzhènhuà	（动）
	中国的城镇化速度在不断加快。		

城镇人口和城市数量不断增加，城镇规模不断扩大的过程
to urbanized
都市化
도시화

24	追捧	zhuīpěng	（动）
	受到追捧 / 他走到哪儿都会受到歌迷的追捧。		

追逐捧场
to chase after (a popular person or item)
大いに支持する、大いに注目する
열렬하게 추종하다, 우상으로 받들다

25	高昂	gāo'áng	（形）
	价格高昂 / 这块表价格高昂，是奢侈品。		

昂贵
high-priced
値段が高い
（물가가）오르다

26	风气	fēngqì	（名）
	不良风气 / 我们要与不良风气作斗争。		

社会上或某个集体中流行的爱好或习惯
general mood, established practice
気風、習慣
풍조, 기풍

27	浅薄	qiǎnbó	（形）
	那种穿戴是浅薄的表现。		

轻浮；不淳朴
shallow, superficial
軽率な
경박하다

28	青睐	qīnglài	（动）
	受到青睐 / 好听的歌总会受到人们的青睐。		

喜爱或重视
to find favor in one's eyes
好意をもつ、支持する
총애, 좋아하다

29	共鸣	gòngmíng	（动）
	引起共鸣 / 他的话很有道理，引起了大家的共鸣。		

由别人的某种情绪引起相同的情绪
to arouse sympathy, to strike a sympathetic response
共鳴する
공명, 동감

30 疲软 píruǎn (形)
最近股市疲软,很多人都不买股票了。

行情低落、货物销售不畅或货币汇率处于低位
weaken, slump
〈株〉下がる、下落する、軟調
시세가 떨어지다

31 承载 chéngzài (动)
承载压力 / 汉语里承载着许多中国文化。

托着物体,承受它的重量
to bear the weight of
積載重量に耐える、重量を支える
(무게를) 지탱하다, 이기다

32 传播 chuánbō (动)
传播信息 / 网络使信息传播得更快、更广。

广泛散布
to spread (over)
宣伝する
전파하다, 널리 보급하다

33 支柱 zhīzhù (名)
他是这个家庭的支柱。

比喻起关键作用的力量
pillar (of support)
支柱、支えとなるもの、大黒柱
지주, 버팀목

34 塑造 sùzào (动)
塑造形象 / 他在电影里塑造了很多让人印象深刻的形象。

用语言文字或其他艺术手段表现人物形象
to shape, to build (image)
形作る、塑像を作る、(文字で人物のイメージを) 描き出す
(문자로) 인물을 형상화하다
빚어서 만들다

35 借鉴 jièjiàn (动)
值得借鉴 / 他做事认真,有很多值得我借鉴的地方。

跟别的人或事相对照,以便取长补短或吸取教训
to use for reference, to take example by (successful experiences)
参考にする、手本にする
참고로 하다, 본보기로 삼다

36 屡 lǚ (副)
他屡屡说话不算数,我都不相信他了。

一次又一次
repeatedly, time and again
しばしば、たびたび、何度も
여러 번, 누차

37	黑马	hēimǎ	（名）	指在比赛或选举等活动中出人意料获胜的竞争者
	他是这次比赛的黑马。			dark horse (to win beyond all expectations)
				ダークホース、穴馬
				다크호스，복병
38	发挥	fāhuī	（动）	把内在的性质或能力表现出来
	发挥作用 / 这件事能成功，他发挥了很大作用。			to give play to
				発揮する
				발휘하다，표현하다

专名

1	好莱坞	Hǎoláiwù	美国电影业中心
2	清华大学	Qīnghuá Dàxué	中国知名大学
3	北京大学	Běijīng Dàxué	中国知名大学
4	华谊兄弟	Huáyì Xiōngdì	中国的一家电影公司

课文导入

1. 你经常去电影院看电影吗？喜欢看大片还是中小成本的电影？

2. 在你们国家，什么题材的电影比较受欢迎？

中小成本影片屡出黑马　国产大片去哪儿了

　　现实题材(1)、中小成本(2)的国产电影正在崛起(3)。每个月在影院上映(4)的电影里，除了传统的好莱坞大片儿(5)外，中小成本影片也在不断增加，数量上远远超过进口大片。比如，充满看点的华语影片《白日焰火》，首日票房(6)即破千万元。中国2013年票房为217.69亿元，国产影片市场份额(7)高达58.65%，有效地实现了对好莱坞大片的"逆袭(8)"。

　　对票房贡献最大的要算中小成本电影：《北京遇上西雅图》投资(9)不到2800万元，票房5.15亿元；《致我们终将逝去的青春》3000万元以内的投资，票房超过7亿元；让观众(10)和业内(11)人士(12)打出"零差评"的《全民目击》，投资4000万元左右，斩获(13)近2亿元票房……这些中小成本电影同期打败的是《超人：钢铁之躯》《霍比特人》等好莱坞大片儿，在此之前，从来没有出现过类似(14)情况。耗费(15)巨资打造(16)，由特技(17)、动画场面组成的好莱坞大片儿，尽管其情节(18)依旧引人入胜(19)，但已不能满足中国观众日益(20)多元(21)的观影需求。如今，观众期待看到更真实、更深刻反映本国文化的电影。

　　清华大学对部分小成本电影观众的分析发现，这些观众平均年龄20.3岁，其中女性占八成，且多分布在二三线城市。还有人认为，国产电影票房的增长，与电影院走进二三线城市观众的生活密不可分(22)。在城镇化(23)加快推进过程中，喜剧、贴近生活、关注小人物命运的中小成本影片受到追捧(24)。

有报道指出，观众对中小成本电影的认可和选择，意味着中国电影迎来了一个很好的时期。近10年来，对大场面名演员的追求，不断推高着电影制作成本，加上宣传发行费用高昂(25)，追高求大的不良风气(26)既限制了电影人的创作空间，又造成了观众审美疲劳，也阻碍了新导演和演员的成长。北京大学一位老师认为，中小成本影片崛起，说明社会对待电影变得更加理性成熟，更加有品位有自信。这些电影成本虽小，内容却不浅薄(27)，观众青睐(28)贴近生活的题材，能够引起共鸣(29)。

不过，相比之下国产大片疲软(30)现象也引起一些业内人士的关注和焦虑。有人表示，过去我们曾经提出的大片独大的产业结构是不健康的，但如果情况反过来，市场上只有中小成本影片，则是走向了另一个极端。大片集中体现了一个电影产业的最高水准，它的"产品力"决定了它具有更大的文化承载(31)力和传播(32)力。对于一个健康的电影产业来说，大片是产业的支柱(33)，中小成本影片则是产业的基础，二者缺一不可。人们对一些"烂大片"的批评，往往因为其内容。有人认为，对人物形象、情感的塑造(34)是否深入，是影视作品能否成功的关键。近期成功的中小成本电影都具有此类特点，这对大片创作是有借鉴(35)意义的。

"小成本影片不是中国电影的未来，而且由于中小成本影片屡(36)屡跑出黑马(37)，许多投资人批量跟风生产。"华谊兄弟总裁王中磊认为，中小成本电影丰富了市场，但还不是主流，更不能代表全部。"每次中小成本电影取得成功，都会给整个行业带来非常大的推动力和生命力，也给新导演、新演员带来了机会。但国产大片确实在行业当中发挥(38)了行业标准的作用，中国也需要各种高品质的大片去创造更大的市场。"

国产大片能否崛起，观众的认可度如何？我们还要观察。

（全文字数：约1350字）

（选自《中国青年报》，有改动）

注 释

① 中国2013年票房为217.69亿元，国产影片市场份额高达58.65%，有效地实现了对好莱坞大片的"逆袭"。

[解释] 逆袭：动词，在逆境中反击成功。

[例句] ① 我玩儿游戏，经常是成功逆袭，反败为胜。
② 我们队在0:2比分落后的情况下实现了逆袭，最终获得了本场比赛的胜利。
③ 他不甘心自己所有的努力就这样白费了，一定要实现对命运的逆袭。

② 这些中小成本电影同期打败的是《超人：钢铁之躯》《霍比特人》等好莱坞大片儿，在此之前，从来没有出现过**类似**情况。

[解释] 类似：动词，大致相像。可以直接带宾语，常用搭配"和/跟/与……类似"。

[例句] ① 早在16世纪，德意志就颁布了普及教育的法律。后来欧洲其他国家也有了类似的法律。
② 语言学中把类似俄语那样有丰富的词形变化的语言叫做屈折语，而把缺少词形变化的语言叫做孤立语。
③ 世界上很多发展中国家有着和中国类似的问题。

③ 耗费巨资打造，由特技、动画场面组成的好莱坞大片儿，尽管其情节依旧引人入胜，但已不能满足中国观众**日益**多元的观影需求。

[解释] 日益：副词，一天比一天更加。

[例句] ① 随着改革开放，年轻人的思想也日益开放。
② 由于网络技术的日益普及，计算机得到了越来越广泛地应用。
③ 面对一个科学日益发达、物质日益丰富的社会，我们应该好好儿思考怎么弘扬优秀的传统文化。

④ 在城镇**化**加快推进过程中，喜剧、贴近生活、关注小人物命运的中小成本影片受到追捧。

[解释] 化：后缀，加在名词或者形容词后构成动词，表示转变成某种性质或状态。如"城镇化、信息化、现代化、绿化、美化"等。

[例句] ① 教育的信息化要求我们在教育领域中充分运用现代信息技术。
② 深圳在短短十年的时间里由一个小渔村发展成了一个现代化大城市。
③ 莫斯科自1928年开始进行大规模绿化，建立了从市中心向郊外辐射的八条绿色林带。

报刊长句

每次中小成本电影取得成功，都会给整个行业带来非常大的推动力和生命力，也给
　　　　　电影取得成功　　　　　　带来　　　推动力和生命力，
新导演、新演员带来了机会。
　　带来　机会。

读报小知识

报刊语言的特点之一——常用列举法

报刊文章在对某一情况进行说明、解释时，常常采用列举法，主要有三方面：一是对某一情况具体举例说明，常使用"如、例如、比如"等词语。二是从不同方面来说明某一情况，常使用一些表示次序的词语，如"首先、其次、再次、最后""其一、其二、其三""一方面、另一方面"等。三是被列举的事物之间常用标点符号顿号（、）、分号（；）隔开，而不直接使用表示次序的词语。

练 习

一 课外阅读近期中文报刊上的文章，把你喜欢的一篇剪贴在笔记本上，阅读后写出摘要，并谈谈你的观点。

二 给下列动词搭配适当的词语

斩获_____   传播_____

打造_____   塑造_____

耗费_____   借鉴_____

承载_____   发挥_____

三 选词填空

| 题材 | 崛起 | 打造 | 类似 | 耗费 |
| 日益 | 承载 | 传播 | 塑造 | 借鉴 |

1. 改革开放以后中国迅速_____，国内发生了翻天覆地的变化。

2. 有学者指出，《周易》的义理及其思维模式，很值得研究和_____。

3. 老师在选择课文的时候，要选具有知识性和趣味性的_____，这样才能吸引学生。

4. 这种_____碉堡的房屋，能顶住十来级台风的袭击，是当地人针对当地自然环境进行的创作。

5. 随着科技与交通的_____发达，世界各国各地区的交流越来越频繁，整个世界似乎变小了，变成了一个"地球村"。

6. 当前，世界上人口与环境的主要矛盾是人口增长过快，环境_____的压力过大。

7. 文学作品用语言_____形象，在不同读者的头脑里会产生不同的反映——读者脑子里的形象，都或多或少带有读者的创造性。

8. 作为龙舟发源地的汨罗，千百年来保持着制作龙舟的传统，从龙舟的_____到下水都有一整套严格的程序。

9. 在这个科学发达的时代，信息的_____是相当迅速的。

10. 巴金一生最大的爱好是买书藏书，几十年的稿费和心血都_____在此。

四 根据课文内容判断正误

1. 每个月在影院上映的中小成本电影的票房，已经远远超过了好莱坞的进口大片儿。（   ）

2. 中小成本电影一直以来都比好莱坞大片儿的票房好。（   ）

3. 如今，观众更希望看到更真实、更能反映中国文化的电影，而不是耗费巨资打造的好莱坞大片儿。（   ）

4. 对大场面、名演员的追求增加了电影制作成本，另外，电影一味追求大场面，反而限制了电影人的创作空间，也让观众觉得审美疲劳。（   ）

5. 有人认为，中小成本电影之所以取得了成功，是因为对人物形象、情感的塑造很深入。（   ）

五 根据课文内容回答问题

1. 近来电影市场出现了什么样的变化？
2. 为什么好莱坞大片儿不再能满足观众的需求了？
3. 为什么二三线城市的观众喜欢中小成本电影？
4. 中小成本电影的崛起说明了什么？
5. 为什么有人说中小成本电影虽然丰富了市场，但不能成为主流？

六 概括中小成本电影的优势和劣势

七 尽量使用以下词语进行话题讨论

题材	看点	打造	耗费	日益	承载
传播	塑造	借鉴	共鸣	青睐	引人入胜

1. 谈谈你们国家的电影业。
2. 谈谈你最喜欢的电影类型。
3. 你认为好的电影要具备哪些条件？好的电影能起到什么作用？

快速阅读

阅读一（字数约1000字；阅读与答题参考时间8分钟）

李娜退役后办网球学校

王 彦

　　昨天，李娜以"澳网挚友"的身份现身上海。退役后拥有新身份的她则正高速运转着，切入新角色。她的新角色是什么呢？"我最擅长的是不用电饭煲能煮饭。"虽然李娜很为自己能用最传统的方式煮饭而自得，但结婚多年已然举不出一道拿手好菜，"煮妇"的印记还很模糊。相比之下，网球学校校长的角色定位无疑清晰许多。"我的网校规模会很大很大。"李娜声调不高，但语气肯定，"虽然现在许多事还未定，但我会尽自己最大能力做到最好，否则不如不做。"

　　李娜的网校梦有多宏大？单从她涵盖的年龄段就能看出端倪。"从幼儿园到高中都会有课程。"望着身边参加澳网推广活动的孩子们，大的10来岁，小的刚5岁，娜姐说，这些都是自己未来最重要的教学对象，"网校是半天训练半天学习的模式，等年满18岁，学生可以自主选择念大学还是当职业球员。"在她心里，自己的网校不仅会以培养职业球员为目标，做好网球普及，给孩子们更多出路同样重要。

　　既然强调学习，课程中有两门主科不得不提。其一是英语。"语言很重要，这是他们未来出去训练、比赛最好的沟通桥梁。"李娜说。

　　而另一门则是沟通。"会教学生怎么与自己、教练甚至是媒体对话。这些内容都会有。"李娜边说边笑，在她15年的职业生涯中，既享受过人与人之间真诚相待的福利，也为不少因沟通不善引发的风波而黯然神伤。因此，李校长衷心希望，她的学生们将不会再受沟通之累。自从她宣布退役，或者说还是在她退出之前，中国网坛就不断在寻找"下一个李娜"。但她本人却不愿如此，"我不会找任意一个自己的复制品，我看重的也不是带领个别一两个球员走上职业道路。"她有更大的野心，"我希望网校是多层次的，有普及、有提高，有精英、也有基础，最终能惠及到数量巨大的小朋友。所以，我们对生源不设门槛，还会设立奖学金。"李娜认为："现在的孩子们生长环境不同。在入学时，我们会与家长有一对一的对话，让他们明白为何要学网球。"在这一点上，李娜颇为推崇澳大利亚人的生活方式，"我总说澳网是我最喜欢的大满贯，很重要的原因就是，你能从澳洲人身上感受到真切不做作的、对于运动的钟爱。在那样的大环境里，即便我以后不以球员身份参赛，也会希望回到那里，感受运动的热情。"

看起来，准校长的教学理念已有雏形，且几乎是在中国从未有过的先例。这样的尝试会成功吗？李娜似乎并不在意，她已经说了："当下的决定是最真实的决定，无论对错都会把这条路走好。"

（节选自《文汇报》，有改动）

回答问题：
1. 李娜退役后的选择是什么？
2. 李娜网球学校的生源和课程有什么特点？
3. 对于培养"下一个李娜"，李娜本人的想法是什么？

阅读二（字数约1100字；阅读与答题参考时间8分钟）

电视综艺节目如何从引进步入原创

从《中国好声音》到《我是歌手》，从《我们约会吧》到《非诚勿扰》，再到收视率很高的《爸爸去哪儿》，各地卫视的综艺节目"你方唱罢我登场"，然而，中国综艺节目"只见引进不见输出"。为何各卫视对引进版权节目乐此不疲？本土原创节目难度在哪儿？

"走捷径"是为降低风险

"在我们购买国外版权节目时，其包含的节目'宝典'会告诉你很多细节，比如第几分钟有悬念，嘉宾在什么时间讲什么话、做什么事情，都是设计好的。"一位业内人士告诉记者。反观中国的电视综艺节目制作，由于种种因素的限制，没有形成国外团队那样的精细分工。

有专家告诉记者："电视节目的收视和效益应该并重，但是在实际操作中，收视率往往会成为唯一指标。创新是有风险的，需要有一个试错的过程；而引进一个在市场上已经成功的产品，风险就会降低，尤其是在风险度极大的大型活动中，策划人更不敢轻易选择原创，这可能是大家一窝蜂走捷径的重要原因。"

原创综艺节目正在突围

有人对版权引进节目有着自己的看法："我本身支持版权引进，但当20多个电视台的综艺节目几乎都在引进国外版权并成为一种流行时，电视节目就失去了其作为创意产业的精髓。"

不能否认，在众多电视台购买国外节目版权照搬某些节目模式进行制作播出时，一些卫视也根据市场需求在原创领域取得了突破。比如，河南卫视推出了以汉字文化为主题的原创综艺节目《汉字英雄》，该节目以"寻找键盘里失落的汉字"为主张，以年轻人比赛书写汉字的方式，通过趣味性和知识性节目环节选拔优秀选手。据央视索福瑞全国71个城市最新收视数据显示，河南卫视播出的《汉字英雄》节目平均收视率超0.6%，最高收视率达0.8%以上，位居全国同时段电视收视排名第7位。参与创制该节目的有关负责人马东说："好的节目应该是备受关注的社会话题，这样大众才能喜欢。"

从引进到原创的过渡

据了解，目前引进综艺节目的成活率不到1/10。在马东看来，引进也许是一个不可逾越的阶段，但只靠引进模式的综艺节目，找不到与观众内心有真正共鸣的语言和表达方式；不能重引进而忽略原创性，否则会导致节目内涵和价值观的单一化。"一些引进节目是带有引进国的文化观念、价值观念的。我们虽然在经济利益上获得了一些收益，但文化话语权正在丧失，这对我们自身的文化传统是一种伤害。"真正的好节目，应该是在充分挖掘本民族文化内涵的基础上形成的。

针对当前电视节目同质化现象严重、原创能力不足等问题，有关部门一直在想办法推动节目类型多样化、差异化和鼓励原创。在政策的引导鼓励下，一些有实力的电视台纷纷开始推动原创节目的研发生产。

（节选自《中国文化报》，有改动）

回答问题：
1. 为什么很多电视台宁愿引进国外综艺节目的版权也不愿意自己创新？
2. 一味引进综艺节目会出现什么问题？
3. 好的原创节目应该有什么样的特点？

阅读三（字数约1060字；阅读与答题参考时间9分钟）

那些转行当老板的体育明星

乔丹收购山猫　名字肖像值千金

球员时代的乔丹是成功的，他收获了6座总冠军奖杯。而退役后经过几年的磨炼，乔丹已成功转型成为一名商人。2010年3月18日，乔丹用2.75亿美元收购了夏洛特山猫队，成为史上首位做了球队大老板的前NBA球员。除了当球队老板，乔丹还有多份代言，通过授权自己的肖像以及名字的使用权给耐克，乔丹每年都能赚进大把美钞。此外，乔丹还涉足了餐饮业。他拥有一个连锁餐饮品牌——"迈克尔—乔丹牛排屋"，在纽约、康涅狄格和芝加哥都有店铺。

姚明变身原球队老板　开酒店开酒庄

早在退役前，姚明就一直谋求从球星到商人的转型。退役后，姚明的投资大概可分作两类，一类是纯粹的商业投资，另一类则完全出于兴趣。姚明的投资里，更多的是后者。2005年，姚明豪掷300万美元投资巨鲸音乐网——理由仅仅是他喜欢音乐，而且支持正版。姚明最大的一桩兴趣投资当属收购原服役球队——上海大鲨鱼男篮，虽然姚明一度每年损失上千万，但姚明对球队的感情并没有丝毫削减。

除了兴趣投资，姚明还涉足房产、酒店和酒庄等纯粹商业投资领域。根据《陕西日报》报道，姚明在北京、上海、休斯敦等地都有房产，总价值就已经超过1.4亿元。除了投资房产之外，姚明还投资酒店、酒庄，并在中美拥有多处资产。

李宁下海成体育服装业巨头

李宁的运动生涯足够辉煌，共获得3枚奥运金牌、14个世界冠军、100多枚各种比赛金牌。1989年退役后，李宁加盟广东健力宝集团，创立了"李宁"体育用品品牌，并以赞助1990年亚运会中国代表团为机遇，开始了李宁公司的经营业务，从而开创了中国体育用品品牌经营的先河。1992年巴塞罗那奥运会，"李宁牌"被选为中国体育代表团专用领奖装备，从而结束了中国运动员在奥运会上穿着国外体育品牌服装的历史。

林丹变身咖啡店老板

林丹与某品牌合作的咖啡店已经在北京正式开业，圆了妻子谢杏芳要当咖啡店老板娘的梦想。谢杏芳一直希望日后与林丹开一间咖啡店，店里摆着他们参赛的照片，亲朋好友闲时可以品尝到一流的咖啡。她甚至希望自己的咖啡店日后可以像星巴克那样全球连锁，对于这个浪漫的设想，林丹当时不解风情地回应当时还是女友的谢杏芳："我不喜欢开咖啡店。"殊不知，5年后，谢杏芳的梦想成真了，林丹真的给妻子开了一家店，地点就在北京市中心。

李小鹏变身某公司董事长

李小鹏在2010年选择了退役，他没有像好友杨威那样走上仕途，没有像田亮那样涉足娱乐圈，也没有像孔令辉一样留队担任教练，他现在的身份是某体育发展公司董事长。最终，他选择的是跟随前辈的步伐，进入商业领域。李小鹏说，自己从商很大程度上也是为了推动体育，为运动员谋更多的出路。

（节选自《中国体育网》，有改动）

判断正误：

1. 乔丹是唯一一个做了球队大老板的前NBA球员，除此之外，他还做餐饮业的生意。　　　（　　）
2. 在姚明的投资里，兴趣投资占的比例要大于商业投资。　　　（　　）

3. 李宁公司的经营业务，是从赞助1990年亚运会开始的，这也是中国体育用品品牌经营的最早尝试。（   ）
4. 在1992年巴塞罗那奥运会之前，中国运动员在奥运会上穿的都是国外体育品牌的服装。（   ）
5. 林丹说过他不喜欢开咖啡店，即使现在做了咖啡店老板，他也依然不喜欢。（   ）
6. 李小鹏追随李宁的脚步从商，很大一部分原因是为了给运动员谋更多的出路。（   ）

第十四课　摆正自己的位置

背景知识　中国人在人际交往上比较讲究谦虚和本分，认为自己的言行应符合自己的身份地位（即"位置"或"角色"），不太喜欢张扬的个性，强调"不在其位，不谋其政"，说的就是，你不在某一位置上，就不要考虑那个位置上的事，而应该多考虑你自己位置上的事。有些年轻人不太注意中国人际交往上的这些特点，在实际工作中给自己带来不少麻烦。

词语表

1. 位置　　wèizhì　　（名）
   他在我心目中的位置没有人能代替。
   （人或事物）在社会关系中或人们心中所占的地位
   place, position
   位置
   자리, 위치

2. 名牌　　míngpái　　（名）
   她的衣服都是名牌。
   出名的牌子
   famous-brand
   ブランド
   유명 브랜드

3. 灵活　　línghuó　　（形）
   头脑灵活／他是个头脑灵活的人。
   敏捷；不呆板
   flexible, agile
   敏捷である、すばしこい、融通がきく
   민첩하다, 반응이 빠르다

4. 损失　　sǔnshī　　（动）
   这次事故给他带来了巨大的损失。
   消耗或失去
   to lose, to damage
   損をする
   잃다, 손실하다

5	在乎	zàihu	（动）	在意；介意（多用于否定式）
	他说话不太在乎别人的感受。			to care about (often used in a negative or rhetorical question; 不在乎 means "not care about" or "not mind")
				気にする、気にかける
				마음에 두다, 문제 삼다
6	自满	zìmǎn	（形）	满足于自己已经取得的成绩
	骄傲自满 / 考了第一名也不能骄傲自满。			self-satisfied, complacent
				自負する、自己満足する
				자만하다
7	得意	déyì	（形）	称心如意；感到非常满意
	他当上经理后，得意得忘了自己是谁。			proud of oneself, complacent
				自慢する
				뜻을 이루어 자랑하다, 뽐내다
8	了不起	liǎobuqǐ	（形）	不平凡；（优点）突出
	他是个很了不起的企业家。			unusual, outstanding
				すごい、すばらしい
				뛰어나다, 보통이 아니다
9	目光	mùguāng	（名）	眼光；见识
	老师用赞赏的目光看着他。			vision, sight
				視線、眼光
				눈빛, 시선
10	挑	tiāo	（动）	挑别
	挑错儿 / 他总喜欢挑别人的错儿。			to seek, to pick
				選ぶ、探す
				끄집어 내다, 찾아내다
11	毛病	máobing	（名）	缺点；坏习惯
	坏毛病 / 他有很多坏毛病。			defect, shortcoming, flaw
				欠点、くせ
				결점, 흠, 나쁜 버릇
12	能干	nénggàn	（形）	有才能，会办事
	他有一个很能干的助手。			capable
				能力がある、仕事がよくできる
				유능하다, 재능 있다
13	失业	shī yè		失去了工作
	他已经失业三年了。			to lose one's job, to be unemployed
				失業する
				직업을 잃다, 실업하다

14 谨慎　jǐnshèn　（形）

小心谨慎 / 做事情小心谨慎一些比较好。

对外界事物或自己的言行密切注意，以免发生不利或不幸的事情

prudent, cautious

慎重である

신중하다

15 前途　qiántú　（名）

前途无量 / 他是个前途无量的年轻人。

原指前面的道路，比喻事物发展的前景

future, prospect

前途、将来性

전도, 전망

16 出息　chūxi　（名）

（没）有出息 / 父母希望孩子将来能有出息。

指发展前途或志气

promise, prospect, expectation

前途、将来性、見込み

전도, 장래성

17 适合　shìhé　（动）

这件衣服不适合你。

符合

to suit, to fit

ふさわしい、合う

맞다, 부합하다

18 角色　juésè　（名）

扮演角色 / 他在这部电影里扮演一个很重要的角色。

戏剧或电影中演员所演的剧中人物

role (in a play or film)

役

역할

19 讲　jiǎng　（动）

讲清楚 / 有什么问题一定要讲清楚。

说

to tell

説明する、解釈する、相談する

이야기하다, 설명하다, 상의하다

20 外商　wàishāng　（名）

这家公司是由外商投资建立的。

外国商人；外国企业

foreign businessman

外国商人

외국상인

21 委托　wěituō　（动）

委托人 / 我受老板的委托来签合同。

请人或机构代办

to entrust

委託する

위탁하다, 의뢰하다

22 业务　yèwù　（名）

业务范围 / 这家公司的业务范围很广。

个人的或某个机构的专业工作

professional work, vocational work

業務、仕事

업무, 실무

23	客户	kèhù	（名）	工厂企业或经纪人称来往的主顾；客商
	他是我们公司的重要客户。			client
				取引先
				고객，거래처

24	道歉	dào qiàn		表示歉意，特指认错
	向……道歉 / 你应该向同学道歉。			to apologize, to make an apology
				謝る
				사과하다

25	糟糕	zāogāo	（形）	情况很不好
	病人的情况很糟糕。			very bad
				ひどい、悪い
				엉망이 되다，망치다

26	失职	shī zhí		没有尽到职责
	工作人员的失职给公司造成了一定的损失。			breach of duty, to neglect one's duties
				職責を果たさない
				직책을 다하지 못하다，직무상 오류를 범하다

27	当天	dāngtiān	（名）	指过去发生某件事情的那一天
	吃了几粒药，他的病当天就好了。			on that day
				当日
				당일

28	开除	kāichú	（动）	将成员除名，使离开集体
	他不好好儿工作，被老板开除了。			to fire
				除名する
				해고하다

29	实在	shízài	（副）	的确
	中国菜实在太油腻了。			really, indeed
				確かに、確かだ
				정말，참으로，사실이다，확실하다

30	丧失	sàngshī	（动）	失去
	丧失信心 / 学习成绩不好也不要对自己丧失信心。			to lose, to forfeit
				失う、喪失する
				잃다

31	细节	xìjié	（名）	细小的情节或环节
	细节问题 / 注意合同里的细节问题。			details, particulars
				細かい点
				세부，사소한 부분

32	失误	shīwù	（名）	由于水平不高或者疏忽等造成的差错或失败
	我们尽量避免考试中的失误。			error, fault, muff
				ミス
				실수，실책

33	精神	jīngshen	（名）	表现出来的活力
	（没）有精神 / 他看起来很有精神。			vigor, spirit
				活気
				활기

34	功夫	gōngfu	（名）	本领
	这位电影明星的演技真有功夫。			skill, ability
				実力
				실력

35	文凭	wénpíng	（名）	毕业证书
	大学文凭 / 有一个好大学的文凭很重要。			diploma
				卒業証書
				졸업장，졸업 증서

36	打扮	dǎban	（动）	使容貌或衣着好看
	今天要去参加一个面试，她稍微打扮了一下自己。			to dress up, to make up
				化粧をする、着飾る
				꾸미다，치장하다

课文导入

1. 如果你的老板学历没有你高，你会认为自己比他更优秀吗？

2. 在工作中和别人交往时，应该注意哪些细节？

摆正自己的位置 (1)

东方尔

　　一位朋友在一家不错的公司上班，老板挺重视他。可他凭着自己是名牌 (2) 大学毕业，脑袋又灵活 (3)，动不动就把"公司如果少了我将损失 (4) 什么什么"的话挂在嘴边，同事们看他年轻也不怎么在乎 (5) 他的话。他却更加骄傲自满 (6)，有一次竟当着大家的面埋怨起部门经理来，双双闹到老板那儿。

　　那位朋友认为凭着自己的才能，老板一定会帮他说话。让他感到意外的是，老板却要他立刻离开公司，理由是"把自己的位置摆错了"。

　　人的悲剧往往总是因位置的摆错而产生。有的人是因太顺利而得意 (7)，便常常用自以为了不起 (8) 的目光 (9) 去挑 (10) 别人的毛病 (11)，以此来显示自己很能干 (12)；有的人正好跟前一类人相反，因找一份工作不容易或失业[13]太久而过于小心谨慎[14]，渐渐地也就变成了大家眼里没有前途[15]和出息[16]的人。

人生在世，各有各的位置，又各自有着适合[17]自己表演和此时此刻应当表演的角色[18]。这种位置和角色的正确与否，一直都是一个人成败与否的决定因素。

我的一位同事曾向我讲[19]了一件令他终生难忘的事。那时他在一个大公司上班，一天因公司与外商[20]产生矛盾，总部委托[21]他和业务[22]经理前去向客户[23]道歉[24]。事情比较突然，他也没有考虑到所穿服装的重要性，就随便穿了一件T恤就去了。见面后，他的T恤、客户和业务经理所穿的整洁的西装让他很不自在、很难受。

更糟糕[25]的事还在后面。当他们向客户好话说尽了之后，那客户就说了一句话："衣服也是一种态度，为了你的T恤，我无法接受你们的道歉。"

结果不用我再说，读者肯定都知道了，我的这位同事因这次失职[26]当天[27]就被开除[28]了。

一件衣服，在平常人看来实在[29]是一件很小的事情，却能使一个很能干的人丧失[30]一个很好的工作和发展机会。

角色与位置的关系，在人的生命历程中，实际上能在个人生活细节[31]中表现出来。一个人要演好自己的角色，要避免因位置摆错而产生失误[32]，这是一种于细节处见精神[33]的功夫[34]。

在不少人才市场，我就曾见过很多企业用人不看文凭[35]有多高，不看你打扮[36]得有多漂亮，就只看细节处你的表现，以此判断你到底适合不适合他们的那个位置。

如果你正好在求职，当大家所具备的知识、才能差不多的时候，注意一下自己的细节，塑造好自己的角色，你得到好位置的机会就可能比别人多一些。

（全文字数：约910字）

（节选自《中国青年报》，有改动）

注 释

1 可他凭着自己是名牌大学毕业，脑袋又灵活，**动不动**就把"公司如果少了我将损失什么什么"的话挂在嘴边……

[解释] 动不动：副词。表示很容易产生某种行动或情况，多指不希望发生的事。常跟"就"连用。

[例句] ① 我女朋友总是动不动就跟我说分手，这让我很烦恼。
② 因为家里有钱，他动不动就说一些看不起别人的话，所以大家都不喜欢他。
③ 她动不动就骂孩子，使孩子现在很烦她。

② 同事们看他年轻也不怎么**在乎**他的话。

[解释] 在乎：动词。在意；介意。可带名词宾语。可受程度副词修饰。多用于否定句或反问句。

[例句] ① 如果我找到自己喜欢的工作，我是不会在乎工资多少的。
② 我不在乎你送的礼物贵不贵，我只在乎你对我感情好不好。
③ 当别人说他的坏话时，他一点也不在乎。

③ 人的悲剧往往总是**因**位置的摆错**而**产生。

[解释] 因（为）……而……：表示因果关系，多用于书面。

[例句] ① 她因我忘了她的生日而要跟我分手。
② 你不能因工作太忙而忽视了和家人的沟通。
③ 他因经济原因而退学了。

报刊长句

在不少人才市场，我就曾见过很多企业用人不看文凭有多高，不看你打扮得有多漂
　　　　　　　我　　见过　　　企业用人
亮，就只看细节处你的表现，以此判断你到底适合不适合他们的那个位置。
　　看　　　表现，　　判断你　适合不适合　　　　　位置。

读报小知识

报刊语言的特点之一——省略句、压缩句多

报刊文章较多使用省略句和压缩句，这些句子常采用无主语、承前省略主语、压缩句中结构成分等方式增加信息表达的密度，将可有可无、根据具体语境可以推知的相关信息省略掉，推出必不可少或重点突出的信息。

练 习

一 课外阅读近期中文报刊上的文章，把你喜欢的一篇剪贴在笔记本上，阅读后写出摘要，并谈谈你的观点。

二 给下列动词搭配适当的词语

委托_____   开除_____

丧失_____   损失_____

挑 _____   适合_____

讲 _____   打扮_____

三 选词填空

| 动不动 | 在乎 | 因……而…… | 委托 | 开除 |
| 挑 | 损失 | 适合 | 打扮 | 丧失 |

1. 大部分民工因无法等待就_____同伴等候结果，自己则先回家乡过年去了。

2. 日本不少年轻人对读书_____兴趣，却把阅读爱好转移到手机里的连载小说上。于是，手机小说热在日本出现。

3. 我不_____别人怎么看我，我只想尽力做好自己的本职工作。

4. 像因谈恋爱被_____出国家乒乓球队这种事，说起来大家都不敢相信会是真的。

5. 你别_____就埋怨别人，先看看自己有没有过错。

6. 他_____得了重感冒_____无法参加今天的考试。

7. 总的来说，应聘者的穿着_____要整洁、大方、得体，并不一定穿西服、打领带，可以穿得休闲些，但是一些另类夸张的服装，如有漏洞的牛仔裤等，肯定是不受欢迎的。

8. 在经济发展过程中，发展中国家由于经济总量的限制，能提供_____大学生的就业岗位就有限，于是产生了就业总量的矛盾。

9. 据《南方都市报》报道，中国每年因为信用缺失而引起的经济_____非常惊人。

10. 不要老是_____别人的毛病，谁能没有错的时候呢？

四 根据课文内容判断正误

1. 一位朋友被开除,是因为他看不起老板。　　　　　　　　　(　　)
2. 一个人的位置和角色是否正确,决定着自己的成败。　　　　(　　)
3. "我"的一位同事因说话态度不好而失去了一个很好的工作机会。(　　)
4. 作者认为,求职时应注意一下自己的细节。　　　　　　　　(　　)

五 根据课文内容回答问题

1. 一位朋友在一家不错的公司上班,老板挺重视他,但后来老板为什么叫他离开公司?
2. 作者指出哪两种人在工作中都没有摆正自己的位置?
3. "我"的一位同事对哪一件事情终生难忘?
4. 作者最后建议求职者应该怎么做?

六 将下列各句组成一段完整的话

1. A. 又各自有着适合自己表演和此时此刻应当表演的角色
   B. 各有各的位置
   C. 人生在世

   正确的语序是:(　　　)(　　　)(　　　)

2. A. 要避免因位置摆错而产生失误
   B. 这是一种于细节处见精神的功夫
   C. 一个人要演好自己的角色

   正确的语序是:(　　　)(　　　)(　　　)

七 尽量使用以下词语进行话题讨论

| 动不动 | 在乎 | 因……而 | 委托 | 开除 | 丧失 |
| 挑 | 损失 | 适合 | 打扮 | 能干 | 前途 |

1. 你将来打算做什么工作?为什么?
2. 你认为在工作中应该怎样做才能处理好人际关系?

快速阅读

阅读一（字数约1100字；阅读与答题参考时间8分钟）

梦想需要坚持

陈勇的"龙芯"梦

从北京大学经济学专业毕业后，陈勇曾任银行信贷经理，还在高校做过管理工作。但他总觉得，这些都"和自己的人生理想不太一样"。最终，他放弃了稳定的工作，开始创业。

陈勇一直十分关注高新科技发展。他了解到，目前全世界CPU芯片90%以上被国外厂商垄断。"我们的飞机大炮里用的不少是国外的芯片，老百姓生活中所有电器全是国外的芯片。"陈勇看到这种现象后，毅然选择为国产芯片"龙芯"的推广贡献力量。

然而，陈勇对于现实的估计过于乐观。他以为，凭借龙芯的技术和团队的资源，很轻松就能找到投资。谁知，他联系了不少投资人，却无人响应。"经过几次挫折以后，觉得还是要靠自己。"陈勇说，"我把自己在上海的房子卖了，合伙人把他结婚用的房子也做了抵押，筹集了一笔资金。"

认识到理想和现实的差距，陈勇"清醒了很多"，他学会了踏踏实实地迈步。

新一代"龙芯"芯片投产，客户却没有如陈勇预想的增加，这让他感到彷徨、迷茫。"后来我们仔细想了想，因为大家已经熟悉了国外芯片，很难接受国产技术。"于是，陈勇决定寻找"蓝海市场"。物联网战略新兴产业的提出为他开启了另一扇大门。

回顾创业路上经历过的酸甜苦辣，陈勇感触颇多。"创新创业一定要选准目标和方向，坚持不懈，还需要做好充分的准备。机会永远是留给有准备的人。"

陈岑的"爱之翼"

2012年4月，陈岑认识了一个被父母遗弃的孩子，从此走上了救助失护儿童之路。那是一个11个月大的男孩儿，病痛折磨下他十分瘦小，陈岑看了心里很难过。于是，她和几个姐妹成立了一个QQ群，每天轮流给他送营养餐。坚持了一个月，孩子的各项身体指标全部达标。

那以后，陈岑发现还有很多需要帮助的孩子。"既然帮一个也是帮，帮两个也是帮，就一块儿帮吧。"

为了公开、透明地做公益，陈岑决定正式注册"爱之翼"儿童公益服务中心。当时，陈岑既是公益组织的负责人，还是一个一岁多宝宝的妈妈。为了更好地兼顾家庭、工作和"爱之翼"，陈岑费了不少心思，也做出了许多牺牲。

平时组织公益活动时，陈岑常把儿子带在身边。现在，两岁多的儿子已经成为一名"小志愿者"。"我给他几份报纸，戴一个小红帽，他就说叔叔阿姨，爱心义卖，买一份报纸吧。"

做一名志愿者，只需参与志愿服务活动。但作为一名公益组织的管理者，陈岑需要付出更多。在陈岑的努力下，"爱之翼"的志愿者人数已经从十几人增加到一千多人，共帮助了

58名失护儿童。而陈岑觉得,自己收获的,比付出的更多。"我收获了自信,认识了很多朋友,还能给自己的孩子以身作则。"

对于陈岑来说,朝向梦想的路需要一颗平淡、长久和坚持的心。"认准了一件事情,就要把它做好。"

(节选自《中国青年报》,有改动)

回答问题:
1. 陈勇为什么选择推广"龙芯"作为自己的创业项目?
2. 为什么"龙芯"的推广遭遇了困境?陈勇是如何改变这种不利局面的?
3. 陈岑因为一次什么样的经历开始了"爱之翼"儿童公益活动?
4. 陈岑觉得自己做公益的收获是什么?

阅读二(字数约950字;阅读与答题参考时间7分钟)

这些年,我租过的房

回忆这么多年的生活,我发现这些年租住过的房子,已成为我个人奋斗的生动标记。

刚参加工作时,我住的是单位里的职工宿舍,四个人住在一间房子里,稍微有些拥挤。那时我刚刚大学毕业,与一家规模不大的广告公司签了约。在接下来的两年里,同事们接二连三地跳槽,我也渐渐有些动摇,看不清未来职业发展的方向,思考了一段时间之后,我还是选择了离开。当我与那张只有一米宽的简陋木板床告别的时候,突然有种悲怆的感觉:世界这么大,却没有一块小小的地方属于我吗?此时,毕业后留在北京工作的男朋友邀请我去北京一起发展。怀着对美好前景的憧憬,我登上了开往首都的列车,也开始了我的"北漂"生活。

在北京,我迎来了工作后的第二个住所——那是位于五环外的一间小房子,小到只能放下一张单人床,而且没有窗户。白天在房间里都需要开着灯,一到夏天就会无比闷热。但是我鼓励自己,这就是梦想开始的地方,谁说住在一间小小的房子里,生活条件不好,就不能放飞梦想?

功夫不负有心人,在经历了无数次投递简历失败后,我终于找到一份与平面设计有关的工作。三个月的试用期之后,我成为了公司的一名正式员工。正当我为自己的成绩感到高兴,准备放手大干一场时,公司的几位主要股东突然撤资,短短的几天时间,公司就破产了。我当时觉得生活对自己太残忍。真没想到,在我描绘未来的美好图景,希望自己能有所作为,也觉得终于有机会能改变生活窘境的时候,现实的巨浪又把我打翻在地。

随后我尽快调整了心态,放低身段,应聘到一家网络公司,主要负责公司的电子商务业务。这份工作门槛低,只要略懂电脑,培训一周左右就能上岗。时间久了,我摸到了规律,经手的单子也渐渐多起来。就在事业逐渐有了起色的时候,一个周末的晚上,房东咚咚的敲门声再次打破了我生活的平静。几经协商,我每月需要多缴纳300块钱租金,这对于收入不多的我来说,也是一笔不小的开支。但我还是同意了,只为了继续在这张单人床上睡个安稳觉。

后来，我和男友结婚了。现在的我们，正盘算着租一个大一点的房子，作为我们的下一个家。一次次搬家，无形中给奋斗留下鲜明的印记，虽有无奈，却隐含着希望。我相信只要肯努力，居住条件必定会有所改善。世界这么大，现实的困难无法束缚我们追逐梦想的步伐。梦想，必须坚持！

（节选自《解放日报》，有改动）

回答问题：
1. 房子对"我"来说有什么样特殊的寓意？
2. 在第二个住所居住期间"我"经历了什么？
3. 最后，"我们盘算着租一个大一点的房子作为下一个家"有什么象征意义？

阅读三（字数约1000字；阅读与答题参考时间8分钟）

越忙，越要调整好心态
崔 鹏

生活节奏越来越快是现实，但不能在忙碌之中迷失自我。个人应做好规划，把有限的精力用在恰当的地方，学会对不必要的事情说"不"，更要合理调整预期，不要满腹牢骚。

日前跟朋友们聚会，大家言谈之中都在感慨："现在越来越忙了。"有人说自己工作忙，每天有开不完的会、做不完的事，加班是家常便饭；有人说自己应酬多，每周有参加不完的饭局，难得在家吃顿饭；还有人说自己家里事情太多太烦，买房子要折腾，孩子上学也要操心，一天下来常常筋疲力尽。

我们缺少的，是一种放松的生活态度。随着经济社会不断发展，人们需要处理的事情越来越多，生活节奏也越来越快，这是必然的，谁也改变不了。但越忙越要保持良好心态，越忙越要提高个人修养，不能在忙碌之中迷失自己。这首先需要个人做好规划，安排好工作和生活，把有限的精力用在恰当的地方。

例如，一些人对工作状态不满意，认为自己"起得比鸡早，睡得比狗晚，吃得比猪差，干得比驴多"，感觉自己每天忙忙碌碌，但越忙越穷、越穷越忙，整天被琐碎的事情包围，却看不到有什么前途。这个时候就要思考，自己的职业规划是什么？当前的工作是否有利于理想的实现？如果回答是肯定的，忙碌就是值得的，应该更加努力、更加积极；相反，则应努力着手改变，否则日渐麻木，总有一天连自己都会习惯混日子的生活。

在一定意义上，忙碌或许也是"偷懒"的一种形式，因为我们懒得深入思考，懒得分辨行动的合理性，懒得考虑如何提高工作效率。有时候，或许在不知不觉中养成了"习惯性加班"的毛病。其实，尽可能使自己在工作时间内完成任务，从而充分享受下班后属于自己的私人空间，这对调整身心状态非常重要。

要学会对不必要的事情说"不"。不要什么应酬都出席、什么活动都参加。人的时间和精力都是有限的，我们应该做好自己的本职工作，专注于自己的成长领域。如果不懂得说"不"，工作就会时常被打断，精力有时就会被白白消耗掉。

让心态更平和，还要合理调整个人预期，不要总对现实发牢骚。现在不少人经常抱怨自己的房子不够大、工资不够高、升职不够快，恨不得什么理想都要一步到位。更有一些人既脱离现实条件，又不能正确认识自己，总觉得周围一切都与他为难，这也看不上，那也看不惯，既浮躁又暴躁。这种心态看似可笑，在生活中却非常普遍。

路要一步一步走，饭要一口一口吃，幻想一蹴而就，只会让自己更加失望。不要被表面的"忙"牵着鼻子走，也许能过得更快乐一些。

（节选自《人民日报》，有改动）

判断正误：

1. 即使生活节奏在不断变快，我们也要保持良好的心态，调整好自己。　　（　　）
2. 跟朋友们聚会的时候大家最喜欢谈的话题就是最近工作有多忙，有多少要开的会。
　　　　　　　　　　　　　　　　　　　　　　　　　　　　　　　　　（　　）
3. 因为社会不断在发展，所以我们必然会越来越忙。　　　　　　　　　（　　）
4. 当我们在工作上付出了很多努力，却收效很小的时候就应该考虑下自己的职业规划到底是什么。　　　　　　　　　　　　　　　　　　　　　　　　　　（　　）
5. 因为我们在工作时候偷懒，所以才会经常加班。　　　　　　　　　　（　　）
6. 有人经常抱怨自己的房子太小、工资太低、升职太慢，对现实有许多不满，是因为他们没有调整好自己对生活的预期。　　　　　　　　　　　　　　　　（　　）

第十五课　生活在城里的农民工

背景知识

　　中国13亿左右的人口中，约有9亿是农民，而中国的人均耕地很少，地少人多的矛盾限制了中国农村的发展和农民的富裕，"要富裕农民，就要减少农民"越来越成为中国社会的共识。中国目前每年约有1亿多的农民离开农村到城市干活，成为双重身份的农民工，他们的户口在农村，是农民户口，但他们生活和工作的地点却在城市，他们为中国城市的发展、中国经济的繁荣做出了重要贡献，但他们并没有获得城市普通市民的待遇。现在越来越多的有识之士呼吁将农民工转化为市民。如何将广大农民工转化为市民，是今后中国社会长期健康发展的一个重要问题。

词语表

1　农民工　nóngmíngōng　（名）
我见过农民工，在装修队。

指到城市干活的农民
peasants working temporarily in the city
都市で働く農民
도시에 와서 일하는 농민

2　干活儿　gàn huór
干体力活儿 / 干体力活儿是很辛苦的事情。

做事，工作
to work, to do manual labour
仕事をする
일하다 (육체노동을 가리키는 경우가 많음)

3　当中　dāngzhōng　（名）
我们同学当中只有他想学京剧。

中间；之内
among
〜のうち、中間
그 가운데

4　坚强　jiānqiáng　（形）
他是个很坚强的人。

强固有力，不可动摇
strong, firm
堅固である、強い
완강하다 , 굳세다

5	把握	bǎwò	（动）	抓住（抽象的东西）
	把握机会 / 要成功就要把握机会。			to hold, to grasp
				つかむ、捕らえる（抽象的なもの）
				쥐다, 잡다

6	贡献	gòngxiàn	（名）	对国家或公众所做的有益的事
	做出贡献 / 每个人都要为公司的发展做出贡献。			contribution
				貢献
				공헌

7	改善	gǎishàn	（动）	改变原有情况，使好一些
	得到改善 / 他工作了以后全家的生活得到了改善。			to improve
				改善する
				개선하다

8	媳妇	xífu	（名）	妻子
	他说，他的媳妇和孩子都在农村。			wife
				妻
				부인, 아내

9	人家	rénjia	（代）	别人
	人家怎么想，我怎么知道？			other people
				他の人
				남

10	扫地	sǎo dì		用扫帚清除地上的脏东西
	同屋从来不扫地，都是我扫。			to sweep
				掃除をする、地面を掃く
				(비 따위로) 쓸다

11	报酬	bàochou	（名）	因使用他人劳动、物件等而付给的钱或实物
	老板给了他很高的报酬。			reward, remuneration
				報酬
				보수, 사례금

12	总得	zǒngděi	（副）	必须
	这件事总得想个办法解决才好。			must, have to
				どうしても～しなければならない
				어쨌든 (반드시) ～ 해야 한다

13	保障	bǎozhàng	（名）	起保障作用的事物
	政府应当为他们提供生活保障。			safeguard
				保障
				보장

14 试用   **shìyòng**   (动)
试用品 / 这种新产品的试用品免费赠送。

在正式使用以前，先试一段时间，看是否合适
to try out
試す
(사람을) 시험 삼아 쓰다

15 雇   **gù**   (动)
雇保姆的费用越来越高。/ 公司临时雇了几个人来处理一些杂事。

出钱让人给自己做事
to employ, to hire, to rent services (of a driver, boatman, etc.)
雇う
고용하다

16 悲观   **bēiguān**   (形)
不要悲观，这件事情会解决的。

对事物的发展缺乏信心
pessimistic
悲観的である
비관적이다

17 负担   **fùdān**   (名)
减轻负担 / 他为了减轻家里的负担而出去打工。

承受的压力或担当的责任、费用等
burden, load
負担
부담

18 特   **tè**   (副)
他这个人特有意思。

很，非常
very
特に
특히，아주

19 聊   **liáo**   (动)
聊天儿 / 有时间多和我聊聊天儿。

随便谈
to chat
おしゃべりをする
이야기하다

20 老家   **lǎojiā**   (名)
他的老家在西安。

在外面工作生活的人称故乡的家
home, hometown, place of birth
故郷、原籍地
고향

21 商量   **shāngliang**   (动)
和……商量 / 这件事我要跟父母商量一下。

交换意见
to consult, to discuss, to talk over
相談する
상의하다

22 家政   **jiāzhèng**   (名)
她是从事家政工作的。

指家庭事务的管理工作
housework, housekeeping
家政
가사관리

| 23 | 挣 | zhèng | （动） | 用劳动换取 to earn, to make 稼ぐ （돈을）벌다 |

挣钱 / 我要挣很多钱，然后到世界各地去旅游。

| 24 | 招工 | zhāo gōng | | 招收新工人 to hire workers 労働者を募る 일꾼을 모집하다 |

听说一家外贸公司在招工。

| 25 | 中介 | zhōngjiè | （名） | 媒介 intermediary, medium 仲介 중개, 중간소개 |

你想租房子的话可以去找房屋中介。

| 26 | 加班 | jiā bān | | 在规定以外延长工作时间或增加班次 to work overtime 残業 초과 근무하다, 근무시간 외에 일을 하다 |

他加了一个星期班。

| 27 | 受 | shòu | （动） | 忍受；禁受 to bear, to endure, to suffer 忍ぶ、受け入れる 견디다, 받아들이다 |

很多人受不了香菜的味儿。

| 28 | 最终 | zuìzhōng | （名） | 最后 finally, ultimately 最後 최후, 결국 |

他最终选择了回国找工作。

| 29 | 餐厅 | cāntīng | （名） | 饭馆 dining hall, restaurant レストラン 식당 |

这家餐厅很有名气。

| 30 | 珍惜 | zhēnxī | （动） | 珍重爱惜 to treasure, to value, to cherish 大切にする 소중히 여기다 |

珍惜时间 / 我要好好儿珍惜时间。

31	通常	tōngcháng	（副）	表示在一般情况下，行为、事情有规律地发生
				general, usual, normal (a negative word cannot be used before this word)
	申请签证通常需要一个月的时间。			通常、いつもの通り
				통상，보통

32	老乡	lǎoxiāng	（名）	同乡
				fellow-townsman; fellow-villager
	听说你们俩都是西安人，是老乡。			同郷の人
				같은 고향 사람

33	靠	kào	（动）	依靠
				to rely on, to depend on
	我靠打工挣钱交学费。			頼る、よる
				의지하다，의거하다

专名

| 1 | 杨启兰 | Yáng Qǐlán | 人名 |
| 2 | 李强 | Lǐ Qiáng | 人名 |

课文导入

1. 你觉得从农村来到城市里生活的人可以在城里做哪些工作？
2. 在你们国家，从农村到城市工作、生活的人多吗？他们为什么选择去城市？

生活在城里的农民工 (1)

每年都有一亿多农民工到城市里干活儿(2)，尽管他们当中(3)不少人的工作并不很稳定，而且很辛苦，但他们仍然坚强(4)地生活在城市，努力地把握(5)着各种工作机遇。勤劳的农民工，为中国城市的发展做出了巨大的贡献(6)。但他们的生活条件和工作环境，还需要进一步改善(7)。

"几乎每天回来都担心我媳妇(8)儿和我孩子是不是人家(9)不用了。"清洁工老刘告诉记者。他每天早上5点钟就要开始扫地(10)，一直到晚上7点，休息时间很少，可一个月的报酬(11)不太高。"我觉得，每个月怎么也**总得**(12)有几天休息吧，可没办法。像我现在的工作，还是有关系才能找到，因为竞争的人实在是太多了。"

老刘的妻子和孩子都在北京干活儿，但工作常常没有保障⁽¹³⁾，经常是干完试用⁽¹⁴⁾期，老板就不再雇⁽¹⁵⁾他们了。"这时候，日子就更难熬了。但我们并不悲观⁽¹⁶⁾，还是继续寻找新的工作机会。"

来北京一个月，他还没怎么出去玩儿，"玩儿什么玩儿，负担⁽¹⁷⁾特⁽¹⁸⁾重。每天回家也没什么想法，就是聊⁽¹⁹⁾聊老家⁽²⁰⁾，或者商量⁽²¹⁾商量你这个活儿该怎么干，他那个活儿该怎么干。"

杨启兰的第一份工作是在家政⁽²²⁾公司干活，不过她只做了一天，因为工作实在太辛苦了，而挣⁽²³⁾的钱又太少。那天晚上她睡在那个家政公司，"睡觉的时候就想回家。"第二天，她交了房钱就走了。到第三天，她在报纸上看到一个家政公司的招工⁽²⁴⁾广告，"说是每月工资挺高，还说不是中介⁽²⁵⁾，但实际上就是中介。"她说，当时公司要她交150元钱，然后把她送到另一家公司做杂活。依据杨的介绍，这份工作也很苦。"我们经常加班⁽²⁶⁾，总是熬夜，比我在家里还苦。后来我实在受⁽²⁷⁾不了了。"杨启兰在那里只做了一个星期，然后经过与很多人一起的竞争，最终⁽²⁸⁾幸运地在一个环境挺不错的餐厅⁽²⁹⁾工作，生活条件和报酬都有所改善。她现在很珍惜⁽³⁰⁾这份工作。

通常⁽³¹⁾农民工找工作的方式是老乡⁽³²⁾靠⁽³³⁾老乡，熟人靠熟人。吃住在老乡那里，然后白天出去找工作。一般他们不太挑活儿，什么活儿都做。多数人找到了工作，但也有许多找不到工作的，只好返乡。

很多农民工有过失业的经历。清华大学社会学教授李强主持的一项调查表明，33.5%的农民工遇到过没有工作的情况。其中47%的人是一到两个月的短期失业，但也有9.8%的农民工可能会一年都找不到活儿做。

（全文字数：约910字）

（节选自《中国青年报》，有改动）

注 释

1 我觉得，每个月怎么也**总得**有几天休息吧，可没办法。像我现在的工作，还是有关系才能找到，因为竞争的人实在是太多了。

[解释] 总得：副词。必须。后面接动宾短语或小句。

[例句] ① 不能老待在家里，总得出去找份工作。
② 虽然你和他的关系并不是那么好，但现在他遇到这么大的困难，你总得帮帮他啊。
③ 社会中老年人的数量越来越多，政府总得想个办法保障他们的生活。

② 玩儿什么玩儿，负担**特**重。每天回家也没什么想法，就是聊聊老家，或者商量商量你这个活儿该怎么干，他那个活儿该怎么干。

[解释] 特：副词。非常。

[例句] ① 他对朋友们特好。
② 北京的夏天特热。
③ 我做的菜虽然不那么好看，但特好吃。

③ **通常**农民工找工作的方式是老乡靠老乡，熟人靠熟人。

[解释] 通常：副词。表示在一般情况下，行为、事情有规律地发生。它的前面不能用否定词修饰。后面可接名词、动词短语和小句。

[例句] ① 通常，她不和不认识的人说话。
② 公司的重要会议通常都会被记录下来。
③ 利用手机阅读的读者主要是10多岁至30多岁的女性，她们通常不去书店，随身不带书，但却总带着手机。

报刊长句

1. 每年都有一亿多农民工到城市里干活儿，尽管他们当中不少人的工作并不很稳定，而且很辛苦，但他们仍然坚强地生活在城市，努力地把握着各种工作机遇。
　　　　农民工到城市里干活儿，尽管　　　　　　　工作　不　稳定，
很辛苦，但他们　　　生活在城市，　　把握　　　机遇。

2. 杨启兰在那里只做了一个星期，然后经过与很多人一起的竞争，最终幸运地在一个环境挺不错的餐厅工作，生活条件和报酬都有所改善。
　　杨启兰　　做了一个星期，　　经过　　　　竞争，　　　　在
　　餐厅工作，生活条件和报酬　有所改善。

读报小知识

报刊语言的特点之一——长句子多

报刊文章较多使用一些长句子，这些句子通过增添并列成分、修饰成分来增加信息量。遇到长句子时，学会分析句子的结构，找出句子的中心词（如主语、谓语、宾语等），这样在简化长句子中理解长句子。

练习

一 课外阅读近期中文报刊上的文章，把你喜欢的一篇剪贴在笔记本上，阅读后写出摘要，并谈谈你的观点。

二 给下列动词搭配适当的词语

把握_____　　挣_____

珍惜_____　　聊_____

靠_____　　改善_____

雇_____　　商量_____

三 选词填空

把握	总得	特	挣	珍惜
保障	改善	聊	贡献	通常

1. 我今天解决了一个技术难题，心里_____高兴。

2. 希望大家_____健康的日子，用快乐的心情去面对生活。

3. _____，手机小说的经营方式是连续刊登故事情节，而每天的传送字数大约在1000 到 2000 个。

4. 如果队员年龄还小，我就不主张他们谈恋爱，因为他们还不够成熟，不能_____自己。

5. 在你发火之前，_____把事情弄明白吧。

6. 山区考来的她每年假期都不能回家，因为这是_____钱的最好时间。

7. 可喜的是，一些地方已经开始_____针对农民工的服务。如贵阳火车站今年推出了到建筑工地办理团体票和免费送票上门，受到农民工的欢迎。

8. 有些用人单位认为，应聘人员在企业中的职业理想越高，对企业做出的_____也越大。

9. 这些年，因为进行报告文学的写作，我们有机会经常深入各地农村，同时，结交了不少农民朋友，常听他们_____一些农村里的事。

10. 实行分餐制，并制定相应的制度来规范，对改变国人的饮食习惯，_____消费者的用餐安全，的确很有必要。

四 根据课文内容判断正误

1. 农民工生活条件和工作环境并不令人满意。（　　）
2. 清洁工老刘几乎每天回来都担心他媳妇和他孩子失去工作。（　　）
3. 杨启兰的第一份工作非常辛苦，但报酬挺高。（　　）
4. 杨启兰到现在还没找到满意的工作。（　　）

五 根据课文内容回答问题

1. 清洁工老刘的工作和报酬情况怎样？
2. 老刘的妻子和孩子的工作情况怎样？遇到挫折时，他们的态度怎样？
3. 杨启兰的第二份工作是什么？后来她为什么不干了？
4. 通常农民工是怎样找工作的？

六 概括下面这段话的主要内容

很多农民工有过失业的经历。清华大学社会学教授李强主持的一项调查表明，33.5%的农民工遇到过没有工作的情况。其中47%的人是一到两个月的短期失业，但也有9.8%的农民工可能会一年都找不到活儿做。

七　尽量使用以下词语进行话题讨论

把握	总得	特	挣	珍惜
保障	改善	聊	贡献	通常

1. 你对农民工有怎样的印象与认识？
2. 你们国家的农民与中国的农民有什么相同或不同的地方？

快速阅读

阅读一（字数约920字；阅读与答题参考时间7分钟）

农民进城仅是一道计算题

　　据有关部门统计，我国农业人口市民化的人均公共成本约为13万元。进入城镇的每一个农民每年平均需要负担1.8万元的生活成本，另外还需要一次性支付10万元左右的购房成本。假设这些公共成本是由政府来买单的，那么每年为了解决2500万农民城镇化的问题，政府需要一次性投入约6500亿元，这无疑是一笔巨大的开销。同时，这样的一组数字也不禁让人感叹，现在"农民进城"已经成了一道简单的计算题了吗？事实并不是这样。

　　我们暂时抛开这些数字不谈，对农民来说，进不进城首先得考虑一个生活的成本问题。这就跟做生意一样，谁也不可能去做亏本的买卖。农民进城，"生活成本自己能不能承受"这个问题必须得从多方面衡量。中国社科院早在2013年就曾经表示，"对农民工进城的成本，财政投入并不大"，这就意味着，农民得自己想办法解决进城后的成本问题。如此一来，能否承受城市的生活成本压力，就是农民衡量进城与否关键条件了。

　　下面我们再来看看，农民进城推进城镇化，政府得花多少钱？根据社科院的测算数据，每年解决2500万人城镇化，政府每年一次性投入约6500亿元。显然，这只是把公共成本进行简单粗糙地数学运算，并没有考虑城镇化过程中可能产生的"政府收益"。不可否认的是，农民进城也会带动城市消费市场。也就是说，城镇化过程中政府无形中将获得至少上百万亿的收益，还有其他一些可能存在的隐性收益，也值得期待。所以，政府部门在衡量的过程中不应该简单地把6500亿元看做一个天文数字，应该多方考量，权衡利弊。

　　再者，农民进城还是一个社会问题。前不久，曾有多个城市试点农民"积分进城"的政策。即通过推出类似"积分享受同城待遇"政策，帮助一大批农民工实现"进城梦"。各方面对此类政策的评价褒贬不一，而且一直争议不断。这说明，农民进城还得通过社会的考量。尤其是在城乡差异巨大的现代社会，农民进城并不是简单地脱掉农民的衣服，穿上居民的外衣这么容易。如何解决医保、户籍、社保、就医、子女入学等一系列与生活密切相关的社会问题，也成了摆在政府和农民面前的一道难题。

城镇化的推进,最终还是需要落实为"人"的城镇化,比如生活方式、消费模式等,如果简单地将此作为一道计算题,时刻算计着各种数据,就会脱离实际。

(节选自《潇湘晨报数字报》2014年3月19日版,有改动)

回答问题:
1. 国家为了解决农民城镇化的问题,需要在哪些方面投入资金?
2. 农民是否进城最关键的因素是什么?
3. 城镇化过程中政府除了投入以外,还可能获得哪些收益?
4. 为什么作者认为"农民进城并不是简单地脱掉农民的衣服,穿上居民的外衣这么容易"?

阅读二(字数约1150字;阅读与答题参考时间9分钟)

"人的城镇化",究竟难在哪儿

计划很美好,现实很残酷——农民创业难

随着榆林近年来经济高速增长、城市快速扩张,大批的农民工拥入这座城市。

刘青山来自清涧县农村。在南方打拼过了几年之后,刘青山结束了自己的快递员生活,怀揣着创业梦回到了榆林并注册了一家小公司。同时,找了一份临时司机的兼职,虽然每月工资仅有1000元,但他说:"当司机的目的不是挣钱,而是希望单位领导能给我介绍点生意。"计划很美好,但现实却很残酷。五年里,刘青山的生意没有起色,年迈的父母一直倒贴钱给他,而大部分时间处于原地等待状态的司机工作又让他厌恶。

"每个月光顾着想怎么凑合着活下去,哪有心思大胆地创业?"说起现状,刘青山很无奈。刘青山也曾想借助于政府的扶持让自己的日子好起来:"想通过青年创业途径申请无息贷款吧,没有学历,也不是本地户口;想申请保障房吧,前些年户口不在本地的压根没资格,这两年说是外县也能申请,但是机会太少了。"

刘青山说,农民工根本没法和本地人相提并论,本地人有本地户口,在本地有房有人脉,个人生活成本也低,创业自然多少也有优势。作为农民工首先要生存下去,租个房子每年开支至少1万,每月吃饱需要1000元左右,再加上每月500元的生活费,每月至少得挣3000块才能维持正常生活。

子女的未来是进城农民全家的希望——进城上学难

比起刘青山,一直在榆林做生意的王力日子过得还不错,但两个孩子的教育问题却让他感到很无奈。

几年前王力带着家人从农村来到榆林。"从农村来到城市,不仅为了让生活过得好一些,也为了让孩子能接受更好的教育。"王力说。子女的未来是全家人的希望,王力特别看重孩子们的教育问题。可是从第一个孩子上幼儿园开始,子女教育的困扰就没有间断过。由于幼

儿园时期不属于义务教育阶段，当时，没有本地户口的王力只能为孩子选择民办的幼儿园。后来，大儿子上小学的那一年成了王力家开销最大的一年，王力花了很大精力去托关系，希望孩子上个好学校。结果大儿子还是只能在附近一家民办小学上学。

"国家不是说要积极推动农民工子女平等接受教育吗？我现在只能把希望寄托在政策落实上。"王力说。

观察者言　统筹兼顾制定解决之策

城镇化本质是人的城镇化，也就是让农民工能像普通市民一样在这个城市能体面劳动，有尊严地生活，并且享受城里的公共服务和发展机会。而事实上，虽然城市在不断扩建，但是生活在"大城市"的大量农民工却"融不进城市，回不去家乡"，艰难地挣扎在生存线上。农民工难以融入城市的根本原因也是公共资源有限，譬如医疗、教育等优质资源，僧多粥少，难以覆盖所有。同时，拥入城市的农民工越多，城市公共资源的成本也就越高，政府财政压力巨大。虽然政府也在努力要将机会均等的平台尽可能做大，但除了地方政府努力挖掘潜力、增加投入外，终究还是要从体制上入手，统筹解决。

（节选自《陕西日报》，有改动）

回答问题：
1. 刘青山希望能借助于政府的扶持让自己的日子好过起来，但现实存在哪些问题？
2. 本地人相比外来务工的农民工有什么优势？
3. 什么导致王力的孩子没能去理想的学校读书？
4. 城镇化的本质是什么？为此政府还要在哪些方面努力？

阅读三（字数约960字；阅读与答题参考时间9分钟）

社区干部赵晓春和他的农民工家长学校

今天要给大家介绍的，是一所特殊的学校，说它特殊，是因为这是一所流动的农民工家长学校。作为这所学校校长和唯一的老师，赵晓春会不定期为自己所在社区的农民工家长讲一些跟家庭教育有关的课。

"大家好，我是海伦人赵晓春。"开场白简单而直接。上课的时候，所有人胸前都会别一张名签，上面写上籍贯和姓名。赵晓春说："这样做就是为了让家长觉得自己是被尊重的，他们不需要向别人透露自己的职业、收入，在这里，他们不会有压力，只有这样他们才会敞开心扉。"

课堂上，赵晓春与家长们交流的主要内容是如何关注孩子，如何与孩子沟通，如何为孩子制定成长规划……这些看似简单的道理，却让这些农民工家长们听得特别起劲，他们会拿出手机记录下幻灯片上的内容，并在纸上认真地做笔记。

"听了赵大哥的课，我特别受教育，收获很大，以前完全没想过培养孩子还有这么多学问，对孩子亏欠太多了！"在哈尔滨务工的李女士听了课后，发出了这样的感叹。

这是赵晓春几年来组织的第 70 堂农民工家长教育课。几年前的冬天，一个让人心痛的场景，使他萌生了给进城务工的农民工家长讲讲怎么教育孩子的想法。

"那是 2008 年 1 月，我在上班路上看见一位农民工大姐当街大声训斥孩子，零下 20 多度的寒风里，孩子被冻得直发抖，还要背完整篇课文，才能进屋吃饭。"赵晓春说。

"改变家长才能从根儿上改变孩子。"经过深思熟虑，赵晓春决定创建一个"农民工家长学校"。于是，赵晓春经常骑着单车往返于辖区内的几所小学之间。几年过去了，从最初上门求人让自己去讲课，到现在学校主动来预约；从一个人奔波，到现在的 20 多人志愿者团队。"70 堂课，几乎没有人中途离场"，这是最令赵晓春欣慰和自豪的。

哈尔滨市解放小学有 700 多名学生，近一半是外来务工人员子女。一位校长说："很多孩子缺少好的习惯和心态，有的只希望长大后去做买卖挣钱，这显然是父母灌输的观念。我真心希望赵老师的课程能改变一些家长的教育理念。"

在上课的这几年里，赵晓春免费赠送给家长们中华传统读物《弟子规》1.89 万册，得到家长反馈 6000 余条，为学校捐赠图书 3884 册，共有约 1.3 万多名家长聆听了课程。

"我不是教育专家，但如果听过课的农民工兄弟肯多花点时间关注孩子的成长，孩子们将来不会因为缺少温暖和行为准则而犯下难以弥补的错误，这就是我最大的梦想！"赵晓春说。

（节选自新华网，有改动）

判断正误：

1. 赵晓春会不定期地带着学校唯一的校长和老师为自己所在社区的农民工家长讲一些跟家庭教育有关的课。（　　）
2. 上课时，所有家长的胸牌上填写的信息都非常简单，这样做是为了维护家长们的隐私，让他们没有压力地交流。（　　）
3. 农民工家长都很喜欢赵老师的课，他们会拍下幻灯片上的内容，还会很认真地做笔记。（　　）
4. 赵晓春之所以要创办"农民工家长学校"，是因为想通过改变家长的教育方式，来改变孩子们的人生观，改变孩子们的未来。（　　）
5. 最令赵晓春自豪的是他现在有了一个 20 多人的志愿者团队。（　　）
6. 赵晓春最大的梦想是希望家长们能多给孩子一些温暖和关爱，让孩子们不再误入歧途。（　　）

第十一—十五课测试题

答题参考时间：100 分钟　　　　　　　　　　　　　分数：_____

一　给下列动词搭配适当的词语（10 分）

主持 _____　　　考查 _____

创立 _____　　　签订 _____

保证 _____　　　推迟 _____

呼吁 _____　　　出版 _____

承载 _____　　　借鉴 _____

传播 _____　　　发挥 _____

委托 _____　　　开除 _____

丧失 _____　　　损失 _____

把握 _____　　　挣 _____

珍惜 _____　　　聊 _____

二　选词填空（10 分）

白白	借鉴	尽力	题材	为此	据悉
动不动	特	通常	因……而……		

1. 这次考试你没考好，你_____了吗？

2. 客流集中是造成春运紧张的最主要原因。_____，铁路部门停开了部分短途旅客列车和货运列车，增开了大量临时客车。

3. 从学校方面来讲，尽管由于教育体制等原因，学校对学生接触社会的引导不够，但还是积极_____一些成功经验，努力为学生就业提供服务。

4. 当我得知被这家大公司录用时，心情_____激动。

5. 目前许多学校废纸的收集工作并不乐观，许多学校甚至还没有开展。_____流失的不仅仅是废纸，还有师生的环保意识。

6. 这部电影的_____来自一个真实的故事。

7. 她是_____父母的一次责怪_____离家出走的。

8. _____，在一些外企公司，办公桌上都安有电话，而且因为业务需要都开通了国内或国际长途。

9. 他_____就挑别人的毛病，真让人受不了！

10. _____，今年入境旅游、观光的人数已超过千万。

三 判断 A、B 两句意思是否相同（10 分）

1. A. 只有一位应聘者出于安全的考虑，打开信封看了一下。

   B. 只有一位应聘者考虑到安全问题，打开信封看了一下。

2. A. 两位科学家都对第一个克隆人将要诞生表示怀疑。

   B. 有人前不久声明第一个克隆人将要诞生，两位科学家都对此表示怀疑。

3. A. 观众对中小成本电影的认可和选择，意味着中国电影迎来了一个很好的时期。

   B. 观众对中小成本电影的认可和选择，说明中国电影迎来了一个很好的时期。

4. A. 让他感到意外的是，老板却立刻要他离开公司。

   B. 让他不能接受的是，老板立刻要他离开公司。

5. A. 他们的生活条件和工作环境，还需要进一步改善。

   B. 他们的生活条件和工作环境，还要加以改善。

四 将下列各句组成一段完整的话（7 分）

1. A. 直奔目的地

   B. 纷纷抢着出发

   C. 应聘者认为是考速度的比赛

   正确的语序是：（   ）（   ）（   ）

2. A. 数量上远远超过进口大片

   B. 每个月在影院上映的电影

C. 除了传统的好莱坞大片儿外，中小成本影片也在不断增加

D. 有效地实现了对好莱坞大片的"逆袭"

正确的语序是：（　　　　）（　　　　）（　　　　）（　　　　）

五 根据下面各段内容回答问题（10分）

1. 对前来面试的人员，老板分别拿出一张百元钞票叫她们去楼下某处去买包香烟。当这些人到规定的地点买烟时，工作人员告诉她们这张百元钞票是假的。而我的同事在银行工作了多年，一接过老板的百元钞票便习惯地检查一下，立即发现钱是假的，当面将假币退还给了老板。老板立即与她签订了工作合同，放心地把超市的收银工作交给了她。

问题：老板为什么和"我"的同事签订了工作合同？

2. 有意见认为，克隆技术也是辅助生殖技术。但是刘家恩博士说，如果仅仅从技术角度讲，这不能算错。不过，由于伦理原因，克隆技术即使很成功，也不能进入人类辅助生育技术服务的范围，不应该成为解决不育症的方式。

问题：为什么刘家恩博士认为克隆技术不应该成为解决不育症的方式？

3. 北京大学一位老师认为，中小成本影片崛起，说明社会对待电影变得更加理性成熟，更加有品位有自信。这些电影成本虽小，内容却不浅薄，观众青睐贴近生活的题材，能够引起共鸣。

问题：中小成本的电影为什么能够引起共鸣？

4. 在不少人才市场，我就曾见过很多企业用人不看文凭有多高，不看你打扮得有多漂亮，就只看细节处你的表现，以此判断你到底适合不适合他们的那个位置。

问题：不少企业用人是根据什么来决定的？

5. "几乎每天回来都担心我媳妇儿和我孩子是不是人家不用了。"清洁工老刘告诉记者。他每天早上5点钟就要开始扫地,一直到晚上7点,休息时间很少,可一个月的报酬不太高。"我觉得,每个月怎么也总得有几天休息吧,可没办法。像我现在的工作,还是有关系才能找到,因为竞争的人实在是太多了。"

问题:刘姓清洁工几乎每天回来都担心什么?

六 概括下面各段话的主要内容(字数不超过30个)(9分)

1. 就目前技术而言,我们还不能保证克隆的安全性。也许在创造出一个健康的克隆人之前,科学家们已经制造出千百个畸形儿。科学家们也不能保证在多例实验中有一例成功。如果届时有多个基因成分完全相同的孩子同时出生,将对现有社会家庭、伦理道德带来巨大冲击。为此,世界上许多国家都反对进行人类克隆。

2. 一位朋友在一家不错的公司上班,老板挺重视他。可他凭着自己是名牌大学毕业,脑袋又灵活,动不动就把"公司如果少了我将损失什么什么"的话挂在嘴边,同事们看他年轻也不怎么在乎他的话。他却更加骄傲自满,有一次竟当着大家的面埋怨起部门经理来,双双闹到老板那儿。那位朋友认为凭着自己的才能,老板一定会帮他说话。让他感到意外的是,老板却要他立刻离开公司,理由是"把自己的位置摆错了"。

3. 很多农民工有过失业的经历。清华大学社会学教授李强主持的一项调查表明，33.5%的农民工遇到过没有工作的情况。其中47%的人是一到两个月的短期失业，但也有9.8%的农民工可能会一年都找不到活儿做。

阅读：（44分）

阅读一（14分）

一棵树的价值

印度加尔各答农业大学的达斯教授曾对一棵大树的身价做出估算：它在木材市场的售价为50至125美元，这大约只有其真正价值的0.3%。它产生氧气所产生的价值为3.1万美元，防止空气污染所产生的价值为6.2万美元；保护水源、防止水土流失、增加土壤肥力所产生的价值为3.7万美元；为动物遮风挡雨，提供给鸟类筑巢、栖息，促进生物多样化方面所产生的价值为3.1万美元；创造动物蛋白的价值为0.2万美元。以上合计为16.3万美元。除了这些可以估算的价值外，它还具有调节空气、抵抗风沙、消除噪音、促进人与自然的和谐等作用。

由此，我想到了我们学校中废纸的收集。学校是个天天和纸打交道的地方，废纸自然多。一个班级一星期收集3公斤废纸并不难，一所50个班级的学校，一年就可以收集废纸7.5吨。有资料说，利用1吨废纸造纸可节省木材2.87立方米。一所学校一年所收集的废纸可以节省21立方米的木材。它相当于直径0.4米，高5米的大树35棵，相当于7亩森林的木材产出。这片森林相当于学校400米跑道的标准操场面积的1/2，同时还可以节省垃圾填埋场的空间，节约造纸能源，减少水污染……

收集废纸的好处显而易见，收集也很简单，师生们只要留留神，把废纸投入废纸箱而不投入垃圾箱，剩余的工作就好解决了。然而目前许多学校废纸的收集工作并不乐观，许多学校甚至还没有开展。白白流失的不仅仅是废纸，还有师生的环保意识。

中国的森林资源并不丰富，人均森林面积、人均木材蓄积量均不到世界人均水平的

20%。中国是世界第三造纸大国,由于我们的废纸回收率仅为30%,每年要进口大量的废纸和废纸浆。

芬兰的森林覆盖了国土面积的70%以上,但他们废纸的回收率却高达74%。美国是世界上纸产量最高的国家,森林覆盖面积仅次于芬兰、俄罗斯。但美国不仅在本国大量使用废纸造纸,还将多余的废纸出口。美国对废纸利用的目标是要达到产纸量的一半。日本的纸产量仅次于美国,由于日本是森林较少的国家,更重视废纸利用,废纸利用达到纸产量的58%以上。荷兰、瑞士、英国等都属森林丰富的国家,但他们对废纸回收却十分重视,分别高达71%、65.2%和71.5%。

和他们相比,中国的废纸收集还有很大空间。学校利用废纸的收集,对学生进行思想品德和环保意识的教育,同时也执行了基本国策,可谓一举两得。

(节选自《中国青年报》,有改动)

(一)判断正误(10分)
1. 根据达斯教授的估算:一棵大树在木材市场的售价不到其真正价值的0.3%。(　　)
2. 一棵大树防止空气污染所产生的价值是它产生氧气所产生的价值的2倍。(　　)
3. 利用1吨废纸造纸可节省木材2.7立方米。(　　)
4. 中国是世界第三造纸大国,但废纸回收率仅为30%。(　　)
5. 日本是世界上纸产量最高的国家。(　　)

(二)回答问题(4分)
除了一些可以估算的价值外,一棵大树还有哪些作用?

阅读二(15分)

春运紧张呼唤高校寒暑假制度改革

自进入春运以来,全国各地媒体几乎都在报道车站人多、买票困难等情况,而这其中又以春运运力的主力军铁路为甚。其实这种状况已经持续很多年了,年年忙春运,年年春运忙,究竟有没有办法根本改变这种状况呢?

据新华社消息,近日铁道部有关人士在解释为何买火车票如此困难时表示,广大旅客都集中在春运高峰期间返乡,全国铁路运力有限,必然造成票源紧张。又据了解,全国铁路日常大约提供座席280万个,基本可以满足旅客的需要。但进入春运后,客流量猛增,日均发送旅客达到350万人次,客流高峰期更将达到430万人次左右。这充分说明,相对于有限运力而言,客流集中是造成春运紧张的最主要原因。

彻底改变春运局面非常重要。而就目前来说,改变之道无非两条:其一,继续投入更多的运力,增加列车或临客的数量。其二,让广大旅客分散出行,错开客流高峰。方法一无疑要受到许多方面的限制,带有很强的局限性。首先,列车或临客的增加要受到铁路线路网络的限制,不可能在短期内无限增加;其次,因为铁路有相对公路较为便宜和安全、相对水路又较为快速和便捷的优点，目前被迫改换公路和水路出行的许多旅客，可能会因列车或临客的增加而改乘火车，这样一来，列车数量的有限增加跟不上旅客数量的增长。目前要想早日改变现状，只有在方法二上做些文章。

根据中国历年来的春运情况，构成春运客流高峰的主要有两大类人群：民工和学生。如果我们对民工流和学生流进行错时分流，让其中的一个分支按照一般的时间出行，而让另一个分支提前（或推迟）到春运之前（或之后）出行，将这两拨客流有效分割开来，想必能使春运高峰期的紧张局面得到较大的改观。

在这两拨客流中，民工由于受到客观存在的老板拖薪欠薪、不到年终不发工资等恶劣情况的制约，加之他们都有着趁年终和年初在城市里多待几天也好多挣些钱回家的合理愿望，如果使用强制手段迫使其在春运之前或之后出行，不但操作起来难度太大，而且从社会公德的角度看也缺乏合理性，无法体现社会对弱势群体的应有关爱。所以，只能是通过改革，使回家过年和返校上课的学生流错时出行，避开春运高峰。

目前，中国大多数高校实行的基本上都是寒假一个月左右、暑假两个月左右的两学期一学年制度。因为寒假只有短短一个月，必然使得学生们回家和返校都正好处在春运的高峰期中。如果能够通过改革，将暑假适当缩短，将寒假适当延长，这样学生们就可以提前半个月左右回家，又推迟半个月左右返校，正好错开了春运高峰，就和民工流探亲流等合理地错时分开了。

笔者认为，此项改革在中国应该还是比较具有可行性的。例如，自去年起，中国一年一度的高考时间已经从7月份提前到了6月份举行，这样即使暑假适当缩短，也不大可能会影响广大高校的招生和新生入学工作；再比如，寒假相对于暑假来说，少了单调的炎热，而是将最具有传统文化特色的节日如春节、元宵等尽括其中。适当延长寒假，有利于学生们放松身心，更多地感受节日的浓厚气氛，从而加深他们对中国古老而优秀的文化传统的理解。笔者认为，这一切，都为高校进行寒暑假制度的改革提供了合理的基础。

（节选自《中国青年报》，有改动）

（一）判断正误（12分）

1. 广大旅客都集中在春运高峰期间返乡，全国铁路运力有限，必然造成火车票难买。（　　）
2. 就目前来说，改变春运紧张局面的道路无非是两条。（　　）
3. 为了改变春运紧张的局面，作者认为应该大力增加列车或临客的数量。（　　）
4. 根据中国历年来的春运情况，构成春运客流高峰的主要有两大类人群。（　　）
5. 作者希望民工流在春运之前或之后出行，避开春运高峰。（　　）
6. 作者希望通过改革，将寒假适当延长，而暑假不变。（　　）

（二）回答问题（3分）

作者认为适当延长寒假，除了使学生流出行避开春运高峰，还对学生们有什么好处？

阅读三（15分）

钱和钱是不一样的

钱就是钱。同样是100元，是工作挣来的，还是买彩票赢来的，或者路上捡来的，对于消费者来说，应该是一样的。可是事实却不然。一般来说，你会把辛辛苦苦挣来的钱存起来舍不得花，而如果是一笔意外之财，可能很快就花掉了。

这证明了人的有限理性的另一个方面：钱并不具备完全的替代性。虽说同样是100元，但在消费者的脑袋里，分别为不同来路的钱建立了两个不同的账户———挣来的钱和意外之财是不一样的，被装进了不同的"心理账户"。

比如说今天晚上你打算去听一场音乐会，票价是200元，在你马上要出发的时候，你发现最近买的价值200元的电话卡丢了。你是否还会去听这场音乐会？实验表明，大部分的回答者仍旧会去听。

可是如果情况变一下，在你马上要出发的时候，突然发现音乐会的票弄丢了。如果你想要听音乐会，就必须再花200元钱买张票，你是否还会去听？结果却是，大部分人回答说不去了。

可仔细想一想，上面这两个回答其实是自相矛盾的。不管丢掉的是电话卡还是音乐会票，总之是丢失了价值200元的东西，从损失的金钱上看，并没有区别，没有道理丢了电话卡后仍旧去听音乐会，而丢失了票之后就不去听音乐会了。

原因就在于，在人们的脑海中，把电话卡和音乐会票归到了不同的账户中，所以丢失了电话卡不会影响音乐会所在账户的预算和支出，大部分人仍旧选择去听音乐会。但是丢了的音乐会票和后来需要再买的票都被归入同一个账户，所以看上去就好像要花400元听一场音乐会一样。人们当然觉得这样不划算了。

把不同的钱归入不同的账户，这就是为什么赌徒的口袋里永远没钱的道理：输了当然没什么好说的，赢了，反正是不劳而获来得容易，谁愿意存银行啊？

从积极的方面讲，不同账户这一概念可以帮助制订理财计划。比如一家单位的员工，主要收入由工资———用银行卡发放，奖金———现金发放构成，节假日和每季度还有奖金，偶尔炒股票、邮币卡赚点外快。那么他可以把银行卡中的工资转入零存整取账户作为固定储蓄，奖金用于日常开销，季度奖购买保险，剩余部分用于支付人情往来，外快则用来旅游休闲。由于在心理上事先把这些钱——归入了不同的账户，一般就不会产生挪用的念头。

（节选自《中国青年报》，有改动）

（一）判断正误（12分）

1. 同样是100元，是工作挣来的，还是买彩票赢来的，或者路上捡来的，人们认为都是一样的。　　　　　　　　　　　　　　　　　　　　　　　　（　　）
2. 辛辛苦苦挣来的钱和一笔意外之财，花起来都一样。　　　　　　（　　）

3. 实验表明，大部分人丢了电话卡后仍旧去听音乐会。（   ）
4. 实验表明，大部分人丢失了票之后还会去听音乐会。（   ）
5. 作者举听音乐会的例子来说明把不同的钱归入不同的心理账户的道理。（   ）
6. 不同账户这一概念对人们的生活没有什么帮助。（   ）

（二）回答问题（3分）

作者怎样解释赌徒的口袋里永远没钱的原因？

第一——十五课总测试题

答题参考时间：100 分钟   分数：_____

一　给下列动词搭配适当的词语（8 分）

调整 _____   预防 _____

督促 _____   洽谈 _____

暴露 _____   举办 _____

推销 _____   完善 _____

干涉 _____   警告 _____

把握 _____   考查 _____

增进 _____   推迟 _____

委托 _____   开除 _____

二　选词填空（10 分）

| 加紧 | 且不说 | 不仅仅 | 依据 | 难怪 | 据悉 |
| 在乎 | 总得 | 不是……就是…… | | 借鉴 | |

1. 中国的经济增长_____是中国人自己的事情，也对世界经济的稳定和发展有着重要的影响。

2. _____你这么高兴，原来你中了大奖。

3. 政府应该_____法律来行使权力。

4. 以他的条件，_____能不能找到工作，就算能找到，也是很一般的工作。

5. 面对激烈的竞争，他一有空就_____充电。

6. _____，科学界甚至无法证实参与安蒂诺里实验的妇女怀上的婴儿是不是克隆产物。

7. 我来中国快一年了，汉语水平_____有些进步才行啊。

8. 好莱坞大片的成功为中国电影提供了很多可以_____的经验。

9. 如果我找到符合自己兴趣的工作，就不会_____那么多了。

10. 他下班回家后，_____上网，_____看书。

三 判断A、B两句意思是否相同（10分）

1. A. 中国老百姓在节假日最想做的事情中，旅游休闲处在首位。

   B. 中国老百姓在节假日最想做的事情中，旅游休闲排在第一位。

2. A. 研究证明，许多疾病的发生、发展和变化都与心理方面相关。

   B. 研究证明，许多疾病的发生、发展和变化只与心理方面相关。

3. A. 我妈总认为我考不好是因为我的学习方法没有她的好。

   B. 我认为我考不好是因为我的学习方法没有妈妈的好。

4. A. 网恋之所以容易失败，是因为你对对方并不真正了解。

   B. 网恋容易失败，是你对对方并不真正了解的缘故。

5. A. 妈妈无论如何也不信，不断地改变方式追问检查。

   B. 妈妈只是有点担心，于是不断地改变方式追问检查。

四 将下列各句组成一段完整的话（7分）

1. A. 93.5%的人认为非常有必要进行再学习

   B. 450名被调查者中

   C. 依据零点调查公司对京、沪、穗三地的一项调查

   正确的语序是：（   ）（   ）（   ）

2. A. 当面将假币退还给了老板

   B. 立即发现钱是假的

   C. 我的同事在银行工作了多年

   D. 一接过老板的百元钞票便习惯地检查一下

   正确的语序是：（   ）（   ）（   ）（   ）

五 根据下面各段内容回答问题（10分）

1. 一次，这位华侨神秘地对我说："你知道我们项目谈成的秘密吗？不是别的，就是筷子。"他说他去了很多地方，到过不少企业，只有我们公司在宴请时自始至终都在使用公用筷子。其实我们公司的条件并不比别人优惠，但这位华侨说既然合资经营，就得常来，来了得吃饭，用起公筷来，吃得放心。

    问题：这位华侨为什么愿意和我们公司合作？

2. 俗话说"多一个朋友多一条路"，可请教认识的每位朋友，了解哪里有职位空缺。由于是朋友、特别是好朋友，对自己各方面情况比较了解，所以朋友的介绍是找到理想工作的一条重要方法。向亲戚打听各种工作机会，这样可扩大找工作的范围。应给亲戚朋友提供一些较详细的个人资料，如你要求的工作类别、个人专长等。

    问题：为什么说朋友的介绍是找到理想工作的一条重要方法？

3. 近日访问北京的吉米博士说，纳米技术将在人类健康、社会道德、生态环境、可持续发展等等方面引发诸多问题。他相信未来纳米技术将会代替基因技术成为最受关注的应用技术，影响遍及农业发展、计算机、医疗、制药、国防、服装等很多方面。

    问题：吉米博士说，纳米技术将在哪些方面引发诸多问题？

4. 爱德华教授说，尽管现在世界上很多人呼吁反对进行人类克隆，但是仍然有人主张继续这项探索。美国、意大利等国家都有人声明自己正在进行该项研究，而且他们声明自己的研究目的是为患者解除病痛。所以，如果哪一天，我们听说在某个国家出现了一例克隆人，没有必要感到惊奇。因为克隆技术本身并不复杂，关键的问题是如何保证克隆细胞安全，没有畸形。

问题：为什么爱德华教授说，如果哪一天，我们听说在某个国家出现了一例克隆人，没有必要感到惊奇？

5. 中小成本电影丰富了市场，但还不是主流，更不能代表全部。每次中小成本电影取得成功，都会给整个行业带来非常大的推动力和生命力，也给新导演、新演员带来了机会。但国产大片确实在行业当中发挥了行业标准的作用，中国也需要各种高品质的大片去创造更大的市场。

问题：为什么中小成本电影不是市场的主流？

六 概括下面各段话的主要内容（字数不超过30个）（9分）

1. 对于废旧家电，目前的"出路"无非三条：一是继续使用；二是作为垃圾丢弃；三是回收处理利用。而目前这三条"出路"都存在着许多严重问题。超过了设计寿命期的废旧家电如继续使用，会产生电力的浪费和噪音干扰。作为垃圾丢弃的废旧家电，将会对环境产生长期污染。一台个人电脑含有700多种化学原料，其中许多是有毒物质，如不进行处理就被填埋，对土地产生严重污染；如果进行燃烧，原材料中会释放出大量的有害气体，污染空气。而目前在废旧家电的回收处理中也存在着许多问题，一些老式电脑多含有金等贵重金属，一些私人和小企业采用酸泡、火烧等落后的工艺技术提出其中的贵重金属，产生了大量有害物质，严重污染了环境。

2. 我的一位同事曾向我讲了一件令他终生难忘的事。那时他在一个大公司上班，一天因公司与外商产生矛盾，总部派他和业务经理前去向客户道歉。事情比较突然，他也没有考虑到所穿服装的重要性，就随便穿了一件T恤就去了。当他们向客户好话说尽了之后，那客户就说了一句话："衣服也是一种态度，为了你的T恤，我无法接受你们的道歉。"

结果不用我再说，读者肯定都知道了，我的这位同事因这次失职当天就失去了这份工作。

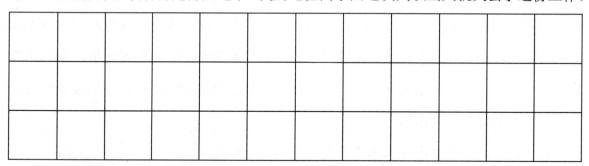

3. 杨启兰的第一份工作是在家政公司干活，不过她只做了一天，因为工作实在太辛苦了，而挣的钱又太少。那天晚上她睡在那个家政公司，"睡觉的时候就想回家。"第二天，她交了房钱就走了。到第三天，她在报纸上看到一个家政公司的招工广告，"说是每月工资挺高，还说不是中介，但实际上就是中介。"她说，当时公司要她交150元钱，然后把她送到另一家公司做杂活。依据杨的介绍，这份工作也很苦。"我们经常加班，总是熬夜，比我在家里还苦。后来我实在受不了了。"杨启兰在那里只做了一个星期，然后离开了那家公司。

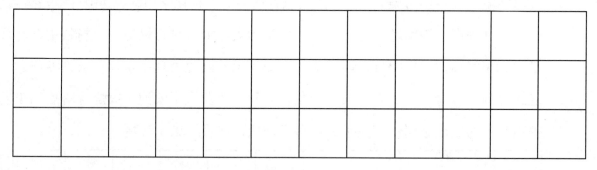

阅读：（46分）

阅读一（16分）

麻雀为何越来越少

麻雀是最为常见的鸟类，因为常见又普通，人们便没把它们当回事儿。不料想，如今小小麻雀已被列入国家级野生动物保护名录，身价变得金贵起来。

麻雀为何越来越少？

法国自然历史博物馆近十年来，组织数百名专家和鸟类爱好者对法国各种鸟的数量进行统计。在89种被观测的鸟类中，有27种的数量持续下降，其中燕子减少了84%，柳莺减少了73%，朱顶雀减少了62%，喜鹊减少了61%，山雀减少了59%。

对于鸟类数量大幅下降的原因，法国专家分析，麻雀等常见鸟类减少主要是由于田间路边使用除草剂带来的污染。燕子和喜鹊的减少则是人类破坏造成的。燕子喜欢在有人居住的房屋筑巢，为避免燕子粪便污染房舍，人们常捣毁它们的巢穴，而喜鹊通常被列为有害鸟类，它们在繁殖季节被大量捕杀。

为什么山沟沟里的麻雀仍然一年比一年少？最近，广西农科院的鸟类专家揭开了谜底：麻雀的大量减少与各地过多使用农药和除草剂有直接关系。为提高农作物产量，20世纪70年代以来，中国的农药使用不断向高毒、大剂量方向发展。农药和除草剂污染了麻雀赖以生存的环境——人们使用农药的时间集中在3月至9月，这正好是麻雀的繁殖期，成鸟和幼鸟采食中毒的昆虫或取食沾有农药的杂草、种子就会死亡。

城市化的加速发展使麻雀无处安身。麻雀喜欢在土墙的空隙、洞穴内安家，不习惯在树木草丛间筑巢而栖。但随着城市建筑方式的改变，麻雀们很难在钢筋混凝土的墙壁上找到安营扎寨之所，生存空间受到了限制。同时，人类为了满足口腹之欲再度捕杀麻雀，使其数量大减。还有一些地方的农民大量捕获麻雀，以每只1角钱的价格卖给外贸公司，成了出口换汇的新品种。

动物本没有高低贵贱之别，只不过"物以稀为贵"。麻雀虽普通，却也是生物链条上不可或缺的一环，它的数量以惊人速度减少，就会成为濒危物种。如果不及早采取措施，也可能如同东北虎、大熊猫般令人类悔之晚矣。

近年来，许多大中城市提出要建设生态城市，许多省要建设"生态省"，当然不应只是抽象地谈论概念。瑞士的日内瓦是"生态城市"的典范。日内瓦的鸟得到了人的厚爱。无论是日内瓦湖中的白天鹅还是树林中的黑乌鸦，或是普普通通的麻雀，人们都很爱护。建设"生态城市"应当从保护野草和麻雀这类"小事"做起。

（节选自《中国青年报》，有改动）

(一) 判断正误（12分）

1. 小麻雀并不是国家级野生保护动物。　　　　　　　　　　　　　　（　　）
2. 近十年来，法国有27种动物的数量下降了。　　　　　　　　　　（　　）

3. 麻雀的大量减少与各地过多使用农药和除草剂有直接关系。　　（　　）
4. 城市化的加速发展对麻雀的影响不大。　　（　　）
5. 在日内瓦，人们很爱护麻雀。　　（　　）
6. 人们现在越来越重视保护麻雀，麻雀的数量不再减少。　　（　　）

（二）回答问题（4分）

对于燕子和喜鹊数量大幅下降的原因，法国专家是怎样分析的？

阅读二（20分）

欧洲人过起中国"年"
——中国春节在欧洲掀起中国热

中国春节今年在欧洲享受了前所未有的待遇，华人在异国他乡也感受到了比往年浓郁得多的节日气氛。"中国"一词在欧洲出现的频率，似乎比以往任何时候都多。

往年，华人一般都在唐人街里过自己的春节，匆匆忙忙的欧洲人流都与它无关。今年，春节第一次走出了唐人街，欧洲人第一次如此亲密地接触到了浓浓的春节气氛。欧洲各界也第一次如此重视华人春节，欧洲各国的领导人第一次公开向本国华人祝贺新年。

相信全世界华人都从电视画面中看到了巴黎香榭丽舍大街上的盛装游行，看到埃菲尔铁塔披上了中国红。据统计，观看盛装游行的观众累计达到了20万！就算在人口密度相对较大的巴黎，如此大规模的集会也不多见。法国总统希拉克向华人表达了他诚挚的祝福。张灯结彩的巴黎，成为欧洲大陆春节气氛最浓的都市。

除了巴黎之外，荷兰和比利时的"中国气氛"也很浓厚。大年三十，中国外交官们和新闻记者们享用完年夜饭之后，鞭炮声响彻布鲁塞尔使馆区，漂亮的礼花点亮了布鲁塞尔的夜空，引得许多比利时人前来围观。大使馆的放鞭炮、礼花活动，是布鲁塞尔警察局特批的。

在荷兰，春节也走出了唐人街，大规模的"龙腾荷兰"新春庆祝活动走进了海牙市（荷兰的政治之都）的市政大厅。在狮舞龙腾的现场，此次活动的组委会主席杨鸿告诉记者，此次春庆活动的最大特点是规模大、规格高。记者在表演和游行现场看到，除了喜气洋洋的中国面孔，更多的是欧洲人新奇和兴奋的面容。活动结束后，第一次出席此类活动的荷兰外交大臣贝尔纳德·博特在接受记者采访时表示，中国人为荷兰的稳定和经济繁荣做出了巨大贡献，荷兰将在下半年担任欧盟轮执主席国期间进一步推进欧中关系。

杨鸿告诉记者，今年大规模的华人庆祝活动和欧洲领导人的祝福，说明中华文化在欧洲越来越深入人心。

记者在日常工作和生活中，也深切地感受到了这一点。在欧洲人的服装和装饰品上，越来越多地出现了汉字，而且和过去不同的是，越来越多的欧洲人都开始理解汉字装饰的意思。欧洲人享受的，已经不仅仅是中餐美食，包容多元文化的欧洲，也正在不断吸收中华文化的精华。中医、孔孟哲学正逐渐被欧洲人接受,太极等"中国功夫"在欧洲也非常时兴。

在欧洲的超市里,中国特色的青瓷、筷子、扇子也随处可见。就在春节来临前夕,布鲁塞尔的大超市竟然还推出了迎新春特价中国商品!大年三十,一位上门给记者维修电脑的比利时小伙子,居然向记者"恭贺新春"!记者在惊奇之余,问小伙子是如何知道第二天是中国新年的,他冲记者挤挤眼,"神秘"地说:"我们总是知道的。"

一位欧盟官员曾向记者指出,欧中距离的迅速拉近,最根本的原因就是双方有共同的利益。欧中双边贸易迅速增长,这是共同利益;在国际事务中反对单边主义、促进多边主义,这是共同利益;反恐、反跨国犯罪、反非法移民,这也是共同利益。

(节选自《中国青年报》,有改动)

(一)判断正误(12分)

1. 过去,欧洲的华人一般都在唐人街里过自己的春节。　　(　　)
2. 今年,欧洲各界像往年一样,很重视华人春节。　　　　(　　)
3. 据统计,观看巴黎盛装游行的观众累计超过了20万。　　(　　)
4. 荷兰和比利时的"中国气氛"比巴黎还浓厚。　　　　　(　　)
5. 在欧洲人的服装和装饰品上,越来越多地出现了汉字。　(　　)
6. 在欧洲的超市里,可以看到中国特色的青瓷、筷子、扇子。(　　)

(二)回答问题(8分)

1. 包容多元文化的欧洲,也正在不断吸收中华文化的哪些精华?(4分)

2. 中国和欧盟在哪些方面有着共同的利益?(4分)

阅读三(10分)

让好习惯主宰人生

亚历山大帝王图书馆发生火灾的时候,馆里所藏图书差不多都被烧光了,但有一本不太贵重的书得以幸免。有一个能识几个字的穷人,花了几个铜板买下了这本书。书本身不是很有意思,但书页里面却藏着一样非常有趣的东西:一张薄薄的羊皮纸,上面写着点铁成金石的秘密。所谓点铁成金石,是一块小圆石,能把任何普通的金属变成纯金。小纸片上写着:这块奇石在黑海边可以找到,但是奇石的外观跟海边成千上万的石头没什么两样。谜底在于:奇石摸起来是温的,而普通的石头摸起来是冰凉的。这个穷人于是变卖了家当,带着简单的行李,露宿于黑海岸边,开始寻找点铁成金石。

他知道，如果他把捡起来的冰凉的石头随手就扔掉的话，那么他可能会重复地捡到已经摸过的石头，而无法辨认真正的奇石。为防止这种情形的发生，每当捡起一块冰凉的石头，他就往海里扔。一天过去了，他捡的石头中没有一块是书中所说的奇石。一个月，一年，二年，三年……他还是没找到那块奇石。但是，他不失望，继续捡石头，扔石头……没完没了。有一天早上，他捡起一块石头，一摸，是温的！他仍然随手扔到了海里，因为他已经养成了往海里扔石头的习惯。这个扔石头的动作太具习惯性了。以至于当他梦寐以求、苦苦寻找的奇石出现时，他仍然习惯性地扔到了海里。

英国教育家洛克说："习惯一旦养成之后，便用不着借助记忆，很容易很自然地就能发生作用了。"事实确实是这样的。就拿那个穷人来说，他多少年风餐露宿，苦苦寻找，为的就是那块点铁成金石。可是当他找到后，他却随手扔到了海里。不是他不想要那块奇石，而是往海里扔石头的习惯性动作迫使他做出了令人遗憾不已的蠢事。他的多年点铁成金梦，也像肥皂泡一样顷刻破灭了。"习惯真是一种顽强而巨大的力量。它可以主宰人生。"培根的话就像是对那个穷人说的似的，准确，深刻！即使对今天的我们来说，也还有警示意义。要成就学业、事业，要拥有美好人生，必须养成一种好的习惯，服务于我们。否则，我们也可能把点铁成金石扔进海里，而且是不由自主的。

（节选自《中国青年报》，有改动）

判断正误（10 分）

1. 亚历山大帝王图书馆发生火灾的时候，只有一本书没被烧掉。　　　　（　　）
2. 这本书上面写着点铁成金石的秘密。　　　　　　　　　　　　　　（　　）
3. 这个穷人每当捡起一块冰凉的石头，就往地上扔。　　　　　　　　（　　）
4. 最后，这个穷人没有得到奇石与他的习惯有关。　　　　　　　　　（　　）
5. 作者认为，习惯对人生很重要。　　　　　　　　　　　　　　　　（　　）

参考答案

第一课

三、1. 不下 2. 实行 3. 调整 4. 调查 显示 5. 逐渐 6. 依据 7. 流行 抱怨 8. 竟然

四、1. × 2. √ 3. × 4. ×

六、1. D 2. B 3. A 4. C

阅读一：

1. 因为世界上许多机场都引进了有助于旅客身心健康的各种设施，例如花园和瑜伽房，所以乘客在机场候机不会再像以前那样单调、无趣，而是有很多有趣的事情可以做。
2. 略。
3. 略。

阅读二：

1. 过去，自行车是代步工具，慢慢地，它成了很多人的健身工具；现在，它在担当健身器材的同时，还是达人的时尚装备。
2. 相同点：①为了健身。②为和朋友交流。

    不同点：年轻人：追求时尚，讲究装备和穿着。

    老年人：不讲究装备与穿着，只是大家聚在一起，安全地健身。
3. ①锻炼身体。②追求快乐。③加入单纯、团结的运动朋友圈。

阅读三：

1. × 2. √ 3. √ 4. × 5. ×

第二课

三、1. 保健 预防 2. 伤害 3. 权利 损害 4. 不是……就是……

5. 再……也（是）…… 6. 则

四、1. √ 2. × 3. √ 4. ×

六、1. C 2. D 3. B 4. A

阅读一：

1. ①每次刷牙3分钟。②水沸后再烧3分钟。③开水泡茶3分钟。④吃热喝凉间隔3分钟。⑤睡醒后养神3分钟。⑥运动间隙3分钟。⑦蹲厕不超过3分钟。⑧生气不超过3分钟。
2. 用开水泡够3分钟的茶可以使人清醒。
3. 睡醒后应先在床上闭目养神3分钟后再起床。

阅读二：

1. 排名前六的长寿习惯有：①多接触动物。②每天必听音乐。③经常笑出声来。④周末回归大自然。⑤每周花2小时帮助别人。⑥练太极。

2. 略。

3. 常练太极拳可缓解不好的情绪，改善睡眠质量，降低高血压和缓解慢性疼痛。

阅读三：

1. √ 2. × 3. × 4. √ 5. √

第三课

三、1. 寄托 2. 反而 3. 埋怨 压力 4. 充满 5. 非 不然 6. 督促

四、1. × 2. √ 3. × 4. √

六、1. B 2. D 3. C 4. A

阅读一：

1. 因为孩子和家长思想上有代沟。
   学校除了举办家长会和家长学校之外，还可以通过多种方法，如网络平台、短信支持等，让家长能够与学校多沟通，了解孩子在校内外的情况，并及时反映出现的问题，通过收集返回来的信息，学校与家长可以一起沟通、商量解决办法。

2. 学校和家长应共同配合，及时了解学生在校内外的情况。学校应有意识地将正确的德育观念传递给家长，家长做好示范者和领导者，共同引导学生健康、快乐、阳光地成长。

3. 培养优秀学生的地基有两个：一个是学生自身的条件，另外一个是德育方法。
   家长的作用应是助推剂，家长应采用正确的德育方法，领导孩子去分析问题，适时鼓励孩子，使孩子向阳光的一面发展。

阅读二：

1. "女儿扮演家长"这件事情证明，女儿正慢慢长大，她既然能处理好别人的事情，也能处理好自己的事情，因此作者和她丈夫对女儿刮目相看。

2. 作者和她的丈夫以前总认为女儿还小，不管学习上还是生活上，不论事情是大是小，他们总爱具体地指导她。在"女儿扮演家长"这件事以后，作者和她的丈夫对女儿放手而不放任，不再扮演家庭管理者的角色，有什么事都喜欢找女儿"商量"，充分肯定女儿的家庭地位。

3. 作者改变教育方法以后，发现女儿身上很多总是改不掉的坏毛病都改掉了。在作者看来，家长应该尊重孩子，相信孩子，给孩子一定的空间和时间，孩子才能在成长中不断锻炼自己，让自己成熟起来。

阅读三：

1. √ 2. × 3. × 4. √

第四课

三、1. 进而 2. 在于 3. 洽谈 再……不过 4. 宴请 夹 敬 5. 经营 克服 6. 经历

四、1. √ 2. × 3. √ 4. ×

六、1. C B A 2. B C A

阅读一：
1. 乡村里很多贫困人群吃不饱饭，城市里却浪费严重。
2. 中国政府正在建立一些制度，倡导避免"舌尖上的浪费"，例如，要求元旦春节期间改进工作作风、加强廉洁自律，严禁公款宴请等拜年活动等。
3. 对于当代中国来说，要戒掉"舌尖上的浪费"，除了建立规则与文明，确定制度与监督管理，当然也离不开每个个体"起而行之"。只有从我做起，珍惜粮食，避免浪费，才能真正走向"关心粮食和蔬菜"的合理生活。

阅读二：
1. 签语饼是美国绝大多数中餐馆为顾客免费提供的饭后小点心，类似蛋卷或华夫饼干，小巧，元宝状，里头有张印有"圣人言"或预测凶吉的小纸条，包括一串"幸运数字"。书中，李珍妮横穿美国，从东向西拜访了各州的大奖获得者，品尝当地中餐，也寻找签语饼的发明者和发展史。
2. 这本书的最大看点是把"美式中餐"作为一扇窗户，展现了美国人饮食习惯、思维方式和种族关系的方方面面。
例如，美国犹太人特别喜欢中餐，有些不信犹太教的犹太人甚至觉得中餐比他们逾越节的食品更亲切熟悉。这不但因为中餐馆是唯一在圣诞节开门的饭店，而且对犹太人来说，中餐曾经代表异国情调，可以证明他们不再是不见世面的东欧移民、乡巴佬，而是放眼世界的"美国人"。
3. ①历史上，美国清教徒认为食物是生存需要，而不是享受，反对使用"招人"的香料，而中国食物往往香料比较多。②现代社会，地道的中餐有许多方面不符合美国人的饮食习惯。

阅读三：
1. ✗ 2. ✗ 3. ✗ 4. ✓ 5. ✓

第五课

三、1. 凭 2. 之所以……是因为…… 3. 显然 4. 普及 网恋 5. 谈论 暴露
6. 意味着 遗憾

四、1. ✓ 2. ✗ 3. ✗ 4. ✓

六、1. B C A 2. C B A

阅读一：
1. 因为刘小姐觉得逛街的限制比较多，网购更快捷方便。
2. ①比较方便。②物美价廉。例如，在网上买衣服、食品和家用电器等，网店东西全且种类多，价格优惠。
3. 对于买家而言便宜实惠，对于卖家而言可薄利多销。

阅读二：
1. 对网络产生强烈的依赖感，一打开电脑就习惯性登入QQ、微信等社交工具，根据自己的心情变化更换个性签名，在网上与朋友无话不说，见面时却无话可说……这种现象被一些心理学家称为"网络社交依赖症"。

2. 多数情感空虚、性格奇特怪异、心理不成熟、身心容易受到打击的年轻人比较容易得"网络社交依赖症",此外,部分长期依靠网络工作的人也较容易产生网络社交依赖。
3. 正确认识网络,是走出"网络社交依赖症"的有效方法。此外,心理专家建议,过度依赖网络社交的人首先要严格控制自己的上网时间,找到适合自己的情感宣泄方式。与此同时,在现实生活中,应当多与亲人、朋友沟通,在工作中,努力让自己获得更多成就。

阅读三:

1. √ 2. × 3. √ 4. × 5. ×

第一一五课测试题

二、1. 再……也是…… 2. 进而 3. 之所以……是因为…… 4. 竟然 5. 显然 6. 逐渐 7. 不然 8. 反而 9. 再……不过 10. 则

三、1. × 2. × 3. √ 4. √ 5. ×

四、1. C A B 2. C A B D

五、1. 去年三个黄金假日,全国旅游收入达到735.8亿元。三年七个"黄金周",全国旅游业总收入不下1800亿元。
2. 研究证明,许多疾病的发生、发展和变化都与心理方面相关,心身疾病越来越受重视,因此心身医学的发展越来越受重视。
3. 唐女士朋友的女儿不愿意学英语,因为每次一打开录音机,小女孩儿就立刻眼泪汪汪。
4. 这位华侨愿意和我们公司合作,是因为我们公司在宴请时自始至终都在使用公用筷子。
5. 人们非常希望在工作和家庭之外,有一些合适的交往场合。而互联网的发展正好满足了人们这种需要。

六、1. 许多父母教育孩子不讲究方法,也不考虑孩子的特点和感受。
2. 改变过去的习惯是时代进步的标志,使用公筷也是这个道理。
3. 网上爱情满足了一部分人对浪漫的追求。

阅读一:

(一) 1. √ 2. √ 3. × 4. × 5. √ 6. √ 7. × 8. ×

(二) 1. 画一个死亡点,它的左边是健康,从死亡向左移是疾病,疾病再向左是亚健康,亚健康再向左是健康。
2. 从疾病到健康大致可分为几种情况。一种是有病,自己感觉不舒服,检查也能查出来问题;再一种就是自己不舒服,但怎么都查不出来,于是医生说,你这是精神疾病;还有一种是心理疾病。再有一种不健康状态是社会功能适应性不良。

阅读二:

(一) 1. √ 2. × 3. √ 4. √ 5. × 6. √ 7. √ 8. ×

(二) 1. 目前在北京从事家政服务的农村女性,由于工作时间偏长,收入水平偏低,承受的心理压力较大,她们的工作往往很难保持稳定,从而造成了该行业从业人

员较大的流动性。

2. 正是因为这群人的文化素质较低、社会生存能力较差，家中又急等钱用，一旦造成权益受侵害，她们很难自我保护。

第六课

三、1. 尽管……但…… 2. 究竟 3. 前往 4. 胜任 充电 5. 攻读
6. 提醒 举办 加紧

四、1. × 2. × 3. √ 4. √

六、1. B A C 2. C B A

阅读一：

1. 因为在古代，读书作为一种娱乐方式很少见，于普通百姓而言，读书成本很高。

2. 信息时代的阅读造成了信息爆炸，给人们阅读造成了负担，大量无所限制和不加挑选的内容，反而变成了一种时光的浪费。

3. 略。

阅读二：

1. 学习能力分三种：书本学习能力，社会学习能力，悟性。
书本学习就是我们讲的学校学习，学的都是书本知识。社会学习能力，指的是你在社会大学中的自学能力，社会学习能力往往代表着你的工作能力。悟性就是你的快速领悟能力，通常指的是你的大智慧。

2. 作者认为社会学习能力更重要。因为书本学习能力不代表适应能力和工作能力强，比如很多高学历的无法适应社会，被认为学傻了，他们太注重书本知识，忽视了社会能力的学习，不能把所学转为专业技能，对于企业来说就是养闲人。

3. 略。

阅读三：

1. √ 2. × 3. √ 4. √ 5. ×

第七课

三、1. 招聘 询问 2. 且不说 3. 推销 积累 4. 是否 5. 请教 难得 录用
6. 差不多

四、1. × 2. × 3. √ 4. √

阅读一：

1. 市委书记喊大学生"回家"就业，一方面传递出家乡管理者对于人才的渴望，对于知识的尊重；另一方面，书记的表态也可视为一个庄严的承诺，即在未来的日子里，家乡会出台诸多利好政策，善待返乡大学生，让他们有一个施展才华的舞台。

2. ①三四线城市，讲人情、拼关系的现象很普遍，若是没有扎实的人脉关系，即便回去，也很难有良好的发展。而一旦沉入关系网、人情圈，原先的热情也很快会消退。②大城市里的单位也会讲人情、拼关系，但至少在规则意识、信息透明度等方面，要明确、

明晰得多,也相对容易把握。
3. 三四线城市至少该做两件要事:
   第一,应制定相应的制度措施,切实拿出诚意、拿出岗位,让返乡人才有事可做。
   第二,还应该着力构建一套公开、公正、透明的用人机制,在人才的评价、使用上,把个人才能放在首位。

阅读二:
1. 企业的需求比去年旺盛,但现实是在应届生喊着找工作难的同时,企业也喊着招人难。
2. 银行招聘的应届生主要从柜面做起,但是小陶连柜面最起码的一些工作和技能都不了解,接连遭拒后,他成为了"海待"。
3. 应届生往往缺乏工作经验,却对工资要求过高,因此找不到好工作。
4. 作为新人应拥有平和的求职心态,在薪酬上不要要求过高。

阅读三:
1. √ 2. × 3. √ 4. × 5. √ 6. √

第八课

三、1. 无非 2. 引进 3. 除……之外 4. 警惕 5. 有利于 6. 完善
    7. 忽视 垃圾 污染 研制
四、1. × 2. √ 3. √ 4. ×
六、1. C A B 2. B C A

阅读一:
1. 中国政府治理雾霾的重点是雾霾频发的特大城市和区域。
   需要抓住的关键环节是产业结构、能源效率、尾气排放和扬尘等。
2. 根据以往的经验,城市化率达到50%以后的一段时期,水污染事件会进入高发期。
3. 土壤污染是综合性的污染,包括重金属污染、过量化肥农药污染和大气沉降物污染等。

阅读二:
1. 造成美国污染的主要污染源是汽车和石油。
2. 日本四日市的石油化工联合企业和大大小小的化工厂排放的污染物导致了日本"四日市哮喘"的大面积爆发。
3. 在日本,9名罹患哮喘病的四日市市民,将石油提炼公司、电力公司等6家企业告上法院,要求公司停止运转并赔偿损失。随后各地民众纷纷效仿。
   在美国,人民则走上街头,直接向政治家表达不满。

阅读三:
1. × 2. √ 3. × 4. √ 5. √ 6. ×

第九课

三、1. 烦 2. 说实在的 3. 干涉 4. 安慰 倒是 5. 发觉 无论如何 6. 羡慕

7. 配合　8. 追问

四、1. ✗　2. ✗　3. ✓　4. ✓

六、1. C B A　2. B A C

阅读一：

1. 虽然身体残疾，却坚持帮助网瘾少年。
2. 现在是网络时代，问题青少年面临的诱惑会更多。
3. 家长要做好引导，让孩子多看些对成长有利的东西。同时，家长不能只注重孩子学习成绩，在成绩下滑时直接进行简单粗暴的批评。

阅读二：

1. 社会对于高等职业院校的招生改革关注度不高。
2. 考生不再参加统一高考，只需要有学校推荐，再通过不同学校自己举办的面试和笔试，就能够进入合适的院校读书。
3. 为了增加区分度而让一众学生分数低到尘埃里的做法，可能会对这些学生的尊严与自信产生打击与影响。
4. 应该兼顾公平与人才培养的效益，别忘了公开、透明与监督，保住公平的底线。

阅读三：

1. ✗　2. ✓　3. ✓　4. ✓　5. ✗　6. ✓

第十课

三、1. 正因为　2. 由此　3. 不仅仅　4. 警告　5. 证实　6. 打击　7. 操纵　8. 防止
9. 举世瞩目　10. 莫名其妙

六、1. D B A C　2. B A C

阅读一：

1. 持卡人以非法占有为目的，超过规定限额或者规定期限透支，并且经发卡银行催收后仍不归还的行为。
2. 在申请信用卡时，申请人应该通过正规渠道，尽量由本人办理。不能轻信中介机构，泄露个人信息。
3. 法院认为，王先生在信用卡丢失后，没有及时报失，这是造成其损失的主要原因，因此银行对于王先生信用卡被盗刷不承担责任。

阅读二：

1. 购买并改装了一个气化炉，把谷壳转化为生物燃料；配置了一台发电机，在全村铺设输电线路。
2. Tokelau 成为首个由依赖化石燃料彻底转型为采用可再生能源的国家。
3. ①节省电费。②方便居民生活。③提高了学生的学习水平。
4. 略。

阅读三：

1. ✗　2. ✓　3. ✓　4. ✗　5. ✓　6. ✓　7. ✓

第六—十课测试题

二、1. 除……之外 2. 无论如何 3. 尽管……但…… 4. 由此 5. 无非 6. 究竟
  7. 正因为 8. 是否 9. 倒是 10. 差不多

三、1. × 2. × 3. √ 4. × 5. √

四、1. C B A 2. D B C A

五、1. 因为当时黄先生正在北京大学EMBA（高级管理人员工商管理硕士）的课堂上。
  2. 专家指出靠大量寄出求职信的方法失败率最高，失败率为92%。
  3. 废旧电子电器中含有大量可回收的有色金属、黑色金属、塑料、玻璃以及一些仍有使用价值的零部件等，其回收利用具有重要意义。
  4. 丁锦为自己设计的白马王子，会"倾听"丁锦的倾诉，会"安慰"她，逗她开心，会不断鼓励她，在一所优秀的大学里等候着她。
  5. 吉米·托马斯博士指出，纳米技术带给人类的不仅仅是科技的好处和美好的生活，它很可能带来一些新的危险，甚至是灾难。

六、1. 许先生为了充电，在澳大利亚攻读MBA（工商管理硕士）。
  2. 作为垃圾丢弃的废旧家电和它的回收处理方式，会严重污染环境。
  3. 大量信息显示，纳米技术将给生活带来奇特的变化。

阅读一：
  （一）1. × 2. × 3. √ 4. √ 5. × 6. × 7. √ 8. √
  （二）1. 无论是"薪资联盟"还是"零工资求职"，都是大学毕业生们盲目求职心态的表现：要么对社会现实缺乏最基本的判断力，不能根据现实情况适时调整自己的期望值，找不到自己的准确定位；要么是过分天真，认为不要钱就可以让用人单位轻易地接受自己，完全背离了最基本的市场交换规律。
  2. 同样为本科学历的情况下，不同地区高校毕业生的起薪差别也很大。北京高校毕业生的起薪最高，达到3160.5元，广东其次，为2973.4元，湖南、陕西分别为2665.2元和2520.1元，而山东、广西、云南高校毕业生的起薪分别只有2267.6元、2238.0元和2130.7元。

阅读二：
  （一）1. × 2. × 3. × 4. √ 5. × 6. √ 7. √ 8. ×
  （二）1. 在"我"看来，小宋主要有这些优点：对人有礼貌，综合素质较好；做事主动积极，处理事情心细；基本功较扎实，能爱岗敬业。
  2. 在"我"看来，小宋还有不足，例如工作上和他人的合作精神不够，性格比较张扬等。

第十一课

三、1. 白白 2. 创立 3. 考查 4. 尽力 5. 主持 6. 难怪 7. 卸 8. 取消 9. 宣布
  10. 签订

六、1. B A C 2. D A C B

阅读一：

1. 一本反映办公室故事的30集漫画，呈现了上班族们的真实生态。
   作者的白领女儿。
2. 退休后打算重圆年轻时的画家梦。
3. 老张把创作完成的《囧在职场》发到网上，引起了很多上班族的共鸣，因而走红。
   这本漫画被不少白领当成工作之余的减压良药，被白领们所喜爱。

阅读二：

1. 是否结婚、有无怀孕等个人问题。
2. 员工的婚姻及生育状况会影响工作的连续性。
3. 不利于在个体与企业之间建立信任，且易使自己的职业成长陷入停滞，职业发展空间被限制。
   最好能在目前的单位工作3年以上，以积累经验、人脉和资历，使自己的能量上升到高一级的职业平台上。

阅读三：

1. ×　2. ×　3. √　4. √　5. √　6. √

第十二课

三、1. 为此　2. 呼吁　3. 保证　4. 推迟　5. 据悉　6. 延长　7. 届时　8. 解除　9. 探索　10. 刊登

四、1. ×　2. √　3. √　4. ×

六、1. C A B　2. D A C B

阅读一：

1. 美国媒体认为，三代一同出行容易得到中国人认同。
2. 塞西莉亚特立独行，是一位出色的救火队长和谈判专家，除了第一夫人的身份外，自己也做了很多事情。
3. 柳德米拉访问之后，俄罗斯和波兰巩固了关系。
4. 热心公益，推出约旦教育计划，积极参与国家发展计划和社会改革，努力扫除文盲，并同歧视妇女儿童的行为作斗争。

阅读二：

1. 因为随着人民币汇率的上升，境外消费旅游成为不少国人休假的首选。
2. 随着经济社会文化的逐步演变，黄金周的含义已经不仅仅是拉动消费，更包括劳动福利、婚庆安排、家庭关系建设等内容。
3. 使出浑身解数，吸引国内消费者心甘情愿地留下来，还要吸引境外旅游者来国内消费。

阅读三：

1. ×　2. √　3. √　4. ×　5. ×　6. √

第十三课

三、1. 崛起　2. 借鉴　3. 题材　4. 类似　5. 日益　6. 承载　7. 塑造　8. 打造　9. 传播　10. 耗费

四、1. ×　2. ×　3. √　4. √　5. √

阅读一：

1. 开办网球学校。
2. ①学生年龄跨度大，从幼儿园孩子到高中生都有。②课程强调语言和沟通。
3. 她说："我不会找任意一个自己的复制品，我看重的也不是带领个别一两个球员走上职业道路。"

阅读二：

1. 创新风险大，策划人不敢尝试。
2. 一味引进综艺节目，会导致节目内涵和价值观的单一化，从而丧失自身的文化话语权。
3. 好的原创节目，应该充分挖掘本民族的文化内涵。

阅读三：

1. ×　2. √　3. √　4. √　5. ×　6. √

第十四课

三、1. 委托　2. 丧失　3. 在乎　4. 开除　5. 动不动　6. 因……而……　7. 打扮　8. 适合　9. 损失　10. 挑

四、1. ×　2. √　3. ×　4. √

六、1. C B A　2. C A B

阅读一：

1. 国内电器使用外国芯片的现象引起了他的注意，于是他决定为国产芯片"龙芯"的推广贡献力量。
2. 大家已经熟悉了国外芯片，很难接受国产技术。陈勇于是利用物联网推广产品。
3. 救助一个11个月大的被遗弃的男孩儿。
4. 收获了自信，认识了很多朋友，还能给自己的孩子以身作则。

阅读二：

1. "我"这些年租住过的房子，已成为"我"个人奋斗的生动标记。
2. 第一家公司破产了，生活重回窘迫。后来在第二家公司事业逐渐有了起色的时候，又经历了房东提高租金的事件。
3. 未来充满希望，梦想终将实现。

阅读三：

1. √　2. ×　3. √　4. √　5. ×　6. √

第十五课

三、1. 特　2. 珍惜　3. 通常　4. 把握　5. 总得　6. 挣　7. 改善　8. 贡献　9. 聊
　　10. 保障

四、1. √　2. √　3. ×　4. ×

阅读一：

1. 国家需要解决农民工的生活成本和购房成本，在这两个方面投入资金。
2. 农民是否进程最关键的因素在于他们是否能承担城市的生活成本压力。
3. 政府将无形中获得至少上百万亿的消费收益，以及其他一些可能存在的隐性收益。
4. 因为政府和农民要解决医保、户籍、社保、就医、子女入学等一系列与生活密切相关的问题。

阅读二：

1. 没有学历和本地户口，无法申请青年创业途径的无息贷款，也几乎没有机会申请保障房。
2. 本地人有本地户口，在本地有房有人脉，个人生活成本也低，创业更有优势。
3. 王力没有本地户口，无法让孩子接受和本地孩子一样平等的教育。
4. 城镇化本质是人的城镇化，也就是让农民工能像普通市民一样在这个城市能体面劳动，有尊严地生活，并且享受城里的公共服务和发展机会。
　政府要努力挖掘潜力、增加投入，还要优化体制，统筹解决。

阅读三：

　1. ×　2. √　3. √　4. √　5. ×　6. √

第十一—十五课测试题

二、1. 尽力　2. 为此　3. 借鉴　4. 特　5. 白白　6. 题材　7. 因……而……　8. 通常
　　9. 动不动　10. 据悉

三、1. √　2. √　3. √　4. ×　5. √

四、1. C B A　2. B C A D

五、1. 因为"我"的同事在银行工作了多年，一接过老板的百元钞票便习惯性地检查一下，立即发现钱是假的，当面将假币退还给了老板。
2. 因为刘家恩博士认为，由于伦理原因，克隆技术即使很成功，也不能进入人类辅助生育技术服务的范围。
3. 因为中小成本的电影内容不浅薄，题材贴近生活，能够引起观众的共鸣。
4. 不少企业用人是根据求职者细节处的表现来决定的。
5. 刘姓清洁工几乎每天回来都担心他的媳妇儿和他的孩子是不是人家不用了。

六、1. 目前还不能保证克隆的安全性，许多国家反对进行人类克隆。
2. 一位朋友因为摆错了自己的位置，公司老板让他离开公司。
3. 据调查，很多农民工有过失业的经历。

阅读一：

　（一）1. ×　2. √　3. ×　4. √　5. ×

（二）一棵大树还具有调节空气、抵抗风沙、消除噪音、促进人与自然的和谐等作用。

阅读二：

（一）1. √ 2. √ 3. × 4. √ 5. × 6. ×

（二）适当延长寒假，有利于学生们放松身心，更多地感受节日的浓厚气氛，从而加深他们对中国古老而优秀的文化传统的理解。

阅读三：

（一）1. × 2. × 3. √ 4. × 5. √ 6. ×

（二）把不同的钱归入不同的账户，这就是为什么赌徒的口袋里永远没钱的道理：输了当然没什么好说的，赢了，反正是不劳而获来得容易，谁愿意存银行啊？

第一—十五课总测试题

二、1. 不仅仅 2. 难怪 3. 依据 4. 且不说 5. 加紧 6. 据悉 7. 总得 8. 借鉴 9. 在乎 10. 不是……就是……

三、1. √ 2. × 3. × 4. √ 5. ×

四、1. C B A 2. C D B A

五、1. 这位华侨愿意和我们公司合作，是因为我们公司宴请时自始至终都在使用公用筷子。
2. 由于是朋友、特别是好朋友，对自己各方面情况比较了解，所以朋友的介绍是找到理想工作的一条重要方法。
3. 吉米博士认为，纳米技术将在人类健康、社会道德、生态环境、可持续发展等等方面引发诸多问题。
4. 因为克隆技术本身并不复杂，关键的问题是如何保证克隆细胞安全，没有畸形。
5. 因为中小成本电影不能发挥行业标准的作用，中国需要各种高品质的大片去创造更大的市场。

六、1. 对于废旧家电，目前三条"出路"都存在许多严重问题。
2. "我"的一位同事因没考虑到所穿服装的重要性而失去了一份好工作。
3. 杨启兰先后两次工作都很辛苦，钱不多，后来她没再干了。

阅读一：

（一）1. × 2. √ 3. √ 4. × 5. √ 6. ×

（二）燕子和喜鹊的减少是由人类破坏造成的。燕子喜欢在有人居住的房屋筑巢，为避免燕子粪便污染房舍，人们常捣毁它们的巢穴，而喜鹊通常被列为有害鸟类，它们在繁殖季节被大量捕杀。

阅读二：

（一）1. √ 2. × 3. × 4. × 5. √ 6. √

（二）1. 中医、孔孟哲学正逐渐被欧洲人接受，太极等"中国功夫"在欧洲也非常时兴。
2. 欧中双边贸易迅速增长，这是共同利益；在国际事务中反对单边主义、促进多边主义，这是共同利益；反恐、反跨国犯罪、反非法移民，这也是共同利益。

阅读三：

（一）1. √ 2. × 3. × 4. √ 5. √

词语总表

序号	生词	拼音	词性	课数
A				
1	安慰	ānwèi	（动）	9
2	熬	áo	（动）	9
B				
3	把握	bǎwò	（动）	15
4	白白	báibái	（副）	11
5	拜会	bàihuì	（动）	7
6	剥	bāo	（动）	9
7	保安	bǎo'ān	（名）	11
8	保健	bǎojiàn	（动）	2
9	保障	bǎozhàng	（名）	15
10	保证	bǎozhèng	（动）	12
11	报酬	bàochou	（名）	15
12	报废	bào fèi		8
13	抱怨	bàoyuàn	（动）	1
14	暴露	bàolù	（动）	5
15	悲观	bēiguān	（形）	15
16	悲剧	bēijù	（名）	5
17	被迫	bèipò	（动）	6
18	奔	bèn	（动）	11
19	本来	běnlái	（副）	3
20	本身	běnshēn	（代）	12
21	彼此	bǐcǐ	（代）	5
22	必要	bìyào	（形）	6
23	变革	biàngé	（动）	10
24	标志	biāozhì	（名）	4
25	博士	bóshì	（名）	10
26	不下	búxià	（动）	1
27	补习	bǔxí	（动）	3
28	不然	bùrán	（连）	3
29	布置	bùzhì	（动）	3
C				
30	财富	cáifù	（名）	2
31	采用	cǎiyòng	（动）	6
32	餐厅	cāntīng	（名）	15
33	操纵	cāozòng	（动）	10
34	测量	cèliáng	（动）	11
35	差距	chājù	（名）	6
36	差不多	chàbuduō	（形）	7
37	场合	chǎnghé	（名）	5
38	沉重	chénzhòng	（形）	9
39	成本	chéngběn	（名）	13
40	承载	chéngzài	（动）	13
41	城镇化	chéngzhènhuà	（动）	13
42	持续	chíxù	（动）	10
43	翅膀	chìbǎng	（名）	10
44	充电	chōng diàn		6
45	充满	chōngmǎn	（动）	3
46	冲击	chōngjī	（动）	12
47	冲突	chōngtū	（动）	3
48	出版	chūbǎn	（动）	12
49	出路	chūlù	（名）	8
50	出息	chūxi	（名）	14
51	处理	chǔlǐ	（动）	8
52	传播	chuánbō	（动）	13
53	传统	chuántǒng	（名）	4
54	创立	chuànglì	（动）	11
55	创意	chuàngyì	（名）	7
56	此刻	cǐkè	（名）	6
57	匆匆	cōngcōng	（形）	6

241

序号	生词	拼音	词性	课数
58	挫折	cuòzhé	（动）	9

D

序号	生词	拼音	词性	课数
59	打扮	dǎban	（动）	14
60	打击	dǎjī	（动）	10
61	打造	dǎzào	（动）	13
62	大方	dàfang	（形）	11
63	大脑	dànǎo	（名）	4
64	大片儿	dàpiānr	（名）	13
65	单调	dāndiào	（形）	9
66	诞生	dànshēng	（动）	12
67	当初	dāngchū	（名）	9
68	当面	dāngmiàn		11
69	当然	dāngrán	（形）	4
70	当天	dāngtiān	（名）	14
71	当中	dāngzhōng	（名）	15
72	倒是	dàoshì	（副）	9
73	道具	dàojù	（名）	11
74	道歉	dào qiàn		14
75	得意	déyì	（形）	14
76	登	dēng	（动）	7
77	低俗	dīsú	（形）	9
78	电脑	diànnǎo	（名）	8
79	电子	diànzǐ	（名）	8
80	调查	diàochá	（动）	1
81	动机	dòngjī	（名）	6
82	逗	dòu	（动）	9
83	督促	dūcù	（动）	3
84	毒	dú	（名）	8
85	堵	dǔ	（动）	1
86	多余	duōyú	（形）	10
87	多元	duōyuán	（形）	13

F

序号	生词	拼音	词性	课数
88	发挥	fāhuī	（动）	13
89	发觉	fājué	（动）	9
90	烦	fán	（形）	9
91	反而	fǎn'ér	（副）	3
92	范围	fànwéi	（名）	2
93	方式	fāngshì	（名）	1
94	防止	fángzhǐ	（动）	10
95	非	fēi	（副）	3
96	纷纷	fēnfēn	（副）	11
97	份额	fèn'é	（名）	13
98	愤怒	fènnù	（形）	5
99	封	fēng	（动）	11
100	风气	fēngqì	（名）	13
101	辅助	fǔzhù	（形）	12
102	负担	fùdān	（名）	15
103	负责人	fùzérén	（名）	7
104	富裕	fùyù	（形）	1

G

序号	生词	拼音	词性	课数
105	改善	gǎishàn	（动）	15
106	干扰	gānrǎo	（动）	8
107	干涉	gānshè	（动）	9
108	感受	gǎnshòu	（名）	3
109	干活儿	gàn huór		15
110	干吗	gànmá	（代）	1
111	刚	gāng	（副）	11
112	岗位	gǎngwèi	（名）	6
113	高昂	gāo'áng	（形）	13
114	个体	gètǐ	（名）	5
115	公用	gōngyòng	（动）	4
116	功夫	gōngfu	（名）	14
117	攻读	gōngdú	（动）	6
118	恭敬	gōngjìng	（形）	4
119	共鸣	gòngmíng	（动）	13
120	贡献	gòngxiàn	（名）	15
121	估计	gūjì	（动）	8
122	孤立	gūlì	（形）	2

序号	生词	拼音	词性	课数
123	骨折	gǔzhé	（动）	10
124	雇	gù	（动）	15
125	观念	guānniàn	（名）	2
126	观众	guānzhòng	（名）	13
127	光	guāng	（副）	1
128	国情	guóqíng	（名）	8
129	国务院	guówùyuàn	（名）	6
130	果蝇	guǒyíng	（名）	10
131	过分	guòfèn	（形）	9

H

序号	生词	拼音	词性	课数
132	行业	hángyè	（名）	7
133	好奇	hàoqí	（形）	3
134	耗费	hàofèi	（动）	13
135	合格	hégé	（形）	11
136	合同	hétóng	（名）	11
137	合资	hézī	（动）	4
138	黑马	hēimǎ	（名）	13
139	横	héng	（动）	12
140	后果	hòuguǒ	（名）	9
141	呼吁	hūyù	（动）	12
142	忽视	hūshì	（动）	8
143	华侨	huáqiáo	（名）	4
144	怀疑	huáiyí	（动）	12
145	欢乐	huānlè	（形）	5
146	幻想	huànxiǎng	（名）	9
147	患	huàn	（动）	12
148	灰心	huī xīn		10
149	回收	huíshōu	（动）	8
150	婚礼	hūnlǐ	（名）	5
151	货物	huòwù	（名）	11

J

序号	生词	拼音	词性	课数
152	积累	jīlěi	（动）	7
153	基石	jīshí	（名）	2
154	基因	jīyīn	（名）	10
155	畸形	jīxíng	（形）	12
156	激起	jīqǐ	（动）	7
157	即	jí		2
158	疾病	jíbìng	（名）	2
159	集团	jítuán	（名）	7
160	寄托	jìtuō	（动）	3
161	加班	jiā bān		15
162	加紧	jiājǐn	（动）	6
163	加入	jiārù	（动）	6
164	夹	jiā	（动）	4
165	家政	jiāzhèng	（名）	15
166	假期	jiàqī	（名）	1
167	坚定不移	jiāndìng bùyí		7
168	坚强	jiānqiáng	（形）	15
169	监视	jiānshì	（动）	9
170	讲	jiǎng	（动）	14
171	讲究	jiǎngjiu		3
172	交换	jiāohuàn	（动）	3
173	交往	jiāowǎng	（动）	5
174	较真儿	jiàozhēnr	（形）	4
175	结合	jiéhé	（动）	10
176	解除	jiěchú	（动）	12
177	届时	jièshí	（副）	12
178	借鉴	jièjiàn	（动）	13
179	借以	jièyǐ	（连）	10
180	谨慎	jǐnshèn	（形）	14
181	尽力	jìn lì		11
182	进而	jìn'ér	（连）	4
183	经历	jīnglì	（动）	4
184	经营	jīngyíng	（动）	4
185	惊奇	jīngqí	（形）	12
186	惊人	jīngrén	（形）	9
187	精神	jīngshén	（名）	9
188	精神	jīngshen	（名）	14

序号	生词	拼音	词性	课数	序号	生词	拼音	词性	课数
189	警告	jǐnggào	（动）	10	221	老家	lǎojiā	（名）	15
190	警惕	jǐngtì	（动）	8	222	老乡	lǎoxiāng	（名）	15
191	竞争	jìngzhēng	（动）	7	223	类似	lèisì	（动）	13
192	竟然	jìngrán	（副）	1	224	聊	liáo	（动）	15
193	敬	jìng	（动）	4	225	了不起	liǎobuqǐ	（形）	14
194	究竟	jiūjìng	（副）	6	226	灵活	línghuó	（形）	14
195	就餐	jiùcān	（动）	4	227	溜	liū	（动）	11
196	就业	jiùyè		7	228	流行	liúxíng	（动）	1
197	举办	jǔbàn	（动）	6	229	录用	lùyòng	（动）	7
198	举世瞩目	jǔshì zhǔmù		10	230	旅游	lǚyóu	（动）	1
199	具备	jùbèi	（动）	11	231	屡	lǚ	（副）	13
200	据悉	jùxī	（动）	12	232	伦理	lúnlǐ	（名）	12
201	聚	jù	（动）	6	**M**				
202	决	jué	（副）	2	233	埋怨	mányuàn	（动）	3
203	决策	juécè	（名）	7	234	盲目	mángmù	（形）	5
204	角色	juésè	（名）	14	235	毛病	máobing	（名）	14
205	崛起	juéqǐ	（动）	13	236	矛盾	máodùn	（名）	9
K					237	玫瑰	méigui	（名）	5
206	开除	kāichú	（动）	14	238	美术	měishù	（名）	3
207	刊登	kāndēng	（动）	12	239	闷	mèn	（形）	9
208	刊物	kānwù	（名）	7	240	秘密	mìmì	（名）	9
209	考查	kǎochá	（动）	11	241	密不可分	mì bù kě fēn		13
210	靠	kào	（动）	15	242	密切	mìqiè	（形）	2
211	科技	kējì	（名）	8	243	面貌	miànmào	（名）	10
212	克服	kèfú	（动）	4	244	面试	miànshì	（动）	7
213	克隆	kèlóng	（动）	12	245	名牌	míngpái	（名）	14
214	客户	kèhù	（名）	14	246	莫名其妙	mò míng qí miào		10
215	课题	kètí	（名）	8	247	目光	mùguāng	（名）	14
216	狂热	kuángrè	（形）	5	**N**				
217	扩大	kuòdà	（动）	5	248	纳米	nàmǐ	（名）	10
L					249	难得	nándé	（形）	7
218	垃圾	lājī	（名）	8	250	难怪	nánguài	（动）	11
219	来自	láizì	（动）	3	251	难题	nántí	（名）	8
220	浪漫	làngmàn	（形）	5	252	脑筋	nǎojīn	（名）	11

序号	生词	拼音	词性	课数
253	闹	nào	（动）	9
254	能干	nénggàn	（形）	14
255	逆袭	nìxí	（动）	13
256	农民工	nóngmíngōng	（名）	15

P

序号	生词	拼音	词性	课数
257	抛	pāo	（动）	9
258	泡	pào	（动）	8
259	胚胎	pēitāi	（名）	12
260	配合	pèihé	（动）	9
261	疲软	píruǎn	（形）	13
262	漂	piāo	（动）	9
263	票房	piàofáng	（名）	13
264	拼	pīn	（动）	6
265	凭	píng	（介）	5
266	普及	pǔjí	（动）	5

Q

序号	生词	拼音	词性	课数
267	企业	qǐyè	（名）	4
268	启发	qǐfā	（动）	11
269	起初	qǐchū	（名）	4
270	气氛	qìfēn	（名）	4
271	洽谈	qiàtán	（动）	4
272	签订	qiāndìng	（动）	11
273	前途	qiántú	（名）	14
274	前往	qiánwǎng	（动）	6
275	浅薄	qiǎnbó	（形）	13
276	强迫	qiǎngpò	（动）	3
277	亲戚	qīnqi	（名）	7
278	亲热	qīnrè	（动）	9
279	勤劳	qínláo	（形）	11
280	青春	qīngchūn	（名）	9
281	青睐	qīnglài	（动）	13
282	情节	qíngjié	（名）	13
283	请教	qǐngjiào	（动）	7
284	求职	qiúzhí	（动）	7
285	渠道	qúdào	（名）	8
286	取消	qǔxiāo	（动）	11
287	圈	quān	（名）	1
288	权利	quánlì	（名）	2
289	权威	quánwēi	（形）	8

R

序号	生词	拼音	词性	课数
290	染色体	rǎnsètǐ	（名）	10
291	嚷嚷	rāngrang	（动）	11
292	人际关系	rénjì guānxì		2
293	人家	rénjia	（代）	15
294	人士	rénshì	（名）	13
295	人文	rénwén	（名）	2
296	人性化	rénxìnghuà	（动）	4
297	日益	rìyì	（副）	13

S

序号	生词	拼音	词性	课数
298	丧失	sàngshī	（动）	14
299	扫地	sǎo dì		15
300	善于	shànyú	（动）	3
301	伤害	shānghài	（动）	2
302	商量	shāngliang	（动）	15
303	上映	shàngyìng	（动）	13
304	设法	shèfǎ	（动）	7
305	设计	shèjì	（动）	8
306	设想	shèxiǎng	（动）	5
307	身份	shēnfèn	（名）	5
308	神秘	shénmì	（形）	4
309	神情	shénqíng	（名）	9
310	甚至	shènzhì	（连）	3
311	慎重	shènzhòng	（形）	9
312	升级	shēngjí	（动）	3
313	生理	shēnglǐ	（名）	2
314	生态	shēngtài	（名）	10
315	生殖	shēngzhí	（动）	12
316	声明	shēngmíng	（动）	12

序号	生词	拼音	词性	课数
317	胜任	shèngrèn	（动）	6
318	失误	shīwù	（名）	14
319	失业	shī yè		14
320	失职	shī zhí		14
321	实话	shíhuà	（名）	9
322	实践	shíjiàn	（动）	7
323	实行	shíxíng	（动）	1
324	实验	shíyàn	（名）	12
325	实在	shízài	（副）	14
326	世纪	shìjì	（名）	12
327	试管婴儿	shìguǎn yīng'ér		12
328	试用	shìyòng	（动）	15
329	是否	shìfǒu	（副）	7
330	适合	shìhé	（动）	14
331	释放	shìfàng	（动）	8
332	寿命	shòumìng	（名）	8
333	受	shòu	（动）	15
334	舒适	shūshì	（形）	10
335	暑假	shǔjià	（名）	1
336	数据	shùjù	（名）	6
337	硕士	shuòshì	（名）	6
338	私有	sīyǒu	（动）	11
339	俗话	súhuà	（名）	7
340	塑造	sùzào	（动）	13
341	酸	suān	（名）	8
342	损害	sǔnhài	（动）	2
343	损失	sǔnshī	（动）	14
344	缩小	suōxiǎo	（动）	5
345	所谓	suǒwèi	（形）	2

T

序号	生词	拼音	词性	课数
346	谈论	tánlùn	（动）	5
347	坦率	tǎnshuài	（形）	9
348	探索	tànsuǒ	（动）	12
349	掏	tāo	（动）	6
350	套	tào	（动）	2
351	特	tè	（副）	15
352	特技	tèjì	（名）	13
353	提醒	tíxǐng	（动）	6
354	题材	tícái	（名）	13
355	挑	tiāo	（动）	14
356	调整	tiáozhěng	（动）	1
357	通常	tōngcháng	（副）	15
358	同步	tóngbù	（动）	2
359	同行	tóngháng	（名）	12
360	同事	tóngshì	（名）	5
361	投资	tóu zī		13
362	推迟	tuīchí	（动）	12
363	推销	tuīxiāo	（动）	7

W

序号	生词	拼音	词性	课数
364	外贸	wàimào	（名）	4
365	外商	wàishāng	（名）	14
366	外资	wàizī	（名）	7
367	完善	wánshàn	（动）	8
368	挽救	wǎnjiù	（动）	9
369	网恋	wǎngliàn	（动）	5
370	网络	wǎngluò	（名）	8
371	为难	wéinán	（形）	4
372	委托	wěituō	（动）	14
373	位置	wèizhì	（名）	14
374	文凭	wénpíng	（名）	14
375	污染	wūrǎn	（动）	8
376	无非	wúfēi	（副）	8
377	无论如何	wúlùn rúhé		9

X

序号	生词	拼音	词性	课数
378	媳妇	xífu	（名）	15
379	细胞	xìbāo	（名）	12
380	细节	xìjié	（名）	14
381	显然	xiǎnrán	（形）	5

序号	生词	拼音	词性	课数
382	显示	xiǎnshì	（动）	1
383	限制	xiànzhì	（动）	10
384	羡慕	xiànmù	（动）	9
385	相比	xiāngbǐ	（动）	7
386	相关	xiāngguān	（动）	6
387	相互	xiānghù	（副）	2
388	相似	xiāngsì	（形）	5
389	项目	xiàngmù	（名）	4
390	效益	xiàoyì	（名）	10
391	卸	xiè	（动）	11
392	心理	xīnlǐ	（名）	2
393	心事	xīnshì	（名）	9
394	信息	xìnxī	（名）	7
395	信誉	xìnyù	（名）	12
396	性别	xìngbié	（名）	5
397	胸脯	xiōngpú	（名）	10
398	休闲	xiūxián	（动）	1
399	虚拟	xūnǐ	（形）	5
400	需求	xūqiú	（名）	3
401	宣布	xuānbù	（动）	11
402	询问	xúnwèn	（动）	7

Y

序号	生词	拼音	词性	课数
403	压力	yālì	（名）	3
404	延长	yáncháng	（动）	12
405	严厉	yánlì	（形）	9
406	炎热	yánrè	（形）	3
407	研制	yánzhì	（动）	8
408	宴请	yànqǐng	（动）	4
409	宴席	yànxí	（名）	4
410	业内	yènèi	（名）	13
411	业务	yèwù	（名）	14
412	依据	yījù	（介）	1
413	移动	yídòng	（动）	10
414	遗憾	yíhàn	（名）	5

序号	生词	拼音	词性	课数
415	议论	yìlùn	（动）	12
416	意味着	yìwèizhe	（动）	5
417	引导	yǐndǎo	（动）	8
418	引进	yǐnjìn	（动）	8
419	引起	yǐnqǐ	（动）	3
420	引人入胜	yǐn rén rù shèng		13
421	应聘	yìngpìn	（动）	11
422	勇气	yǒngqì	（名）	7
423	优惠	yōuhuì	（形）	4
424	有效	yǒuxiào	（动）	7
425	幼儿园	yòu'éryuán	（名）	3
426	预防	yùfáng	（动）	2
427	愿望	yuànwàng	（名）	3
428	允许	yǔnxǔ	（动）	2

Z

序号	生词	拼音	词性	课数
429	灾难	zāinàn	（名）	10
430	在乎	zàihu	（动）	14
431	在于	zàiyú	（动）	4
432	在职	zàizhí	（动）	6
433	遭	zāo	（动）	10
434	糟	zāo	（形）	9
435	糟糕	zāogāo	（形）	14
436	噪音	zàoyīn	（名）	8
437	则	zé	（连）	2
438	斩获	zhǎnhuò	（动）	13
439	掌握	zhǎngwò	（动）	6
440	招工	zhāo gōng		15
441	招聘	zhāopìn	（动）	7
442	折磨	zhémó	（动）	9
443	者	zhě	（助）	6
444	珍惜	zhēnxī	（动）	15
445	挣	zhèng		15
446	证据	zhèngjù	（名）	9
447	证实	zhèngshí	（动）	10

序号	生词	拼音	词性	课数	序号	生词	拼音	词性	课数
448	支柱	zhīzhù	（名）	13	459	状况	zhuàngkuàng	（名）	2
449	值	zhí	（形）	9	460	幢	zhuàng	（量）	11
450	职工	zhígōng	（名）	1	461	追捧	zhuīpěng	（动）	13
451	中介	zhōngjiè	（名）	15	462	追问	zhuīwèn	（动）	9
452	终身	zhōngshēn	（名）	6	463	自满	zìmǎn	（形）	14
453	种植	zhòngzhí	（动）	12	464	自始至终	zì shǐ zhì zhōng		4
454	重视	zhòngshì	（动）	7	465	自信	zìxìn	（名）	7
455	逐渐	zhújiàn	（副）	1	466	自尊	zìzūn	（动）	9
456	主持	zhǔchí	（动）	11	467	总得	zǒngděi	（副）	15
457	主力	zhǔlì	（名）	8	468	最终	zuìzhōng	（名）	15
458	主张	zhǔzhāng	（动）	12	469	座谈	zuòtán	（动）	12

专名

A
1　澳大利亚　Àodàlìyà　6

B
2　北戴河　Běidàihé　1
3　北京大学　Běijīng Dàxué　13

C
4　丛绍坤　Cóng Shàokūn　5

D
5　大庆市　Dàqìng Shì　5

H
6　好莱坞　Hǎoláiwù　13
7　黑龙江省　Hēilóngjiāng Shěng　5
8　衡阳市　Héngyáng Shì　5
9　湖南省　Húnán Shěng　5
10　沪　Hù　6
11　华谊兄弟　Huáyì Xiōngdì　13

J
12　金淞　Jīn Sōng　3
13　京　Jīng　6

L
14　李强　Lǐ Qiáng　15
15　龙艳　Lóng Yàn　5

Q
16　清华大学　Qīnghuá Dàxué　13

S
17　深圳　Shēnzhèn　6
18　穗　Suì　6
19　孙晓薇　Sūn Xiǎowēi　3

T
20　唐洪　Táng Hóng　3

W
21　WTO　　6

Y
22　杨启兰　Yáng Qǐlán　15

Z
23　张金金　Zhāng Jīnjīn　3
24　中秋节　Zhōngqiū Jié　6